“十二五” 出版规划项目

社会治理丛书　丛书主编：但彦铮

Peter Joyce

Policing Development & Contemporary Practice

警务发展与当代实践

［英］彼得·乔伊斯　著　曹志建　译

知识产权出版社
全国百佳图书出版单位

图书在版编目（CIP）数据

警务发展与当代实践/(英) 乔伊斯（Joyce, P.）著；曹志建译. —北京：知识产权出版社，2015.8

（社会治理丛书）

书名原文：Policing Development & Contemporary Practice

ISBN 978 - 7 - 5130 - 3727 - 3

Ⅰ.①警… Ⅱ.①乔…②曹… Ⅲ.①警察—工作—研究 Ⅳ.①D035.3

中国版本图书馆 CIP 数据核字（2015）第 200346 号

责任编辑： 崔开丽　刘丽丽　　**责任校对：** 董志英

装帧设计： 陶建胜　　**责任出版：** 刘译文

社会治理丛书

警务发展与当代实践

［英］彼得·乔伊斯　著　曹志建　译

出版发行：	知识产权出版社有限责任公司	**网　　址：**	http://www.ipph.cn
社　　址：	北京市海淀区马甸南村 1 号（邮编：100088）	**天猫旗舰店：**	http://zscqcbs.tmall.com
责编电话：	010 - 82000860 转 8572	**责 编 邮 箱：**	liuli8260@163.com
发行电话：	010 - 82000860 转 8101/8102	**发 行 传 真：**	010 - 82000893/82005070/82000270
印　　刷：	北京科信印刷有限公司	**经　　销：**	各大网上书店、新华书店及相关专业书店
开　　本：	720mm × 1000mm　1/16	**印　　张：**	23.25
版　　次：	2015 年 8 月第 1 版	**印　　次：**	2015 年 8 月第 1 次印刷
字　　数：	357 千字	**定　　价：**	58.00 元

ISBN 978-7-5130-3727-3

京权图字：01-2015-0483

To my wife Julie and my daughters Emmeline and Eleanor

目　录

缩略语列表

ACAS　Advisory，Conciliation and Arbitration Service
咨询、调解和仲裁服务

ACPO　Association of Chief Police Officers
英国警长协会

AFO　Authorised Firearms Officer
获准持枪警察

APA　Association of Police Authorities
警察监管机构协会

APACS　Assessment of Policing and Community Safety
警务与社区安全评估

BCU　Basic Command Unit
警务基本指挥控制单元

BME　Black and Minority Ethnic
黑人与少数族裔

BVPI　Best Value Performance Indicator
最佳价值绩效指标

CAA　Comprehensive Area Assessment
综合区域评估

CDRP　Crime and Disorder Reduction Partnership
减少犯罪与扰乱社会秩序行为合作伙伴关系

CID　Criminal Investigation Department
刑事调查局

CJPOA Criminal Justice and Public Order Act
刑事司法与公共秩序法

CPS Crown Prosecution Service
皇家检察署

CRE Commission for Racial Equality
种族平等委员会

CSP Community Safety Partnership
社区安全伙伴关系

CSR Comprehensive Spending Review
综合开支审查

DPP District Policing Partnership; also Director of Public Prosecution
地区警务合作伙伴关系；也可以指检察长；

DSSO Diversity Staff Support Organisations
多样性工作人员支援组织

DVU Domestic Violence Unit
反家庭暴力分队

DAW European Arrest Warrant
欧洲统一逮捕证

EU European Union
欧洲联盟

HMIC Her Majesty's Inspectorate of Constabulary
皇家警察监督局

HMCIC Her Majesty's Chief Inspector of Constabulary
皇家警察兑警监

IOM Integrated Offender Management
违法人员综合管理

INI Impact Nominal Index
“信息管理、优先级排序、分析、协调与任务安排”公称指数

IPCC Independent Police Complaints Commission
独立警察投诉委员会

LAA　Local Area Agreement
局部区域协议

LCJB　Local Criminal Justice Board
地方刑事司法委员会

LEN　Legal Enforcement Network
执法网络

LGA　Local Government Association
地方政府协会

LSCB　Local Safeguarding Children Board
地方保护儿童委员会

LSP　Local Strategic Partnership
地方战略合作伙伴关系

MACC　Mutual Aid Coordination Centre
互助协调中心

MAPPA　Multi – Agency Public Protection Arrangements
多机构公众保护安排

MARAC　Multi – Agency Risk Assessment Conference
多机构风险评估会议

MPA　Metropolitan Police Authority
大都市警察监管局

MPS　Metropolitan Police Service
大都市警察厅

NETCU　National Extremism Tactical Coordination Unit
国家反极端主义战术协调小组

NIC　National Information Centre
国家信息中心

NCJB　National Criminal Justice Board
国家刑事司法委员会

NDNAD　National DNA Database
全国 DNA 数据库

NIM	National Intelligence Model 国家情报模式
NPIA	National Policing Improvement Agency 全国警务工作改进局
NRC	National Reporting Centre 全国举报中心
OCJR	Office for Criminal Justice Reform 刑事司法改革办公室
PACE	Police and Criminal Evidence Act 警察与刑事证据法
PCT	Partnership and Communities Together 伙伴关系与社区协力会
PAT	Problem Analysis Triangle 问题分析三角
PCA	Police Complaints Authority 警察投诉处
PCB	Police Complaints Board 警察投诉委员会
PCSO	Police Community Support Officer 社区辅助警察
PDA	Personal Digital Assistant 个人数字助理
PNC	Police National Computer 全国警察计算机系统
PND	Police National Database; also Penalty Notice for Disorder 全国警方数据库；又指扰乱秩序处罚通知
PNICC	Police National Information and Coordination Centre 全国警察信息与协调中心
POP	Problem - oriented Policies 问题导向式警务

PPAF　Policing Performance Assessment Framework
警务工作成效评估框架

PPO　Prolific and other Priority Offenders
累犯与其他重点违法者

PSA　Police Superintendents' Association
英国警司协会

PSAs　Public Service Agreements
公共服务协议

PSU　Police Support Unit
警察支持分队

SARA　Scanning, Analysis, Response, Assessment
扫描、分析、回应与评估

SIA　Security Industry Authority
英国安防行业管理局

SIS　Schengen Information System
申根信息系统

SLA　Service Level Agreement
服务水平协议

SOCA　Serious Organised Crime Agency
英国严重有组织犯罪局

SPG　Special Patrol Group
特别巡逻小组

YISP　Youth Inclusion and Support Panel
青年包容与扶助小组

YOT　Youth Offending Team
青少年违法工作组

ZT　Zero Tolerance
零容忍

英国警务发展史中的重要节点

《温切斯特法令（1285 年）》

1285 年的《温切斯特法令》发扬了安格鲁－萨克森人的地方治安自治原则。这部法律要求各市镇分别任命一名守夜人，负责把守城镇的入口，并逮捕形迹可疑的生人。这项新制度被称为“昼夜守卫（watch and ward）制度”。这部法律还引入了“呼叫追捕”（hue and cry）程序。根据该程序，所有体格健全的公民都有义务协助抓捕罪犯。

《都柏林警察法（1786 年）》

根据《都柏林警察法》建立了都柏林大都市警察。这是英国历史上第一支“新式”（或者职业）警队，其成员均领取薪饷。都柏林大都市警察辖区分为四个分区，分别由一名警察局长（chief constable）负责。此外，每个分区还分别设有一名受薪警务司法官（police magistrate），由郡治安长官（Lord Lieutenant）任命。1925 年，当爱尔兰共和国全境的警务工作统一交由爱尔兰国家警察总署（Garda Siochana）负责，随后都柏林大都市警察随即宣告废止，不再作为一个独立的机构存在了。

《格拉斯哥警察法（1800 年）》

《1800 年格拉斯哥警察法》为格拉斯哥市带来了一支职业化的警队。

这支警队所需经费由该市市政厅向该市住户和商号征收的一项地方税支付。这支警队由该市市长（Lord Provost）、3 名司法官（治安官）

以及每年从该市工商界人士中选举产生的9名警务署长（commissioners）掌控。这部法律是议会其他类似法令的先声，对苏格兰全境其他市镇产生了影响。1833年的《自治市与警察法（苏格兰）》以及1850年的《市镇警察法》向地方当局全面授予了成立职业警队的权力。此后，《1862年（苏格兰）普通警察及其促进法》将地方市镇成立专职警察权力延伸到了苏格兰境内的其他城市区域。

《爱尔兰警察法（1822年）》

《爱尔兰警察法（1822年）》[1]为爱尔兰全境创设了一支职业化的警队。分区（barony，都铎王朝的郡级以下地方行政区划）是警察的基本组织单位。郡治安长官（the Lord Lieutenant）为每一分区分别任命警察局长一名。各分区分属四个省级行政区域，每个区域设有郡治安长官（the Lord Lieutenant）任命的警察总长（Inspector General）（有时候又称为总警司，General Superintendent）。这支警队所需费用的一半由所在郡的纳税人负担。爱尔兰警察队的警务风格是准军事化的。警员携带武器，驻扎在爱尔兰各地的警营和警察局中。爱尔兰警察于1867年改称爱尔兰皇家警察，该警队组建模式为1992年爱尔兰分治后成立的北爱尔兰皇家警察效法。

《大都市警察法（1829年）》

通过该法令设立了不列颠本岛第一支“新式”警队——首都警察队（the Metropolitan Police Force）。这支警队的辖区覆盖整个伦敦地区（伦敦金融城除外）以及伦敦周边的米德尔塞克斯、苏里和肯特等郡的部分地区。这支警队所需的费用由向各教区有义务缴纳“济贫税”的纳税人征收的警察税支付。首都警察队的日常管理最初由两名向英国国务大臣负责的两名警长负责（后减至1名）。

《1835年市镇议会组织法》

这一立法与地方政府改革有关。该法令在英国城市地区建立了地方选举产生的市议会，并要求市议会组织警察局。警队由市议会下属的一个名为“监督委员会”[2]（Watch Committee）的委员会负责管理，所需经费由向所在城市的业主征收的税费支付。起初，监督委员会对当地警务工作拥有相当大的掌控权，包括郡警察局局长的任命。

《乡村治安官法（1839 年）》

该法令赋予治安法官（magistrates）在地方法庭[3]（Quarter Sessions）上自由决定在全郡境内成立职业化警察队伍。这些职业化警队由治安法官任命的郡警察局长负责管理，所需费用由地方税费支付。通过本法令成立的郡警察局长在相当大的程度上要受治安法官的管控，但是它们更多受内政大臣的监管，而较少受所在城市的职能（成地位）相当的人（指警察专员）。适用该法令的地区并不多，原因包括经费问题，以及担心适用该法令会导致乡村精英人士失去他们长期以来（传统上）享有的掌控自身事务的能力。

《郡和自治市警察法（1856 年）》

该项立法要求各市镇委员会以及乡村治安法官分别在自己辖区内成立职业化的警队。作为鼓励措施，中央政府为地方警察提供经费补助（最初的时候相当于警察薪水和服装费用的四分之一）。不过，地方警察机构要想得到这笔补贴，必须提供文件来证明它们的警队是精明强干的。这种证明文件由警务督察负责签发。警务督察巡视各地警察，并向英国内务部汇报。英国皇家警务督察局正是起源于这些人。

《警察法（1919 年）》

在全国警察与狱警工会的组织下，1918 年和 1919 年发生了警察大罢工。这些罢工催生了《1919 年警察法》。该法律禁止警察加入工会或者举行罢工；作为替代措施，该法律设立了一个名为“警察联合会（Police Federation）”的机构，作为代表警员（今天包括到总督察一级的警官）法定顾问机构，负责反映他们对于涉及他们福利和效率的各项事务的观点。

该项法律还引入了若干中央化措施，包括允许内政大臣发布有关警察工作条件（包括管理、薪金和津贴等）的法规。

《警察法（1964 年）》

该法令规定了警队的三方联合管理。根据该制度，警察事务的管理职责应由内政部、警长和警察监管机构分担。其中，警察监管机构（police authorities）是通过该项立法成立的。刚刚成立的时候，这些机构的成员中三分之二为警队所管辖的地区的市议会议员，三分之一为该地区的治安法官。《1964 年警察法》意在厘清上述三方分别承担的职责，并确定三者之间的关系。该法律还允许内政大臣推动警队之间的合并，其中最早的合并出现于 1965 年。

《（1973）地方政府（苏格兰）法》

该法律以《1967 年（苏格兰）警察法》为基础，将苏格兰的警队数量减少到 8 支，其中 6 支警队的辖区由同一个地区政府机构负责，其余两支警队的辖区则跨越了两个或更多地区管理机构的行政区划。这些警队由警察监管机构或者联合警务委员会负责管理。1999 年以来，警务工作已经转交苏格兰政府负责，并由苏格兰政府内阁司法部长（Cabinet Secretary for Justice）全权管理。

《警察与刑事证据法（1984 年）》

这一立法授予警方若干重大权力，包括在公共场合截停并搜查人员或者车辆、进入私人房屋、搜查生产经营场所并扣押查获的物品（无论是否具有令状）、对人员实施逮捕、获取指纹以及其他非体内样本并将被扣留人员实施羁押。该法律为英格兰和威尔士警方行使上述权力提供了依据，并授予了全国警察一整套权力。该立法以及配套的《警察行为准则》还为规范上述权力的行使方式提供了多项保障。1984 年《警察与刑事证据法》废除了警察投诉委员会（Police Complaints Board），并设立警察投诉处（Police Complaints Authority）取而代之。

《犯罪起诉法（1985年）》

该项立法设立了一个独立的机构，负责起诉被控犯有刑事罪行的人员。这一工作此前由警方负责。英国皇家检察署（Crown Prosecution Service）自组建以来经历了多次变更，包括通过《2003年刑事司法法》引入法定指控（statutory charging）。这一变更使部分犯罪行为的指控决定权从警方转移到皇家检察署手中。

《关于建立欧洲警察署的公约（1995年）》

《关于建立欧洲警察署的公约》由欧洲理事会于1995年7月制定。欧洲警察署于1998年成立，所需经费由欧盟成员国提供。欧洲警察署的工作由成员国警察机构派驻该机构总部的联络警官负责开展。欧洲警察署并不负责刑事调查工作。作为情报机构，它的职责是推动成员国警察机构之间的信息交换，并负责分析从成员国警察机构那里获取的关于跨国犯罪的信息。

《警察与治安法官法院法（1994年）》

这一立法大大增加了内政部在警察事务方面的权力。这项立法的主要条款意在授权内政大臣为警方设定全国目标（后来改称为“部长指定优先任务”，现在称为“部长指定目标”），并设计绩效指标来考核这些目标是否得到实现。该项法律还引入了现金限额预算（cash - limited budgets），从而强化了政府对经费支出的控制。警察机构成为独立的机构，其主要职责是制订成本估定的、年度本地警务工作计划，其中包括一份关于全国与地方警务目标、绩效指标和可用经费的详细说明。该项法律还改变了警察机构的人员构成，在原有成员——市议会议员和治安法官——的基础上，引入了独立成员。

《警察法（1996年）》

这项立法巩固了此前对警务治理所做的改革，对已经引入的变动进行了渐进式的调整，从而发展了此前的相关立法。这一法令还进一步强化了内政大臣的权力，包括授予内政大臣推进警察系统提高工作效率、改进工作效果的责任、为警察机构设定工作目标、向警察机构发布行为准则、设定最低预算、并对那些经检查发现效率低下、工作不力的警察机构进行指导。

《犯罪与扰乱社会秩序法（1998 年）》

这部制订于 1998 年的法律要求警方实施多机构（或者合作）联动安排。前述安排包括“减少犯罪与扰乱社会秩序行为合作伙伴关系”（crime and disorder reduction partnerships，CDRPs）；在威尔士地区称为“社区安全伙伴关系”（community safety partnerships，CSUs）。这些项目旨在为各地区制定并实施减少犯罪和破坏治安的策略，并形成统辖英格兰和威尔士的统一地区警务机构。该法律还规定要成立多个机构联办的“青少年犯罪工作队（Youth Offending Teams）”，其成员从地方机构的教育与社会服务部门、教养与卫生部门和警方抽调而来，负责履行与青少年犯罪有关的职能。

《地方政府法（1999 年）》

该法令引入了最佳价值原则作为改进警方工作绩效的机制。最佳价值原则要求地方政府机构、警察机构以及消防和营救机构（统称“最佳价值管理机构”）不断提高服务质量，最终达到该项立法中所规定的经济性、高效性和有效性的目标。

《人权法（1998 年）》

《1998 年人权法》将《欧洲人权宣言》的条款纳入到了英国国内法之中。此举对实务工作产生了影响：英国公民就自身人权遭到公共机构（包括警方在内）侵犯而提出的控告现在可以由英国国内法院进行审理，不必再向欧洲人权法院提出。

《大伦敦议会法（1999 年）》

自从英国首都警察队 1829 年成立以来，一直是由内政大臣承担其管理机构的职能。这一局面在 1999 年《大伦敦议会法》颁布后宣告结束。该法令成立了大伦敦议会，并建立了一个独立的机构——大都会警察厅，负责监管伦敦的警务工作。首都警察厅所扮演的角色与英格兰和威尔士其他地区的警察机构类似，包括批准由伦敦市长设定的预算案。

《侦查权监管法（2000 年）》

这项制订于 2000 年的立法规定了国家在调查严重犯罪过程中在何种情形下可以侵犯个人隐私权（受《欧洲人权宣言》的保障）。该法律发展了当时已有的关于侵入式侦查（intrusive surveillance，对通常情况下应适用隐私推定的私密场所进行的监视）秘密情报搜集工作（又称定向监视）——包括使用线人——也受该项法律的管辖。秘密情报搜集一般在公共场所进行，并得到警官的许可。在此情形下，警官的行为应符合相应《行为准则》的规定。

《警察法（北爱尔兰）（2000 年）》

该项立法为北爱尔兰新建了一支警队，取代此前的北爱尔兰皇家警察。这支警队由北爱尔兰警务委员会负责监管。该委员会共有 19 名来自有关政党以及独立成员构成。北爱尔兰警察部门具有多个特色，其中之一是从 2002 年 4 月开始，该警队按照天主教徒和非天主教徒各占 50% 的比例招收警员，直到整个警队中天主教徒的比例达到 30% 为止。2010 年 4 月起，警务和刑事司法事务转由北爱尔兰议会负责（Northern Irish Assembly）。

《警察改革法（2002 年）》

《2002 年警察改革法》以警察的绩效文化为中心。这部法律通过若干机制，强化了中央政府的权力，这些机制包括制定全国警务工作计划以及颁布警长行为准则，借以促进警队提高工作效率，改善工作效果。根据这部法律，内政大臣有权要求英国皇家警务督查团（Her Majesty's Inspectorate of Constabulary，HMIC）对警队进行督查。如果督查工作结果显示该警队工作效率低下或者工作效果不佳，英国皇家警务督查团应指令相应警察管理部门采取补救措施。

这部法律还授权内政大臣指令警察管理部门提交行动计划，阐明如何解决警队工作效率不高、工作成效不佳的问题。2002 年这项立法还设立了英国独立警察投诉委员会（Independent Police Complaints Commission），取代之前的警察投诉委员会。该新机构有权任命非警方人士负责调查某些涉警投诉。

《严重有组织犯罪与警察法（2005 年）》

这部制订于2005 年的法律创建了一个名为严重有组织犯罪局（Serious Organised Crime Agency，SOCA）的机构。该机构由一名总局长负责管理，向内政大臣负责；内政大臣则就该机构的工作情况向议会负责。严重有组织犯罪局的主要优势是它将打击严重犯罪工作所涉及的多家机构统和到了同一组织架构之下。这些机构包括国家刑事情报局（National Criminal Intelligence Service）、国家打击犯罪总局（the National Crime Squad）以及由英国皇家海关与货物税务署（HM Customs and Excise）和内政部承担的部分工作内容。该机构被授予多项用于打击严重犯罪的重大权力，包括强制个人以回答询问、提供信息或者出示文件等形式配合调查的强制权力。

《警察与司法法（2006 年）》

该项立法对警察监管机构的组成进行了变动。在此次变动之后，治安法官（magistrates）不再是警察监管机构成员中的一个独立类别。该法律还取消了对警察监管机构实施最优价值评估以及制订最优价值计划的要求，不过警察监管机构的运作仍需符合各项最优价值标准。

该法律还取消了要求内政大臣发布全国警务工作计划的规定，不过，该法律转而授权内政大臣在与警察监管机构协会以及警长协会磋商后，为警察监管机构指定警务工作战略重点。

译者注

1. 爱尔兰国家警察总署（Garda Siochana），Garda Síochána是爱尔兰语，其意思是“和平的守卫者”（the Guardian of the Peace），是爱尔兰国家的警察力量，成立于1922年，其总部设于都柏林凤凰公园，由爱尔兰政府任命的警察专员（Commissioner of An Garda Síochána）负责统一的领导、指挥、控制和管理。爱尔兰的警察历史可以回朔到12世纪日耳曼人占领都柏林地区的时期，当时本地人只被允许拥有不带武器的城镇更夫和教区守卫。这种形式在英国人的长期影响下逐渐正规化。社会秩序由地方武装维持，发生动乱时偶尔有军队介入，但一直没有建立过真正的警察机制。直到1786年，爱尔兰国会的“都柏林警察法”制定了守更人和贵族卫队的准则，这些人都在乡村活动，受当地的大地主掌控。1822年在四个地区组建了警察队伍，并于1836年合并成为爱尔兰警察，次年举行了首次新警员宣誓仪式。当时爱尔兰是英国的一部分，爱尔兰警察于1867年获得英国皇家地位，负责管理爱尔兰除都柏林大都会警局辖区以外的全部地区。在1922～1923年与英国的两年内战期间，新独立的自由国家建立了一支武装的身着便衣的刑事警察部队，其主要的职责是打击反叛活动。内战结束以后，根据1921年12月签订的英爱条约成立了享有自治权的爱尔兰自由国，皇家警察的称号被废除，而北部地区的警察则改名为皇家阿尔斯特警察，后来又改为北爱尔兰警察。1922年按英国的模式组建了非武装的国民卫队。当时英爱条约的支持者和反对者之间的战争一触即发，卫队进行了重组，改名为爱尔兰和平警卫队。都柏林大都会警局于1925年4月也加入了警卫队，形成了统一的全国警察机构。在爱尔兰共和国多事的历史上，警察们一直恪守首任爱尔兰警察首脑迈克尔·斯坦尼斯（Michael Staines，1885～1955年10月26日）在1922年建国时说的一句话：“作为人民的公仆，和平警卫队将不是以武力和人数，而是以其道德权威获取成功”（The Garda Síochána will succeed not by force of arms or numbers, but on their moral authority as servants of the people.）。资料来源参见维基百科网站：https：//en. wikipedia. org/wiki/Garda_ S% C3% ADoch% C3% A1na

2. 监督委员会（Watch Committee），其法语意思为“公安委员会”。在英格兰和威尔士，监督委员会属于地方政府的组成部门，其主要职责是监管警务部门，该委员会及其职能一直延续到1835年，有的地方延续到1964年。1835年的《市议会组织法》（Municipal Corporations Act 1835）（也称为《城市改革法案》）是英国在1835年扩大市议会行政权力及选民基础的法案。议案令城市的中产阶级逐渐支配各地方议会，反映英国一直以来的城市化及工业化，是英国议会史上的一次重大改革。确立市议会为正规市政府的地位，市议会有权监管警察事务，兴办地方工程，有权订立地方法律及征收地方税。市议会由选举产生，凡拥有现有房地产三年以上及交付过济贫税的人都可成为选民。大多数城市富商及厂主都有选举权，令在工业革命后兴起的中产阶级逐渐支配市议会，取代旧有的寡头政治。根据该法案的规定，要求自治的市镇建立“监督委员会”并任命警官（constable）以“维护和平”（preserve the peace）。自 1889 年开始英格兰和威尔士郡县的治理机构转换为“常设联会委员会”（standing joint committees），治安法官是该委员会的成员，因警察开始在每一个自治市镇履行职责，公安委员会仍然予以保留。《1964 年警察法》确立了警察委员会代替上述两个监管机构，该委员会 2/3 的成员由郡县或自治市议员选举产生，余下的 1/3 的成员由治安法官出任。

3. 地方法庭（Quarter Sessions），也有的译为“季审法院”，原文为“The courts of quarter sessions”，自 1388 年至 1707 年，英格兰王国（包括爱尔兰）传统上在每年的四季会审的基层法院，18 世纪的大不列颠以及后来的大不列颠联合王国和大英帝国的其他领地也保留了这一传统。季审法院的名称起源于 1388 年英格兰与威尔士的“四季度支付期”（quarter days），这四天后来被固定为主显节（Epiphany）、复活节（Easter）、仲夏节（Midsummer）和米迦勒节（Michaelmas）。季审法院在每个郡县或者自治市均有其驻地，根据《1971 年法院法》的设立巡回法庭（assizes）代替了季审法院，每个郡县和市镇都有一个永久的巡回刑事法庭（Crown Court），1972 年英格兰和威尔士废除了季审法院，苏格兰直到 1975 年废除了季审法院代之以根据地区法院（district courts），随后又被治安法庭（justice of the peace courts）所替代。

前　言

本书论述了英格兰和威尔士警务工作的嬗变和当代实践。本书从历史大背景出发探讨当代警务工作，并在历史实践的框架下讨论警务工作的现状及未来发展的趋势。

第一章简要回顾了19世纪前期警务职业化体系的发展历程，对那些导致旧有的教区巡官制度[1]解体的因素进行了剖析，并分析了取而代之的新体系的本质和哲理。本章特别关注了为确立赞同式警务[2]（policing by consent）这一理念所采用的各种方法（赞同式警务是英格兰和威尔士地区警务工作的特色），同时也特别关注至19世纪末这一原则在多大程度上得到实现。

警察体系改革的主要功能之一是打击犯罪。第二章探讨了为实现这一功能而采取的各种方法，并特别关注了1945年至今的历史时期。因为在这一时期发生了许多重大变化，犯罪的规模和性质也相应发生改变，这一切对警察的工作方法、结构、组织和武器以及技术进步在警务工作中的运用都产生了影响。

为打击犯罪，警方除了拥有普通法授予一般公众的各项权力之外，可能还需要其他权力。而警方的权力正是第三章的主题。最初，警方权力的演变是渐进式的，而且往往局限于特定地区；后来，《1984年警察与刑事证据法》为警察权力的发展提供了依据。该法律为英格兰和威尔士各地的警队规定了一整套标准化的权力筏子。本章探讨了该法律对于警务工作的重要性，以及对于捍卫一般公众在和警方打交道之时所享有的权力方面的重要性。此外，本章还对涉警投诉机制进行了讨论。

警察权力这一问题与警务工作方法紧密相关。第四章探讨了自1829

年以来的各种警务工作方法，并讨论了那些导致新式警务风格出现和发展的种种变革背后的依据。本章对预防式、反应式和主动式警务方法进行了分析，并详细讨论了问题导向警务、零容忍警务以及邻里警务等新式警务方法。

第五章延续了第四章中有关警务实施工作的讨论，探讨了警方在刑事司法体系中所扮演的角色。它分析了警方与皇家检察署等其他机构的关系，并讨论了当前警方在为创建“联动式”刑事司法体系而进行的多项工作中所起的作用。

第六章的内容是警务工作治理。本章按照时间顺序分析了那些牵涉英格兰和威尔士警方管理和问责的各项重大变动，并帮助读者理解诸如新公共管理议程等推动前述变革的力量。本章还试图分析赋权议程带来的种种变化对于未来警察治理工作的重大影响。

警方与公众之间的关系是警察管理与问责的重要内容之一。第七章对这一问题进行了讨论，并特别提及了多样化问题。本章探讨了警方在多大程度上有效地回应了种族和性别问题所带来的种种挑战，并格外关注警方在何种程度上成功实施了威廉·麦克弗森爵士（Sir William Macpherson）在1999年发布的报告中所提出的各项建议。本章还探讨了需要采取哪些步骤才能使警方真正地代表自己所管理的社会。

第八章讨论了警务工作的政治导向。本章主要讨论了两个领域——20世纪后半叶提出的、意在使警方借以回应表达抗议和不满行为的各种流程和程序的发展变化，以及这些发展变化对于政治权利和公民自由的重要意义。本章还探讨了包括安全部门（军情五处）在内的多个机构在打击颠覆活动时所起的作用，探讨了警察部门内部多个组织（例如警长协会和警察联合会）试图以何种方式影响警察政策的制定议程。

自从19世纪职业警队形成以来，犯罪行为已经有了相当大的变化，并且越来越具有国际性。第九章探讨了犯罪的全球化，以及欧盟等超国家机构如何通过推进警务工作并发起多个刑事司法行动来打击犯罪。

最后一章聚焦警察的经费来源问题，并格外关注了财政方面的限制会对警方未来运作带来什么影响。

彼得·西普雷（Peter Shipley，英国警长协会会刊《当代警务》编辑）、尼尔·维恩（Neil Wain）（大曼彻斯特警察局总警司）以及本人在曼彻斯特都会大学的同事格拉汉姆·史密斯（Graham Smyth）为本书提供了宝贵的意见或材料，本人谨在此表示感谢。此外，我还从两位评阅人（均为匿名）那里收到了极为有用的评论。我还要郑重感谢莎拉－杰恩·博伊德和卡罗琳·波特（Sarah－Jayne Boyd & Caroline Porter）委托我完成本书，并对他们在本书成书过程中所表现出来的高度耐心表示感谢。

彼得·乔伊斯

2010 年 1 月

译者注

1. 教区巡官制度（parish constable system），教区主要是指民政教区（civil parish 或 administrative division），以区别于基督教教区（ecclesiastical parish），是英国郡以下的地方行政区，有独立教堂和牧师的教区，设有自己的巡逻警官，是教区的执法人员，通常是兼职的，为教区服务，其职位称为“高级巡官”（high constable），通常在其前面贯以地名或人名，如“霍尔本巡官”（High Constable of Holborn）。巡官（constable）起源于拉丁语“comes stabuli”，其意思是“count of the stable”（持久稳定的计数）。古代英格兰的教区与庄园制度（manorial system）相关，教区与领地或警管区（manor）辖地相重合，最早庄园或领地是地方基层行政管理和农村经济司法的最基本单元，最终教区取代了领地成为基层农村的行政管理中心，并向其辖区内的居民定期征收名为“什一税”（tithe）的地方税。教区巡官制度是古代英国基层社会治理的一种基本制度，集教化、养育、保安、扶助等功能于一体，类似于我国古代的里甲制度。

2. 赞同式警务（policing by consent），这个译名参照了《英国刑事司法程序》一书的译法。

1

职业警务的出现与发展

本章目标

本章要实现的目标是：

- 对旧式警务系统以及执法方法的历史嬗变和主要特色进行讨论；
- 探讨导致旧式警务体系在 18 世纪土崩瓦解的因素，并分析 18 世纪的英国社会不愿对警务体系进行彻底改革的原因；
- 检视自 1829 年至 19 世纪末警察改革所取得的进步；
- 帮助读者了解赞同式警务这一理念的原则和实践，并评估截至 19 世纪末，这一理念在多大程度上得以在英格兰与威尔士付诸实施；
- 简要说明英格兰与威尔士、北爱尔兰以及苏格兰地区警务工作的结构与组织现状。

1.1 旧式警务制度嬗变中的重大事件 1

英国警务体系起源于盎格鲁 - 萨克森时代（公元 400—1066 年）。当时，防止不法行为、对不法分子发起惩治的责任由地方社群以及不法行为的受害者承担（Rawlings，2008：47）。这一制度强调，在执行法律方面，全体居民人人有责，并相互监督。

盎格鲁 - 萨克森时代这一制度的基础是十户区制度。十户区由十户人家组成，将更小单位的人组织起来，并由一名十户长负责统领。十户长出现于 14 世纪英王爱德华三世执政时期，是治安官[1]（constable）这
一职务的前身。除抓捕涉嫌犯罪的人员之外，当时巡警的主要职能之一 2
是负责召集民兵。后来，在都铎王朝时期，巡警的职责中又增加了与实施济贫法以及管制流浪人员有关的职责。若干十户区再组成百户区，而百户区是郡的构成单元（较大的郡分成若干部分，通常称为“分区”）。百户区由百户长负责。百户长行使若干职责，其中包括管理司法事务以及组织提供军队所需人员。百户长一职由当地士绅担任。百户长向郡治安官（shire - reeve）——也即后来的郡治安官（sheriff）——负责。郡治安官负责管理所在郡，其管理工作通过治安官法院执行。

诺曼征服（1066 年）在多个方面发展了这一盎格鲁 - 萨克森制度。以该制度已有的原则——编入十户区的家庭应当为彼此的行为承担责任——为基础，出现了十户联保制（the system of frankpledge）。这一制度要求所有成年男性都必须加入十户区，并且立誓遵纪守法。《1166 年克拉伦登法令》要求十户长向治安官检举揭发十户区中涉嫌犯罪的人员，并且对该人员的指控应首先由该十户长以及一个 12 人陪审团在十户联保会议上进行调查。

爱德华一世当政时期通过了 1285 年的《温切斯特法》，这是英格兰警务历史上的重大事件。该法规定每个百户区应任命两名高级治安官（high constable），各十户区的下级巡警应受其节制。该项法律引入了呼叫追捕（hue and cry）程序，要求所有身体条件允许的公民协助捉拿罪犯，并且规定，在发生抢劫时，如果进行了追捕呼喊后罪犯依旧脱逃

的，那么百户区应当对抢劫受害者进行赔偿，借此该法律确立了与警务有关的事务应由地方负责承担这一原则。

该项法律还强制要求所有市镇设立值夜人（起初仅限夏季月份），负责把守市镇的各个入口并逮捕形迹可疑的陌生人。治安官负责监管这些安排，也包括改进日间警务工作。这一新生体系称为“昼夜守卫”（watch and ward），其中日间执勤站岗称为“守”（ward），夜间执勤站岗称为“卫”（watch）。夜间值守工作的职责由全体户主承担，后来，这一职责所起的作用演变为维持市镇夜间的良好秩序。

1.1.1 执法

早期执法体系反映的是封建主义特有的权力关系——强有力的中央
3 政权缺位以及贵族占据主导地位。但是，在诺曼征服之后，中央政权曾多次试图强化对警务体系以及执法工作的控制。英王理查一世于 1195 年任命了多名称为“治安维持官（keeper of the peace）”的官员，负责维持动乱地区的治安；1327 年，每个郡都任命了治安官（conservators of the peace），协助维持当地的法律与秩序。随后在 1361 年，英王爱德华三世在每个郡中各任命了一名“品行端正、遵纪守法之人”，负责维持地方平安。后来，这些官员的职责有所扩大，涵盖了范围更为广泛的执法活动。这些官员在 1361 年采用了立法授予他们的头衔——太平绅士（justices of the peace）。后来在 16 世纪，这些人又采用了“治安法官”（magistrate）这一称号。这些变动削弱了传统的封建权力关系，其表现之一就是，12 世纪末期，郡长（sheriff）这一职位的权力逐渐式微。在 11 世纪结束时，郡长这一职位往往由有权有势的贵族担任，他们手握大权，对君主构成了威胁。

法官由君主任命，并效忠君主。1361 年的法令要求法官每年四次齐聚一处办理事务。这就是季审法庭（the Quarter Sessions）的起源。后来，1605 年某项法令规定，次要事务可以在没有陪审团的情况下就地举行庭审。这就是小治安裁判法庭（Petty Sessions）的由来，不过这一程序直到 1828 年才获得法律的承认。

前述举措削弱了封建权力架构，因为被任命为法官的人士往往是拥有土地的士绅，而不是封建贵族。士绅的权力根基在于他们拥有庞大的庄园（又称“领地”，manors），因而他们又被称为领主（lords of the manor）（也称为领地法院，court baron）。与管理领地事务有关的事项（如领地中领主与佃农的关系）均由领主的管家所主持的庄园法庭（manorial court）处理。庄园法庭的上级机构是百户区法庭，其职责更为广大，包括负责实施法律和维持秩序。有些领地从英王那里获得百户区法庭的司法权，称为“领地刑事法院”[2]（courts leet）

严格来说，任命治安官是庄园法庭或者领地刑事法院的事。在这一程序的帮助下，法官在与治安官的关系中占据了上风，并成为了直到19世纪早期一直使用的“旧式”警务体系的支柱。不过，随着都铎王朝到来，教区作为一种地方行政区划越来越重要，然而，在都铎王朝时期，教区作为一种地方行政区划单位，扮演着越来越重要的角色，因而有时候也会在教区层面上任命法官。

1660年英国王室复辟后，这一趋势的发展更加迅速。不过，在某些地区领地法庭仍继续任命教区治安官，直到1842年《教区治安官法》（constable）正式终止领地法庭的职责，并将该职责转交给季审法庭之时，这一趋势才偃旗息鼓。

1.2 18世纪的警务

到18世纪时已经形成了一个以在各警区（警区往往是教区，不过也采用过诸如“乡镇”等警区区划单位）所任命的治安官为基础的警务体系。治安官的工作由治安法官（magistrate）负责监督，不过由治安法官在季审法庭任命的高级治安官[3]（Head of High Constables）等中间人也 4
可能对治安官的工作实施更为细致的监督。治安官一般都是没有报酬的（在极少数情形下，某些地区存在例外），不过他们可以从司法活动收取的费用中获取收入。治安官一般情况下任职一年。

这一警务体系在18世纪面临着多个问题。治安官的职责已经超越了执行法律和维持秩序，而且包含了不少其他职能，包括检查酒馆和对值夜工作进行监督。由于治安官这一职务需要履行名目繁多的职责，因而那些被选中担任这一职务的人员不愿意从命，而随着工业革命的进展，这一问题就变得愈加突出。工业革命催生了一个新的阶层——城市中产阶级业主。他们需要经营自己的业务，无暇顾及公民事务。

在有些地方，被选中担任治安官的人可以指定他人代为承担相关责任。该程序经由1756年某项立法正式得到承认（Rawlings，2008：51），不过并未得到全面准许。即便这种做法得到同意，当时仍有人不时对代替他人担任治安官的人员的素质表示担忧，因为这些人中有一部分人“几近白痴”（Critchley，1978：18）。此外，到17世纪末，如果某人将一名重犯捉拿归案，那么法官就会免除（通过向该人发放一份俗称“泰伯恩证书”[4] 的文书）其担任教区治安官的义务。这种文书可以卖给那些被任命为治安官的人员，之后就必须另行找人替代他们担任治安官，但是替代人员未必具有履行职责所需要的责任心。

自愿也是值夜工作的特点之一。值夜工作的职责范围有所扩大，包括了为城镇地区提供夜警服务。1735年通过了一项涉及伦敦两个教区的立法。根据这一立法，户主可以出钱雇用若干名值夜人（俗称“老查理”）替代自己参加值夜工作。这些雇来的值夜人的职责包括打击醉酒和卖淫行为以及盘查形迹可疑人员，以此维护社会治安。Rawlings（2008：53）认为，到18世纪末期时，这种通过出钱来替代参加值夜的交易已经蔓延到了伦敦其他地区以及伦敦之外的地方。

还有一个问题涉及治安法官。在乡村地区，治安法官往往是由土地所有者担任；在城镇中，由于缺少这样的人士，因而必须从其他社会阶层中物色治安法官人选，但是相对于热心公益（civic duties），这些社会阶层的人士有时候更热衷于利用担任治安法官一职来为自己谋取私利。这一问题在伦敦尤其严重：伦敦市的“工商界法官”（trading justice）俨然“成了腐败的代名词”（Landau & Beattie，2002：46）。他们滥用职权，以履行职责相要挟来勒索钱财，截留向犯罪分子收取的罚金，还和告密者串通一气，大大败坏了治安法官这一职务的声誉。在这种情况下，伦敦市聘用支领薪俸的治安法官，用来取代之前不领取薪水的治安
5 法官。这些支领薪俸的治安法官最初在伦敦弓街（Bow Street）办公，后来，除弓街外，他们还在7个根据1792年《米德尔塞克斯法官法》

设立的警察局办公。这一改革下文还有更为详细的讨论。

1.2.1 彻底改革箭在弦上

旧式警务体系的难题之一在于它的组织基础（教区或者乡镇）太小，治安官外加值夜人的数量太少，在应对当时的犯罪、公共秩序问题以及打击不道德行为方面力不从心。虽然无从估计当时犯罪情况的“真实”水平，但据当时人士的评论，“从 18 世纪最后 25 年到 19 世纪 20 年代，打击犯罪和维持秩序方面的问题是格外严重的”（Rawlings，2002：106）。

农业和工业革命带来了大批流动人口，为了容纳这些人，城镇面积不得不大大增加。旧式警务体系已经无法有效管理这些流动人口，因而在城镇地区，犯罪问题已经演变成了一场危机。由于社会环境发生变化，旧式警务体系的做法，例如进行“呼喊追捕”等，已经被弃之不用。这就导致人们得出这样一个结论：“法律与秩序的瓦解是和工业革命与之俱来的。”（Critchley，1978：21）当时有很多人认为犯罪猖獗，已经开始失控；面对频频爆发的动乱，唯一的解决方法就是部署军队进行弹压。但是从兵营调动军队上街需要时间，而且部署军队所需要的程序非常繁琐［需要治安法官宣读《取缔暴乱法》（Riot Act）］，因此往往反而使暴乱局面得以趁机巩固。军队面对骚乱的反应很可能是向抗议者开枪，不禁让人想起专制政府的做派。这些问题在 1780 年反天主教徒的戈登骚乱中体现得淋漓尽致。这场骚乱发生于 6 月 2 日至 9 日，当局动用骑兵和步兵后事态才得到平息。大约有 300 人死于这次骚乱，另有约 200 人重伤。

当局曾经多次想用义勇骑兵队（yeomanry）等志愿组织替代军队来弹压骚乱，但是均收效甚微，证据之一就是 1819 年曼切斯特圣彼得原野（Saint Peter’s Fields）发生的彼得卢大屠杀。在该起事件中，有 11 名参加政治示威活动的人员死亡，另有 400 多名示威人员受伤。这一惨剧昭示，必须使用军队之外的其他力量来维持公共秩序。

1.3 18 世纪的警察改革

虽然旧式警务系统已经无法应对当时英国城镇的犯罪问题以及法律与秩序问题，当局依旧非常不情愿对旧警察制度进行大刀阔斧的改革。
6 这背后的原因有多个，其中包括犯罪与动乱在本质上是偶发的，因而不会给当局带来长时间的压力，从而无法促使他们进行改革（Critchley，1978：41）。不过，当局不愿改革的主要原因是，地方头面人物不肯交出他们对自己所在地方的控制权。他们对警务体系改革的顾虑在于，他们认为，警务体系一旦进行改革就会落入中央政府手中（就像法国那样）。不过，这些人在表达顾虑的时候，摆出一副姿态，好像他们并非只是为了保护自身的既得利益，而是认为对警务工作进行集权控制会导致种种弊端，特别是会危及英国人民的“权力与自由”。这一看法是“出身名门贵族的保守党和立场激进的劳工阶层人士”所一致赞同的（Reiner，1985：13），并在国会议员罗伯特·威尔逊爵士 1830 年向英国国会提交的一份陈情书中得到了集中体现：在这份陈情书中，威尔逊大声疾呼，有人可能会利用警察来“践踏人民的自由”（Sir Robert Wilson，引用出处 Rawlings，2002：123）。

在 1870 年戈登骚乱之后，威廉·皮特首相为首的英国政府在 1785 年提出了一项法案，规定要建立一个统辖伦敦全境的、统一的警务体系，并由三名支取薪水的警务专员（comissioners）负责管理。此时，反对在英国成立法国式“波旁王朝警察”的呼声格外强烈。针对新的安排架构向被任命为警官的人员所授予的权力，以及对新成立的警队所实行的管控，有人提出了批评。此时，伦敦金融城（City of London）（前文法令建议将伦敦金融城并入伦敦其他地区，此举会危及伦敦金融城的自治地位，对此，伦敦金融城颇为不满）设法阻止了这一安排的实施。此后有人转而提出了若干倡议，目的是对旧有的警务体系修修补补，勉强支撑，而不是改弦更张。这一退而求其次的倡议所采取的主要措施，后文会有详细论述。

1.3.1 捕盗人

为弥补旧式警务体系的不足，当时出现了种种新生事物，其中之一是雇用私家侦探。私家侦探，或曰“自由职业捕盗人”（Rawlings，2008：65）所扮演的角色是设法拿回犯罪分子偷窃的财物，有时还包括将犯罪分子捉拿归案。捕盗人的报酬由违法行为的受害者支付，或者用政府为侦破诸如拦路抢劫等严重犯罪而悬赏的赏金支付。雇用私人侦探之风在18世纪晚期呈愈演愈烈之势。治安官的职责并未涵盖调查和检控犯罪，私人侦探正好填补了旧式警务系统中的这个空白。

不过，这种做法也会产生弊端。捕盗人可能会勾结盗贼，自编自演偷盗活动，然后归还被盗财物，并藉此攫取报酬。他们也会从盗贼那里勒索钱财，作为不将其交给官府的筹码。其中一个特别突出的弊端是，捕盗人可能会充当盗贼和失主之间的中间人，促使盗贼归还被盗财物，并为此收取报酬。为整顿这一局面，1717年专门出台了一部名为《乔纳森·怀尔德法》的法令。这部法律得名于大名鼎鼎的捕盗人乔纳森·怀
尔德[5]。该法律规定，在没有对盗贼提出起诉时，以协助失主找回被盗 7
财产为名勒索报酬的行为应判处死罪。

虽然私家捕盗人这一体系容易滋生弊端（从这个意义上看，私家捕盗人可以视为旧式警务体系的弊病之一），它在打击犯罪行为方面并非一无是处。从当时的一些记述来看，1725年乔纳森·怀尔德遭处决之后，被绳之以法的犯罪分子的人数大为减少了（Morton，2002：43）。19世纪30年代，治安法官获得了禁止向捕盗人支付报酬的权力，捕盗人所起的作用也由此受到影响。不过，捕盗人是警方线人的前身，他们所扮演的角色会在第二章进行论述。

在18世纪时，除私人雇佣的捕盗人之外，还有通过公共出资雇用的捕盗人员，后者是前者的补充。共同出资雇用捕盗人员这一制度源于一种做法：个别治安法官雇用自己手下的治安官，作为教区治安官的补充力量。公共雇用捕盗人的重要实例之一是伦敦市弓街警探（the Bow Street Runners）。弓街警探由弓街首席治安法官（Chief Magistrates）菲尔丁兄弟组建，存在于1748～1780年，负责侦办向治安法官办公室报告的

各种犯罪行为。

这支队伍的费用最初由捕获罪犯而获得的报酬（可能是政府为确保对罪犯定罪而提供的）支付，后来转而由中央政府提供的补助专款支付。弓街警探在警务发展史上的首要意义在于，这支队伍不受其工作所在教区的管控（Rawlings，2008：56）。后来，根据1792年《米德尔塞克斯法官法》（*1792 Middlesex Justices Act*）（该法律设立了7个警察局，配有若干名支领薪俸的治安法官，每名治安法官下辖若干受薪警员，人数不多）的规定，伦敦其他地区广泛采用了弓街警探这一运作模式。

1.3.2　私立警察力量

建立私立警队的目的是为了保护出资人士的利益。私立警队的重要实例之一是伦敦水上警察（the Marine Police）。伦敦水上警察是经伦敦治安法官帕特里克·科洪（Patrick Colquhoun）于1798年倡议成立，所需经费最初由在泰晤士河上运营的商家负责提供。这支警队根据1800年《泰晤士河警察法案》取得了官方身份，此后，该警队的主管治安法官由英国内政部长直接管理。

1.3.3　与《市政改善法》有关的警务安排

18世纪末至19世纪初，某些规模较大的城镇中警务工作出现了新
8 的动向：纳税人出资雇请受薪警员，作为教区治安官的辅助力量。这种做法通过《市政改善法》（*Improvement Acts*）得到了英国议会的首肯。《市政改善法》批准当局收取地方税，并将所得款项用作多种市政服务机构的经费；此外，还从纳税人中选举产生一个机构，负责监督这些市政服务机构的工作。此类立法的重要实例之一是1792年《曼彻斯特与萨尔福德警察法》（*1792 Manchester and Salford Police Act*）。该法令批准当局向住户收取税金，用于支付多种市政服务，其中包括“曼彻斯特和萨尔福德市的所有大街、小巷、通道、广场的清洁、照明、巡夜以及管理”。这些职责的执行由从纳税人中选举产生的监督专员（commissioners）组成的机构负责督导。

此类立法所规定的警务安排通常包括夜间警队。夜间警队与由教区治安官控制的日间警队共同运作，不过教区治安官仍然要根据旧有的、封建时代的安排机制进行任命。有时候，支取薪俸的官员，例如教区执事（Beadles）会协助治安官的工作。

不过在实践中发现，此类立法往往花费不菲，因而虽然1847年的《市镇警察条款法》（*1847 Town Police Clauses Act*）规定，没有纳入1835年《市政自治法》法的地区也可以制订市政改善性质的立法，并且为此类地方立法提供了范本，但是实际上一般只有规模较大、财力雄厚的城镇才会采用此类立法（Steedman，1984：15）。此外，1833年的《照明与巡夜法》规定，各地方均享有任命受薪治安官（但是人数不多）的一般权力。这些受薪治安官由从纳税人中选举的“巡视员”组成的小型委员会负责管理与指导。戴维（Davey，1983）曾就该项立法对小城镇警务工作的重要性进行过讨论。

1.3.4 协助处理紧急情况的后备警务力量

民事紧急状况通常以公共骚乱的形式出现。出现民事紧急状况时，民事当局（治安法官）固然可以调集军队来进行应对，但是，正如前文所讲的那样，这种做法在很多情况下并不可取。

1831年的《特别治安官法》（*Special Constables Act*）允许治安法官在发生紧急状况时招募特别治安官。该法律继承和发展了此前1673年与1820年的立法，规定当局有权临时征募（但是强制）公民来处理紧急状况。1831年这项立法保留了征募工作的强制成分。不过，1835年的一项立法废弃了该强制成分，规定应由公民自行选择是否加入特别治安官。不过也有人发现，最难招募特别治安官的地方恰恰正是最需要特别治安官的地方，这一问题的根源在于制造业集中的地区没有成规模的中产阶级。

有鉴于此，1843年的《未入荣军院退伍军人法》规定，如遇发生公共秩序方面的紧急状况，所有未入住切尔西荣军院的退伍军人均应强制编入特别治安官队伍；无独有偶，1846年的另一项法令也包括了针对未入住格林威治荣军院的退伍军人的类似规定（Mather，1959：87）。

9 1.3.5 教区治安官制度的中兴

犯罪与骚乱并不是城镇地区独有的；19 世纪 30 年代的打谷机暴乱（Swing Riots）以及反济贫法骚乱等事件就在 19 世纪的初期几十年内影响到了英国的乡村地区。虽然《1839 年乡村治安官法》（*1839 Rural Constabulary Act*）通过后，乡村地区也可以成立自己的职业化警队，但是就像本书后文所讲的那样，乡村地区却不愿意这样做。因此，乡村地区转而想要复兴旧有的教区治安官制度。

《1842 年教区治安官法》规定，教区治安官（可以是自愿服务的，也可以是领取报酬的）应由一名治安官督导（superintending constable）负责监管；治安官督导的薪俸由所在郡征收的地方税支付，并应完全听命于所在地的法官。有些地区虽然根据《1856 年郡与自治市警察法》（*County and Borough Police Act*）成立了职业化的警队，却仍然会任命教区治安官。根据《1872 年教区治安官法》，如果季审法庭认为有必要任命教区治安官，或者教区请求治安法官为其指派治安官的，就依然可以任命治安官。

1.4 新式警务体系的发展

本章上一部分中论述了当局做出了种种努力来使旧式警务体系支撑下去，而不愿引入彻底的改革。这些努力还是在不同程度上取得了成效。例如，根据《市政改善法》引入的巡夜制度，在有些情况下不失为一种相对有效的警务工作形式（Joyce，1993：199 - 201）；巡夜制度中的某些内容（例如分段巡逻等）还成了后来成立的“新式”警察力量的特色。但是，其他改革的成效就没有这么明显。例如，《1842 年教区治安官法》就颇受诟病，被视为“一个彻头彻尾的失败”（Brown，1998：178），并且英格兰与威尔士的警务工作方式也毫无一致性可言。

所有这些不足表明，有必要建立一个新式的、职业化的警务体系，在这一新体系下，所有履行职务的人员都应当获得薪酬。这一新式警务体系在 19 世纪初的几十年中缓慢地发展着。下文是使这一体系得以出现的主要事件。

1.4.1 《大都市警察法》(1829 年)

根据 1829 年这一立法的规定，在伦敦各地以及周边区域（但是不包括伦敦金融城，该地区根据《1839 年伦敦金融城警察法》建立了自己的“新型”警察安排架构）成立了一支警队。这支警队最初由两名警务专员［分别是查尔斯·罗文（Charles Rowan）和理查德·梅恩（Richard Mayne）］管理，并最终由内政大臣管理。

1.4.2 《市镇议会组织法》(1835 年) 10

这项立法的主要内容是在英国的城镇地区建立由地方选举产生的议会机构。这一立法还规定要建立警队；新建警队应由当地议会下属的一个名为“公安委员会”（Watch Committee）的机构负责管理，所需费用由向当地业主征收的地方税支付。公安委员会最初曾在相当大的程度上控制了本地的警务安排事务。

由于政治上存在反对意见［重点是对创立市议会这一新型城市治理体系的依据——《市议会成立章程》(*Charter of Incorporation*)——的合法性的质疑］，因而对伯明翰、曼彻斯特以及博尔顿三地进行了临时性安排。根据这一安排成立了一支统辖全市的警队，由政府任命一名专员负责管理，直至相关法院裁定《市议会成立章程》是否合法之时为止。(Joyce，1993 曾论述《1839 年曼彻斯特警察法》的背景。)

1.4.3 《乡村治安官法》(1839 年)

该法令赋予治安法官在季审法庭（Quarter Sessions）中决定在全郡境内成立职业化警队的自由裁量权。这些职业化警队由治安法官任命的警长负责管理，所需费用由地方税费支付。

通过本法令成立的警队在相当大的程度上要受治安法官的节制，但是它们所受内政大臣监管的程度要超过城市警察对其的监管。

这项立法并未得到广泛的采纳，个中缘由包括新型警务安排花费较高、有观点认为增加警员人数未必能够减少犯罪以及有人对治安法官任命特别治安官来应对公共骚乱的权力疑虑等（Emsley，1983：77）。很多乡村地区认为可以用《1842 年教区治安官法》来替代《1839 年乡村治安官法》。此外，还有人认为《1839 年乡村治安官法》必然会导致乡村上层人士失去他们多年来享有的、对本地事务的控制权，因而颇有集权化之嫌。是否采纳该立法还具有政治色彩：保守党反对改革，而辉格党（自由党）则支持改革。这样一来，截至 1841 年年底，英国有 22 个郡采纳了这项立法的全部或者部分内容（Eastwood，1994：240）。

1.4.4 《1856 年郡和自治市警察法》

这项立法强制要求所有城镇和郡建立“新式”警队。这一要求背后的主要原因在于当时英国社会对于无业游民犯罪的担心。当时，无业游民犯罪多与那些从克里米亚战场上回国后生计无着的军人有关。要应对无业游民犯罪所带来的威胁，英格兰和威尔士各地的警务工作就必须统
11 一，而统一性恰恰是当时已有的警务安排架构所不具备的（Steedman，1984：26）。乡村士绅对《1834 年济贫法修正令》的反对，又使对无业游民犯罪的担心愈演愈烈，从而促使乡村士绅接受了革新后的警务体系（Rawlings，2002：125－126）。

为鼓励地方遵从建立新式警队的强制规定，凡是经新成立的警务督察机构认定为工作成效高的警队，中央政府均向其提供经费（最初的时候相当于警察薪水与服装费用的四分之一，后来在 1874 年提高至一半）。此外，在多数郡中，警察组织的最高管理机关是小治安法庭（the Petty Session divisions），而不是季审法庭，从而使治安法官得以保留他们的地理与行政权力（Steedman，1984：47）。

1.4.5 19 世纪晚期的立法

警务的发展受到了 19 世纪 80 年代制订的两部法令的影响。《1882 年市政自治法》有意限制规模过小的警队，它规定，凡是新成立的自治市，只有在人口超过两万人的情况下才能拥有自己的警队。《1888 年地方政府法》规定，郡警队的管理应由一个常设联合委员会负责，该委员

会成员有 50% 为通过选举产生的议员，另外 50% 为治安法官。

1.5 赞同式警务

上一节讲述了地方当局不愿意建立一支由中央政府统一调遣的警队，以及在这一意愿的影响之下所实施的警务改革的进展与本质。此外，这一意愿也影响了警务工作的理念，而这正是本节要重点论述的内容。

英格兰与威尔士地区进行的警务改革工作，意在确立赞同式警务（policing by consent）这一原则。该原则不仅体现在了向当时刚刚组建的大都市警队的成员所颁布的《警察训令》中，而且也在《警务九原则》（*Nine Principles of Police*）中得到了反映（Reith，1956：287 - 288）。这两项有关警务工作原则的声明都强调，警务部门的工作必须得到警务工作对象的支持。对赞同式警务体系的重视带来了若干变化，影响了警务工作形成期的构建方式。

1.5.1 地方警务的组织与管控

正如前文所述，从 1829 ~ 1999 年，伦敦地区的警察管理职责由内政大臣承担；而伦敦之外的其他地区的警务工作由地方当局负责组织，并由 12
当地人士（最初是从当地有产阶层中选出的人员）负责管控。在 19 世纪现代警务的形成时期，城镇地区的市镇委员会（Watch Commitee）以及乡村地区的治安法官在警务工作方面行使了相当大的权力，这一安排是为了打消“改革后的警察体系会沦为政府的工具并肆意践踏民众的权利”这一印象。

1.5.2 预防式警务

近代警务工作的主要目标之一是预防犯罪。此目标是通过家门口执巡（home beat）的方式实现的，即警员在范围不大的区域内步行巡逻。从本质上讲，近代警员的工作任务是被动的，这是由于当时人们认为只要警员本人在场就足以震慑不法分子，使其不敢违法犯罪。当时的警务制度并不鼓励警员在社区中扮演更为主动的角色，因为，如果民众认为警察的行为给他们的生活造成了不必要的侵扰，势必会影响民众对改革后的警务体系的支持。

这种对于预防式警务工作的强调影响了警务侦查工作。19 世纪初期的警队都把侦查工作放在次要地位。原因之一是，当时民众通常把警探和间谍之间画上等号。由于这种看法，民众往往会自然而然地把新型警务体系与饱受诟病的法国式警务体系联系起来。英国伦敦大都会警察厅直到 1842 年才成立了侦查部门，后来于 1878 年改组为刑事调查局（Criminal Investigation Department）。

1.5.3 法治与警方权力

英格兰和威尔士的职业警察，其执业行为从一开始就要受到法治制度所设立的各种约束。警员在处理违法人员的时候，必须采用正式程序，而且在采用这些程序时必须不卑不亢、不偏不倚。

此外，职业警务刚刚出现的时候，并没有授予警察任何用以履行公务的特别权力。当时人们认为，让警察握有林林总总、名目繁多的职权是非常可怖的，是与公民行使民事和政治自由权背道而驰的。因而最开始的时候，警察只能行使普通法规定的权力。此举突出强调了警察作为"穿制服的公民"［王家警察权力与程序委员会（Royal Commission on Police Powers and Procedure），1929 年］的形象，向他们支付薪俸，就是为了让他们专职履行每位公民都有义务承担的职责，为社区的福祉与生存而服务（Reith，1956：288）。

1.5.4 最低限度武力

13 人们希望改革后警察力量的独断专行、骄横跋扈的形象有所改变，这一愿望不仅影响了赋予警方的权力，而且还影响了警察所配备的武器。人们认为，使用武力和争取公众配合警务工作二者之间成反比关系。因此通常情况下警察是不佩带武器的，仅仅携带一根用来自卫的警棍。警察之所以没有可用于攻击目的的武器，其初衷是为了确保警方为维护法律与秩序而必须出手干预时，会首先采用“说服、劝告和警告”（Reith，1956：287），只有在说服、劝告和警告无效的时候才使用武力，并且所使用的武力应该是为实现目的所必须的最低限度的武力。这种力图避免使用武力的用意也清楚地体现在了警察制服颜色的选择上：警察制服的颜色通常是蓝色或者棕色，却从未采用过红色，因为后者容易让人们联想起军队的颜色。

1.5.5 警务工作的服务性角色

改革后的警务体系能够更为有效地保护生命和财产安全。这样一个警务体系对所有奉公守法的公民而言是很有吸引力的。不过就警务体系的第二个职能——保护财产安全——而言，从中获益最多的显然是那些拥有财产、需要保护的富人。这样一来，要想向范围更广的人士（特别是向工人阶级）“推销”警务，警察的任务就要延伸到执法之外的领域。这就是“警察社会服务功能的源头”（Fielding，1991：126），为实现社会服务功能，警察要从事多种多样的活动（其中有些活动旨在解决犯罪的社会原因，有些则与犯罪没有什么关系），以赢得居民的好感，并改变人们的一种印象，即警察的工作完全就是针对地位较低的社会阶层行使强制性权力。几项研究（Cumming 等人 1965 年所做研究以及 Punch 和 Naylor1973 年所做研究）显示，警方在社会服务方面的工作在战后的英国依然非常重要。

1.5.6 警员招募

起初，警队都特意从劳动阶层中招募警员（警察中级别最高者除外，在改良后的警队形成时期，这些职务经常由退役的军官充任）。一项针对曼彻斯特警察局所做的研究表明，从 1859 ~ 1900 年，非熟练工人占了该市警察队招募的警员总人数的 50% 以上（Joyce，1991：142）。这一情况表明，在地位上看，警察工作就是一份工作而已，而且从事警务工作也并不需要什么培训。

14 当时采用这种招募“穿蓝色制服的笨蛋”（Steedman，1984：7）的策略，一定程度上是出于经济原因（付给从劳动阶层招募的警员的薪水可以低于付给社会地位更高的警员的薪水）；但另一方面，这一策略也是一种将劳动阶层的成员纳入新兴资本主义国家政权中的手段。治安长官（Chief Constable）以下级别的警官往往是从现役警员中选任的，因而从事警察工作不失为出身劳动阶层的人士出人头地的途径。

从劳动阶层中招募警员还能够确保警员服从社会地位比他们高的上级，并遵照他们的利益和指示行事，从而建立一个“井然有序、监督得当的管控体系”。这是为管理无业游民（因为无业游民被视为潜在的罪犯）（Steedman，1984：58－59）而采取的专门举措，但是同时也延伸到了对诸如卖淫和酗酒等行为的管制，因为违法道德、破坏秩序的行为是和有产阶级相抵触的。这在争取“体面可敬”的人士支持新型警务体系方面是一个重要因素。

另外，从劳动阶层中招募警员可能也有助于实现警方与地位较低的社会阶层之间的同心同德。从社会层级中地位较低的阶层中招募的警员可能会感到更容易和所接触到的、和他们同样出身劳动阶层的人士打交道，并且更容易在不流露出任何阶级仇视意识的前提下履行自己的职责。20世纪晚期提出的关于有必要从少数民族社群中招募警察的建议，其背后依据的也是与之类似的看法。

1.5.7　赞同式警务的实现：正统派与修正派各执一词

对于上文所述的新式警务，其发展在多大程度上成功地赢得了全社会对警务工作的赞同，学术界是颇有争议的。正统派警察史学家所持的观点是，新式警队出现之初所受到的反对，在19世纪30年代达到了顶峰。而1833年，警员卡利（Culley）在伦敦的一次政治集会上遇害、以及官方后来对此进行的调查被视为一个重要的转折点。在该事件之后，警方在打击犯罪和维护秩序方面颇有成效，成为他们赢得民众赞同的重要因素之一，也使得警方彻底消解了民众对警察存在于街头的强烈反对，并争取到了社会大多数阶层的合作（从而也获得了他们的赞同）（Reith，1943：3；Critchley，1978：55－56）。不过，警方到底在多大程度上赢得了公众的赞同，修正派史学家还有疑问。

正统派史学家关注的焦点是犯罪，认为职业警察正是为了代表社会全体成员的利益来解决犯罪这一主要问题才得以发展起来。而修正派史学家则强调，警务改革的动机是为了“维系资产阶级所要求的秩序”（Reiner，1985：25）。资产阶级控制了警务工作（由本地城市精英人士通过公安委员会实现），从而能够确保警方把精力放在所有可能危害资产阶级的行为——“犯罪、骚乱、政治异议和公共道德”（Reiner，1985：25）——上来。正是在这一观点上，警察才被描绘为以改变社 15
会地位较低的阶层的行为和道德习惯为己任的“国内传教士”（Storch，1976）。

修正派史学家强调工人阶级对于新型警务体系的敌视，认为这证明警察工作所扮演的首要角色就是为了管束工人阶级。斯托奇（Storch）揭示了十九世纪中叶产业工人阶级社群中普遍存在的对警察的反感。工人阶级社群把警察视为“不事生产的寄生虫”（并不依靠从事生产性劳动谋生），并将警察的存在看作是“蓝色蝗灾”（Storch，1975）。工人阶级对警察的厌恶（部分原因是因为警方对工人阶级的休闲娱乐活动的干扰）在一项关于“黑区”[6]（Black Country）的研究中也有记载（Philips，1977）。

这样一来，修正派史学家摈弃了正统派的观点，即对新式警队的敌意是一个持续时间相对较短的现象，他们得出了相反的结论，即某个人是否赞同警察，深受其在社会阶层中所处地位的影响。对警方赞同程度最高的是那些拥有财产、从警察的工作中受益最多的中产阶级（包括由店主等小资产阶级人士构成的阶层）。而工人阶级对警方的敌意则更为持久。处于社会阶层底端的人士对警察仅仅是容忍而已，而且这种容忍充其量也不过是“被动的默许”，并且在整个19世纪里还经常被不时爆发的冲突所打破（Brogden，1982：202－228）。

专栏 1.1

警方财产

修正派史学家的说法似乎暗示，警察在19世纪所扮演的重要角色之一是规范下层民众的行为，并把“有身份”的社会成员的道德准则与行为标准强加给下层民众。为使警方尽到这一职责，控制警务工作的精英人士也乐于给予警方较多的自主权（在法律许可范围内或者可能超出法律的界限而强势作为）。在这种情形下，“警方财产”这一概念就应运而生（Lee，1981）。“警方财产”一词指的是社会中那些缺少权利或者根本没有任何权利、因而也就无法通过正式途径抗拒自己在警方手中的遭遇的社会群体。

对于警方财产是由哪些群体所构成的，定义并不是固定的，并且会随着时间的推移而发生变化。凡是那些习惯或者行为不为社会中掌握权
16 力的人士所接受，或者被位高权重的人视为对自身社会地位构成威胁的群体，都可以包括在这个定义之内。在19世纪的利物浦，“参与街头经济的人”（Brogden，1982：232）就被冠以“警方财产”的身份，后来在20世纪，这一身份又被安到了少数族裔身上。

虽然那些遭到警方粗暴对待的群体缺少正规途径解决自己受到的不公待遇（或者虽然有正规途径，却难以使用），他们却可以通过其他手段来表达自己的不满。例如19世纪利物浦市就曾经爆发过一些被视为警方财产的人员针对警方的骚乱，此后1981年该市托克斯泰斯地区也曾发生过动乱。有人就曾经认为两者之间是有联系的（Brogden，1982）。屡屡爆发骚乱后，政治或者经济精英人士就会向警方施压，要求他们改变对待这些社会群体的方式，因为，如果继续不公正地对待这些人，就有可能导致爆发大规模的骚乱，对现存社会秩序构成威胁。

1.5.8 20世纪早期警方与工人阶级之间的关系

警方与工人阶级之间的关系在20世纪早期出现了改善的迹象。警方的合法性（也就是警方拥有在公民社会中行使职权的权力）当时已经得到广泛的承认，不过警方的某些具体干预行动却并不那么为人所接

受——特别是此类干预行动的对象。

将工人阶级纳入英国的政治体制往往能够打消工人阶级社群对警方的部分敌意（Reiner，1985：61）。一项地方性研究表明，在第一次世界大战结束后的十年里，“伦敦北部警方与工人阶级之间的关系格局开始出现缓慢而微妙的变化，从毫不客气的肢体对抗变为并不成文的心照不宣的谈判”（Cohen，1979，引自 Fitzgerald et al.，1981：119）。警方与公众之间关系的全面好转可以用一战之后发生的若干变化来解释。这些变化“影响了……工人阶级……的状况与组成、青年人在代际分工中的位置以及……警方在资本主义国家演进架构中不断变化的功能”。在这些变化的作用之下，警方与工人阶级之间的关系“从毫不客气的肢体对抗变为并不成文的心照不宣的谈判”（Cohen，1979，转引自 Fitzgerald et al.，1981：119）。

后来出现的一些情况，包括第二次世界大战之后工人阶级富裕程度的提升，提升了社会的融合度。在这些变化的作用下，出现了一个“民众普遍对权力机构表示尊敬与服从”的“警务工作的黄金年代”（Fielding，1991：36），并使人们得出了如下结论：

> 到20世纪50年代，英国在前所未有的程度上实现了“赞同式警务”——多数民众并没有遭到警方强制行使权力，他们衷心拥护警方； 17
> 那些曾经亲身经历过警方强制行使权力的人也默许了警方的合法性（Reiner，1985：51）。

1.6 新式警务在爱尔兰的发展

爱尔兰的“旧式”警务体系由高级治安官（由所在郡大陪审团任命）以及低级警官（petty constables）（由采邑刑事法庭或者地区刑事巡回法院任命，在教区层面履职）负责执行。到18世纪时，这一体系已经无法满足需求。

对爱尔兰旧式警务体系所做的改革最初只是为了巩固旧的警务体系。1738年，郡大陪审团（County Grand Juries）获准为每个分区（barony）

（分区源自都铎王朝时期在爱尔兰的行政管理制度，属于郡级以下行政区）任命一定数量的助理治安官（sub－constable）（起初只有四名，到1783年则增至八名）。这些治安官领有薪俸，负责协助治安法官与教区治安官。1749年，郡治安法官获得授权，为尚未任命治安官的地方任命治安官。

1787年，爱尔兰旧式警务系统又进行了进一步的改革。郡治安长官（Lord Lieutenant）获准为都柏林之外的各个分区任命治安长官。然后由郡大陪审团为这些地区任命助理治安官。警队的日常运作中有很大一部分是由治安法官完成的，从而使警队具备了一定的地方控制因素。1792年的一项立法强化了这项措施的效果。不过，这两项改革措施都没有规定要建立一个运作范围涵盖爱尔兰全境的警务体系（其中最主要的原因是郡大陪审团越来越不愿意任命治安官），因此当18世纪晚期和19世纪早期发生动乱后，爱尔兰在很大程度上还必须依靠军队出面弹压。

为解决这一问题，爱尔兰在1814年又采取了一项新的警务改革措施，成立了保安部队（Peace Preservation Force）（俗称“皮勒”[7]，Peeler）。1814年的这项立法准许郡治安长官宣布某个郡或者分区或者半个郡进入骚乱状态。随后会任命一名支领薪俸的治安法官，负责管控骚乱地区的所有治安法官。随后，一支由一名治安长官和最多50名治安官组成的警队会进驻发生骚乱的地区进行警备，直到骚乱结束为止。在此类警队中服役的治安官通常有军队背景。起初，该警队所需费用由当地纳税人负担；后来，该项立法在1817年进行了修订，准许中央政府最多可承担此类警队所需费用的三分之二。到1822年，该警队的总人数大约为2300人，运作范围涵盖爱尔兰半数左右的郡。不过，这支警队的战斗力受到了若干因素的制约，包括警队人数少、公众的敌对情绪以及将警员编成小股队伍分割使用等（Palmer，1988：231）。

18 1.6.1 爱尔兰新式警务的发展：爱尔兰警察队（Irish Constabulary）

《1822年爱尔兰警察法》（*1822 Irish Constabulary Act*）取代了1787年和1792年的有关立法。此举原本是为了把新型警队置于政府的控制之下，但是后来做了若干妥协，根据这些妥协，分区依然是警察组织的基本单位。郡治安长官为各分区分别任命一名警长；该警长则为所在分区任命若干名治安官。郡治安法官保留了任命治安官与助理治安官的权力，不过他们在这方面的权力逐渐式微，直到最后放弃。治安长官应当根据规定每三个月向郡治安长官递交一份报告。

各分区被划分为四个省级区域，由郡治安长官分别任命一名警察总长（Inspector General）（有时候又称为“总警司”，General Superintendent）。总警司的职责包括为所辖区域的警察制定总条例。起初，警务工作的全部费用由中央政府负担；但是后来改由所在郡的纳税人承担费用的一半。爱尔兰警察队的警务风格是准军事化的。警员配有武器，驻扎在爱尔兰各地的警营和警察局中。警员多数具有天主教背景，但是警官却往往是新教教徒。

《1836 年爱尔兰警察法》（*the 1836 Irish Constabulary Act*）规定要实施进一步的改革。该立法的主要效果是把对警务工作的控制中央化。此前在警务方面，爱尔兰划分为四个省级区域，分别由一名警察总长负责；该项立法则规定，将爱尔兰全境作为统一的警区，由一名警察总长和两名副手负责管理。这一立法还建立了一个等级体系，在该体系中，警队队长（Head Constable）是以普通警员身份加入警队的警察有望取得的最高职位。职位更高的警官（包括治安长官）则通常是从警队之外的人员中任命的。1846 年之后，爱尔兰警察队（the Irish Constabulary）所需费用完全由政府承担。

这支新成立的警队的工作，有很大一部分是应对当时爱尔兰政治生活中屡屡发生的骚乱。英国女王对爱尔兰警察队在处理爱尔兰芬尼亚组织[8]（Feinian）开展的暴力活动中起到的重要作用大加赞许，1867 年将这支警队更名为皇家爱尔兰警察队（the Royal Irish Constabulary，RIC）。1922 年爱尔兰分治之后，这支警队宣告解散。不过，之后北爱尔兰新成立的“北爱尔兰皇家警察队”（Royal Ulster Constabulary）的警务工作架构就是以皇家爱尔兰警察队为范本。

1.6.2　都柏林的警务工作

都柏林的警务工作与爱尔兰其他地区的警务体系有所不同。在都柏林市，最初由都柏林市政当局（the City of Dublin Corporation）负责监管教区治安官（parish constables）和夜警。后来，1778 年，原有的 21 个教区被划分为六个称为“监管区”（wards）的单元，并由各监管区法庭（Ward Mote Courts）分别任命治安官。

都柏林是英国第一个成立“新式”警务体系的地区。根据《1786 年都柏林警察法》，成立了都柏林大都会警察队，并由一名总队长
19 （High Constable）统率。都柏林大都会警察辖区分为四个分区，分别由一名警察队长（chief constable）负责。此外，每个分区还分别有一名领取薪酬警务司法官（salaried magistrate），由郡治安长官负责任命。都柏林大都会警察队佩带武器，警官领有薪金，而且多数是新教教徒。

1795 年开始，都柏林市市政当局（the Dublin Corporation）曾短期控制过警务工作；不过，1798 年原有的四个警务分区恢复之后放弃了对警务工作的控制权。都柏林设有郡治安长官任命的警监（Superintendent Magistrate）一名，并由该警监为都柏林四个警务分区分别任命一名总队长（High Constable）作为所在警务分区的负责人。此外，每个警务分区还分别设有一名由政府任命的治安法官（分区法院法官，divsional justice）。《1808 年都柏林大都会警察法》（*1808 Dublin Metropolitan Police Act*）将都柏林大都会警察的管辖区扩大到六个分区。

之后的改革废除了原有的警监和分区法庭法官（Divisional Justices），用十八名分区法庭法官（每个分区三名）取而代之，这十八名分区法庭法官中，十二名由郡治安长官任命，六名由都柏林市政当局任命。《1836 年都柏林警察法》（*the 1836 Dublin Police Act*）彻底消除了都柏林地方政府手中仅剩的一点对都柏林警队的控制权；从那时起，都柏林警队的控制权被交到了爱尔兰布政司（the Chief Secretary for Ireland）手中，其日常监管则由郡治安长官任命的两名治安法官负责。

都柏林大都会警察队（the Dublin Metropolitan Police）的主要职责之一是监管社会行为，经常因为在监管社会行为方面过于强势而受到指摘。

1.7 新式警务在苏格兰的发展

苏格兰最早的治安官任命于 1617 年。该地区的警务工作是建立在志愿原则的基础之上。在苏格兰城市中，除了治安官外，还有负责夜间保卫工作的夜警（watchmen）辅助治安官的工作。18 世纪时，由法官任命的治安官已经在行使着一系列与维持秩序有关的职责，并有权要求公众协助平息骚乱。苏格兰的治安官经常是领取薪水的，不过任期时长却非常有限。

1779 年，格拉斯哥曾经成立了一支专业警队，但是由于没有可以在当地征税来负担该警队所需费用的规定，因而这支警队仅仅是昙花一现。（Donnelly & Scott，2005：45 – 46）。《1800 年格拉斯哥警察法》（*the 1800 Glasgow Police Act*）规定要在该市建立一支专业警队，其主要任务是预防犯罪。格拉斯哥市政厅向该市住户和商号征收一项特别税，用于支付这支警队所需经费。这支警队由该市市长（Lord Provost）、3 名司法官（治安官）以及每年从该市工商界人士中选举产生的 9 名警务署长（commissioners）掌控（Donnelly & Scott，2005：47）。

议会后来又另行制定了若干法律，为其他一些城市和自治市建立了类似的警务机构。《1833 年自治市与警察法（苏格兰）》向自治市全面 20
放开了建立职业警队的权力，同时，该法律还赋予自治市清洁、照明和铺路相关的多项权力。《1850 年市镇警务法（苏格兰）》和《1862 年全面警务与市政改进法（苏格兰）》则将前述权力的适用范围扩大到了其他城市地区，并成立了约 100 支自治市警察队。

《1857 年警察法（苏格兰）》强制要求各郡的供给专员（commissioners of supply）（在《1890 年地方政府法（苏格兰）》被郡议会取代之前，供给专员在苏格兰各郡一直履行着大部分地方政府职能）在各自所在郡成立警队，并且经所在自治市的治安法官和市议会以及所在郡的供给专员协商一致的情况下，准许现有自治市警队（burgh forces）并入郡警队。

这些警队由当地警察委员会负责管理。该警察委员会最多由 15 名专员以及所在郡的治安长官与郡长组成。供给专员负责征收“警务税”，为警队提供所需经费。警察委员会的主要职责之一是任命警长，负责管理警队的日常活动以及警员的任免。

1.8 当代英国警务结构与组织情况

本节旨在介绍前文所述历史事件的后续进展，并简要勾勒英国现有警务结构与组织方面的主要发展。

1.8.1 英格兰和威尔士的警务组织

英格兰与威尔士的警务结构根据《1964 年警察法》和《1972 年地方政府法》建立。《1964 年警察法》授权内政大臣大力推行警队合并。其中首个案例是 1965 年合并成立的中安格利亚警察队（Mid Anglia Constabularg）。《1972 年地方政府法》则规定，警队应与当时刚刚成立的地方政府架构结合起来。最后形成了 43 支独立的警察队伍，分别设有自己的管理机构。每支警队由一名警长负责［英国伦敦大都会警察队使用的则是“警察局长”（commissioner）一词］

警队被分派到不同辖区。之前，警察辖区称为“分区”，不过现在很多警队通常使用的称呼则是“警务基本指挥控制单元”。分区或者基本警管区通常由一名警监（chief superintendent）负责管理，不过伦敦大都会警察队则将履行该职责的警官称为队长（commander）。

21 ### 1.8.2 警务基本指挥控制单元

警务基本指挥控制单元（Basic Command Units，缩写为“BCU”）在当代警务工作中扮演着不可或缺的角色。它们是“警队的基本运作单元”（Loveday et al.，2007：10），负责提供“绝大部分日常警务服务”（HMIC，2005：13），并且在实现工党政府最近提出的降低犯罪水平、缓解民众对于犯罪行为的恐惧的目标方面起着至关重要的作用（英国内政部，2001）。它们的主要职能是提供一级服务，以及收集有关犯罪的情报、开展刑事侦查、并对紧急事态做出快速反应（Loveday et al.，2007：10）。有人将它们描绘为“警方与所在地社区进行接触”（HMIC，2001：15）的关键层面［特别是通过警务基本指挥控制单元与“减少犯罪与破坏治安伙伴关系”（crime and disorder reduction partnerships）之间的结合来进行接触］。

不过警务基本指挥控制单元并不是按照一个标准化的模式按部就班地发展。英格兰与威尔士各地的警务基本指挥控制单元之间存在相当大的差异。警务基本指挥控制单元并不一定是和地方当局或者“减少犯罪与扰乱社会秩序行为合作伙伴关系”一一对应、相互重合：2007 年，“减少犯罪与扰乱社会秩序行为合作伙伴关系”共有 375 个，而警务基本指挥控制单元则有 228 个，这就意味着有些警务基本指挥控制单元必须负责一个以上的“减少犯罪与扰乱社会秩序行为合作伙伴关系”（Loveday et al.，2007：34）。曾经有人指出（HMIC，2004：76－77），警务基本指挥控制单元的规模大小不一，有的基本警官单元的警力超过 1000 人，有的则不足 200 人。这就意味着，全国各地各个警务基本指挥控制单元的负责人手中用来解决辖区内各类纷繁芜杂问题的资源——无论是财政资源还是人力资源——存在相当大的差异。

1.8.3 北爱尔兰的警务组织

20 世纪 90 年代，有关各方曾经多次试图以政治方式解决北爱尔兰的政治暴力。经过努力，各方最终签订了 1998 年《耶稣受难日和平协议》。根据该协议，为北爱尔兰地区成立了一个权力下放政府，由北爱尔兰议会和一个以第一部长为首的行政机构组成，其成员包括北爱尔兰主要政党的代表（这些政党此前达成了一项权力共享安排）。

《贝尔法斯特协议》（又称《耶稣受难日和平协议》）的内容之一是成立一个委员会，负责审议北爱尔兰的未来警务架构。后来该委员会以一个调查委员会（北爱尔兰警务独立委员会，Independent Commission on Policing in Northern Ireland，1999）形式出现，由彭定康（Chris Patten）负责牵头。该委员会建议为北爱尔兰建立一支警察部队，由北爱尔兰警务委员会（Northern Ireland Policing Board）监管。北爱尔兰警务委员会负责监督该警队的工作效率和工作效果，并承担相当于英格兰、威尔士和苏格兰地区的警察管理部门的职责。该警务委员会以及新警察部队都是根据《2000 年警察（北爱尔兰）法》设立的。

北爱尔兰警务委员会由 19 名有党派人士和无党派人士组成。新芬党最初拒绝加入北爱尔兰警务委员会，主要理由之一是下放给北爱尔兰
22 地方政府的警务权力太少。不过，2007 年 2 月，新芬党同意加入北爱尔兰警务委员会，并同意参与地区警务伙伴关系。新芬党这一决定为将警察与刑事司法权完全下放给北爱尔兰议会铺平了道路。2010 年年初，这两项权力的下放工作宣告完成。

2001 年 11 月 4 日，这支新建的警察队伍和北爱尔兰皇家警察（RUC）进行了交接。新组建的北爱尔兰警察队伍的特点之一是，从 2002 年 4 月开始按照天主教徒和非天主教徒各占 50% 的原则招收新警员，直到实现天主教徒警员人数比例达到 30%（彭定康所建议的）这一目标为止。截至 2008 年年初，这一目标已经基本实现。北爱尔兰警察队现有大约 7500 名警员以及将近 4000 名文职人员。2008 ~ 2009 年的预算将近 12 亿英镑，由警务委员会与北爱尔兰事务部协商解决。

1.8.4 苏格兰的警务组织

从《1890 年地方政府法（苏格兰）》制定完成直到 1975 年，苏格兰没有通过任何涉及警务结构的重大立法；不过在此期间制订的《1967 年警察（苏格兰）法》则启动了警务巩固充实进程，使苏格兰警队的数量从 1945 年的 49 个减少到了 1968 年的 22 个（Gordon，1980：30）。《1973 年地方政府（苏格兰）法》[*1973 Local Government*（*Scotland*）*Act*] 于 1975 年开始实施后，又将苏格兰警队的数量进一步削减到了 8 个——其中 6 个分别以一个地方政府下辖区域为辖区，另外 2 个则分别以一个以上地方政府下辖区域为辖区。这些警队由警察监管机构（police authority）或者联合警务委员会负责管理。《1994 年地方政府等事务（苏格兰）法》[*the 1994 Local Government etc*（*Scotland*）*Act*] 创立的单一制地方政府体系统一实施后，并没有影响到警务结构。

从 1999 年以来，警务工作已经转交苏格兰政府负责，并由苏格兰政

府内阁司法部长全权管理。2009 年 6 月，苏格兰共有 17000 余名警察和约 6500 名文职雇员。每年警务费用总计为十亿英镑以上（HMIC Scotland, 2009：para 1.7）。

思考题

分析问题：为确保赞同式警务原则得到遵守，采取了哪些措施。截至 19 世纪末，赞同式警务在多大程度上得到了实现？

回答这个问题时，请参考本章所述的内容并查阅本章所引用的部分材料，尤其应当：

- 讨论你对于“赞同式警务”这一概念的理解；
- 研究那些用来确保这一原则得到实施的方法；
- 评价赞同式警务得到实施的程度，并对正统派和修正派的观点进 23
行对比；
- 提出一个兼顾正统派和修正派观不足之处的结论。

译者注

1. 治安官（constable），又译为“治安官员”，现代英国中是指警察的称谓，在古代英国中，主要是指郡县、市镇和教区内维护社会治安的官员，并负责送达和执行法院文书、命令等次要司法事务，其权力和管辖范围小于郡县的行政司法长官（sheriff）。英国的治安官曾有高级、初级和特种之分，当今治安官的称呼及其职能已经被警察或行政司法长官所取代。

2. 领地刑事法院（courts leet），也称为采邑刑事法庭或地区刑事法庭，是指诺尔曼王朝时代的刑事法庭，用来审理领地里租户所犯的轻罪。“leet”是英格兰东部地区的用语，指一个地区或一个司法管辖区域。领地刑事法院属于存卷法庭（court of record），它实质上相当于某些领主行使本属于郡长治安巡视法庭（sheriff's tourn）的司法管辖权，设立于郡长不便到达的地区。其设立来源于国王的特权（franchise），但是这种特权可能因为怠于行使（nonuse）或滥用（abuse）而被废止。14 世纪时，领地刑事法庭广泛分布于英格兰各地，其管辖权可以由采邑领主（lords of the manor）或自治市（boroughs）行使，同时具备行政、司法的职能。一般而言很难将这种法庭和封建法庭（feudal court）或庄园法庭（manorial court）亦即采邑民事法庭区别开来。领地刑事法院每年开庭两次，由领主的管家（lord's steward）主持并充当法官，很久以来，这些管家是由律师担任，他最初的职能是对十户联保制（frankpledge）进行巡查，并关注由陪审团提出来的对其管辖区域内刑事犯罪的指控。后来，严重刑事案件保留给了巡回法官（itinerant justices）审理，领地刑事法院只能审理处罚轻罪，并对重罪提出指控。有些地区的领地刑事法院的陪审团还可以选举该采邑所属的自治市镇的市长（mayor; port－reeve）和其他市政官员。自16世纪以来，随着治安法官（J. P.）地位的日益提高，领地刑事法院的作用逐渐降低，职能也受到了限制，每年只开庭一次，只能判处罚金而不能判处监禁。它所提出的对重罪的指控均可经由调审令（certiorari）转归王座法庭（King's Bench）审理，王座法庭也可以否决它的指控。领地刑事法院的衰落过程极其缓慢，1848年被废止，但在1887年又恢复，从理论上讲，一些地方至今仍然存在。

3. 高级治安官（Head of High Constables），是指百户区（hundred）治安官，由其统辖的特许或百户区刑事法庭（court leets of the franchise or hundred）所任命，该职位为1869年《高级治安官法》（*High Constables Act*）所废止。

4. 泰伯恩证书（Tyburn Ticket），英格兰古代法律制度。泰伯恩是旧时英国伦敦的行刑场。泰伯恩证书指发给重罪检控官的一种证书，威廉三世时期的一项法律规定，此种证书的原始持有人及它的第一受让人可以免于担任他们所检控的重罪发生地之教区或行政区的教职或行政职位。

5. 乔纳森·怀尔德（Jonathan Wild，1682年3月至1725年5月24日），是伦敦的黑社会人物，操控黑白两道玩弄法律于掌骨间，以有公德心的犯罪斗士自居，享有“捕盗总管”（Thief Taker General）的头衔。自1860年起，伦敦的犯罪现象尤其是财产犯罪层出不穷，在伦敦处于严重的犯罪浪潮侵袭而又缺乏有效的警察力量的情况下，怀尔德充分利用了公众要求对犯罪采取行动的强烈要求，在捕盗人（thief－takers）查尔斯·希钦（Charles Hitchen）开办的民间警察组织内担任副手，1714年西班牙王位继承战争以后，离开希钦自己组建了一个捕盗组织。怀尔德自身是一个势力强大的黑帮头目，他通过找回自己帮派成员偷盗的贵重财物而获取赏金，贿赂监狱看守释放自己的同伙，敲诈勒索任何给他带来不便的人，成为一个谙熟法律体系的操控者。他将其竞争对手杰克·谢泼德（Jack Sheppard）逮捕并处死，他这种表里不一的两面派做法引起了其他捕盗人的不满，开始收集证据指控他犯罪，在多次越狱并企图自杀不成功后，于1725年5月24日在伦敦有名的开场泰伯恩开场被执行绞刑。当他被带到绞刑场时，造成了伦敦万人空巷前往开场观看的局面，《鲁宾逊飘流记》的作者丹尼尔·笛福（Daniel Defoe）曾经写到：“前往刑场围观的人流摩肩接踵，不是对获得打击重大犯罪胜利的庆祝，而成为人们对不应当判处极刑者表达怜悯之情的聚会。他在哪里出现，哪里就呈现出人流如潮和狂热的欢呼。”怀尔德不仅是小说、诗歌和戏剧作品中的主角，其中的一些作者将其视为“巨腐者”（The Great Corrupter），其影响堪比英国第一任首相罗伯特·沃波尔（Robert Walpole）。在怀尔德执行死刑时，前往现场观看的还有当时年仅18岁的亨利·菲尔丁（Henry Fielding），他后来写出了小说《汤姆琼斯》（*Tom Jones*）。伦敦首席治安法官，于1749年与其同父异母兄弟约翰·菲尔丁组建了伦敦第一个给付薪金的专业警察弓街警探队（Bow Street Runners），这次围观无疑对他造成了巨大的影响。

6. 黑区（Black Country），英国以伯明翰为中心的英格兰中西部工业高度集中的地区。由积累的工厂浓烟和其他工业污染物烟灰而得名。

7. 皮勒（Peelers），得名于《治安维持法》（*Peace Preservation Act*）（保安部队即根据该立法成立）的主要制定人罗伯特·皮尔（Robert Peel）的姓氏。

8. 芬尼亚组织（Feinian），爱尔兰争取民族独立的地下反英组织，1858年前后成立于纽约。

参考文献

[1] Brogden, M. (1982) *The Police: Autonomy and Consent.* London: Academic Press.

[2] Brown, A. (1998) *Police Governance in England and Wales.* London: Routledge.

[3] Cohen, P. (1979) 'Capitalism and the Rule of Law', Paper presented at the National Deviancy Conference and Conference of Socialist Economists, London, January, reproduced in M. Fitzgerald, G. McLennan and J. Pawson (eds), (1981), *Crime and Society: Readings in History and Theory.* London: Routledge.

[4] Critchley, T. (1978) *A History of Police in England and Wales* (revised edition). London: Constable.

[5] Cumming, E., Cumming, I. and Edell, L. (1965) 'Police as Philospher, Friend and Guide', *Social Problems*, 22 (3): 276-286.

[6] Davey, B. (1983) *Lawless and Immoral: Policing a Country Town 1838—1857.* Leicester: Leicester University Press.

[7] Donnelly, D. and Scott, K. (eds) (2005) *Policing Scotland.* Cullompton, Devon: Willan Publishing.

[8] Eastwood, D. (1994) *Governing Rural England.* Oxford: Oxford University Press.

[9] Emsley, C. (1983) *Policing and Its Context 1750—1850.* Basingstoke: Macmillan.

[10] Fielding, N. (1991) *The Police and Social Conflict: Rhetoric and Reality.* London: Athlone Press.

[11] Fitzgerald, M., McLennan, G. and Pawson, J. (1981) *Crime and Society: Readings in History and Theory.* London: Routledge.

[12] Gordon, P. (1980) *Policing Scotland.* Glasgow: Scottish Council of Civil Liberties.

[13] Her Majesty's Inspectorate of the Constabulary (HMIC) (2001) *Going Local – the BCU Inspection Handbook.* London: HMIC.

[14] Her Majesty's Inspectorate of Constabulary (HMIC) (2004) *Modernising the Police Service: A Thematic Inspection of Workforce Modernisation – the Role, Management and Deployment of Police Staff in England and Wales.* London: Home Office.

[15] Her Majesty's Inspectorate of Constabulary (HMIC) (2005) *Closing the Gap: A Review of the 'Fitness for Purpose' of the Current Structure of Policing in England and Wales.* London: HMIC.

[16] Her Majesty's Inspectorate of Constabulary Scotland (2009) *Independent Review of*

Policing: A Report for the Cabinet Secretary for Justice. Edinburgh: HMIC Scotland.

[17] Home Office (2001) *Policing a New Century: A Blueprint for Reform*. Cm 5326. London: TSO.

[18] Independent Commission on Policing in Northern Ireland (1999) *A New Beginning: Policing in Northern Ireland. The Report of the Independent Commission on Policing in Northern Ireland*. London: TSO.

[19] Joyce, P. (1991) 'Recruitment Patterns and Conditions of Work in a Nineteenth - century Urban Police Force: A Case Study of Manchester 1842—1900', *Police Journal*, LXIV (2): 140 - 150.

[20] Joyce, P. (1993) 'The Transition from "Old" to "New" Policing in Early Nineteenth - century Manchester', *Police Journal*, LXVI (2): 197 - 210.

[21] Landau, N. and Beattie, J. (2002) *Law, Crime and English Society 1660—1830*. Cambridge: Cambridge University Press.

[22] Lee, J. (1981) 'Some Structural Aspects of Police Deviance in Relation to Minority Groups', in C. Shearing (ed.), *Organisational Police Deviance*. Toronto: Butterworths.

[23] Loveday, B., McClory, J. and Lockhart, G. (2007) *Fitting the Bill: Local Policing for the Twenty first Century*. London: Policy Exchange.

[24] Mather, F. (1959) *Public Order in the Age of the Chartists*. Manchester: Manchester University Press.

[25] Morton, J. (2002) *Supergrasses and Informers and Bent Coppers*. London: Time Warner Paperbacks.

[26] Palmer, S. (1988) *Police and Protest in England and Ireland* 1780—1850. Cambridge: Cambridge University Press.

[27] Philips, D. (1977) *Crime and Authority in Victorian England*. London: Croom Helm.

[28] Punch, M. and Naylor, T. (1973) 'The Police: A Social Service', *New Society*, 17 May, pp. 358 - 361.

[29] Rawlings, P. (2002) *Policing: A Short History*. Cullompton, Devon: Willan Publishing.

[30] Rawlings, P. (2008) 'Policing before the Police', in T. Newburn (ed.), *Handbook of Policing* (2nd edition). Cullompton, Devon: Willan Publishing.

[31] Reiner, R. (1985) *The Politics of the Police.* Brighton: Wheatsheaf Books.

[32] Reith, C. (1943) *British Police and the Democratic Ideal.* Oxford: Oxford University Press.

[33] Reith, C. (1956) *A New Study of Police History.* London: Oliver and Boyd.

[34] Royal Commission on Police Powers and Procedure (1929) *Report of the Royal Commission on Police Powers and Procedure.* Cmd 3297. London: HMSO.

[35] Steedman, C. (1984) *Policing the Victorian Community: The Formation of English Provincial Forces*, 1856 – 80. London: Routledge and Kegan Paul.

[36] Storch, R. (1975) 'The Plague of Blue Locusts: Police Reform and Popular Resistance in Northern England 1840 – 1857', *International Review of Social History*, *20: 61 – 90.*

[37] Storch, R. (1976) 'The Policeman as Domestic Missionary', *Journal of Social History*, IX (4), Summer: 481 – 509.

2

警方对犯罪的反应

本章目标

本章的目标是：

- 评估在20世纪，犯罪性质方面发生的变化；
- 结合警务方法方面的改革，分析警方是如何应对犯罪性质方面发生的变化的；
- 讨论为应对犯罪性质变化而对警务结构和组织已经采取或者拟采取的变革；
- 评判警方武器方面为应对当代犯罪问题而出现的发展；
- 评判警方在打击当代犯罪的工作中对技术的运用。

2.1 1945 年以后犯罪性质的变化

1939 年第二次世界大战爆发之后，犯罪的规模和性质都发生了重大的变化。战争给犯罪活动带来了新的可乘之机。曾经有人指出：

> 在战争爆发之前，普通公众是不屑于犯罪的，对此几乎没有什么异议。普通公众即便是参与犯罪行为，也很可能认为自己不过是为了养家糊口罢了。可是现在，战争却为新老罪犯一起敞开了新的大门。如今，商店和房屋被炸毁后极易遭到洗劫，因而黑市上和收赃人手里充斥着各色各样五花八门的物品。偷来的配给证的交易源源不断。在灯火管制的掩护下，打砸抢掠行为泛滥成灾（Morton，2002：205）。

1945 年战争结束后，又出现了影响犯罪性质的新事态。现在从事犯罪行为的是新型罪犯——他们“诡计多端、肆无忌惮、见多识广……与战前的罪犯相比，他们年龄更小、身体更壮、手段更狠、花招更多并且更加猖狂”（Morton，2002：206）。

在这一时期，由单个犯罪分子实施的犯罪活动让位给形式上更加集 26
团化的犯罪活动，例如打砸抢掠和持械抢劫等；其中后者构成了 20 世纪 60 年代犯罪行为的主要形式。从事这些犯罪活动的团伙成员往往是临时招募的（Morton，2003：229－230），不过这种从技巧型犯罪活动到项目型犯罪活动的转换，有时候还是具有细心筹划、精心组织的特征（McIntosh，1971）。项目型犯罪活动是由职业犯罪主谋组织的。职业犯罪主谋根据具体犯罪活动来网罗团伙，并且不惜采用暴力来达到自己的目的。由此出现了多起耸人听闻、涉案金额巨大的犯罪案件。战后第一起此类犯罪的既遂案例是发生于 1952 年 5 月 21 日的、失窃现金金额达 28.7 万英镑的“邮包大劫案”（Morton，2003：235）。其他案例包括发生在 1963 年 8 月 8 日的“列车大劫案”。在这起案件中，失窃金额据估计达 250 万英镑，是当时世界上最大的盗窃案件（Morton，2003：242）。这种性质的犯罪活动一直延续到 20 世纪 70 年代（在那个时期，在途现金成了犯罪分子的重点目标）。

另外一个独立的（但是与前文所述变化有关联的）变化是某些犯罪团伙的崛起。这些犯罪团伙将某些区域视为自己的地盘，尤其注重控制现有的犯罪活动。此类犯罪团伙并非新鲜事物，它们在 19 世纪下半叶就已经存在于若干城市中了。两次大战期间萨比尼（Sabinis）团伙在伦敦的所作所为（包括向赌博和餐饮行业勒索保护费）在很多方面成了后世犯罪团伙的样板。这些后来出现的犯罪团伙具备以家族为中心的特征。对于这些家族而言，犯罪的重要性不仅在于可以借此牟利，而且还可以为团伙头目带来声誉。此类犯罪的典型代表是 20 世纪 50 年代和 20 世纪 60 年代东伦敦的克雷兄弟黑帮[1]（the Krays）以及南伦敦的理查森黑帮[2] 的活动。曾经有人提出，此类犯罪是现在职业化、有组织犯罪的源头（Carrabine et al.，2004：188）。

在诸如财富的增加、消费主义的盛行、道德理念的变化以及技术发展等因素的作用之下，20 世纪 60 年代之后又出现了新型犯罪行为。在这种情况下，多种犯罪行为应运而生：色情、假冒商品、增值税诈骗以及毒品犯罪（特别是在 20 世纪 80 年代）。有人曾经提出，撒切尔当政时期对于物质主义价值观的推崇对犯罪行为起到了推波助澜的作用（Carrabine et al.，2004：190）。

在这些现代犯罪活动形式中，有些采用了新型管理方式，即所说的“有组织犯罪”。这一术语描绘的是在全国层面或者跨国层面进行的、组织程度比之前的犯罪活动更高的犯罪活动。有人将有组织犯罪的罪犯定义为“身处英国或者其他地点的、为谋取重大利益而参与——通常是伙同他人参与——持续性、严重犯罪行为的人员”（NCIS definition，quo-
27 ted in Home Office，2004a：7）。这一定义突出强调了一点：很多有组织犯罪团伙“从根本上讲属于牟利团体，并且通常是老练娴熟的牟利团体”（Home Office，2004a：7）。它们的业务范围非常广泛，涵盖贩卖毒品、消费欺诈、增值税诈骗以及有组织移民犯罪等（Home Office，2004a：8）。

全球化和科技发展进一步推动了有组织犯罪的发展：“全球化……使外国有组织犯罪分子在伦敦等欧洲大城市建立窝点变得越来越容易……新技术提供了新的、更加有效的犯罪手段……而且还带来了与犯罪团伙进行联络的更为安全的手段”（Home Office，2004a：11）。当代犯罪活动的国际性色彩也越来越浓厚。2003 年，欧洲刑警组织报告说“欧盟地区有组织犯罪团伙在贩卖毒品、非法移民、贩卖人口、金融犯罪以及走私等领域的跨境活动有显著增加”（House of Lords European Union Committee，2004：para 25）。这一局面促使欧盟成员国根据相互承认国内刑法、刑事诉讼法的原则采取了一系列举措，并新成立了包括欧洲刑警组织和欧洲司法协同组织等多个机构。

当代犯罪活动的国际色彩的另一个方面是具有多样化民族社群背景的犯罪。曾经有人提出，有些成员来自伦敦的少数族裔社区的犯罪团伙正在从事包括勒索保护费、进口假冒电子游戏以及贩卖妇女卖淫等活动（考恩［Cowan］及海德尔［Hyder］，2005）。不过，也有人提出，“犯罪团伙与少数族裔社群的关系究竟在多大程度上转化为国际犯罪活动或者共谋”（例如亚迪[3]［Yardies］或者三合会）是“非常复杂且有争议的”（卡拉拜恩等人，2004：192）。

2.2 警方对 1945 年以后犯罪特性的应对（1）：应对方法

1945 年以来发生的、影响犯罪行为的种种变化已经导致警方的方法、结构和组织发生了重大变革。这些变革对警察工作的各个方面都产生了影响，不过受这些变革影响最大的是警方的侦查工作。本节将会详细论述这些重要变化。

2.2.1 灵活掌握规则

在警方应对战后新形式犯罪方面，灵活掌握规则是最早出现的事物之一。灵活掌握规则是指警官（通常是警探）通过诸如人为安插证据， 28
或者对犯罪嫌疑人进行拷打等形式来获得口供。在 20 世纪 60 年代和 70 年代，要想确保获得有罪判决，犯罪嫌疑人的口供是必不可少的要件之一。有些时候，犯罪嫌疑人的口供可能是捏造的。在有些警察机构，包括西米德兰兹重案组（the West Midlands Serious Crime Squad）在内，暴力已经成为其组织机构文化的一部分，它们惯于使用前述性质的手段，因而声誉不佳。

虽然有人以此类方法是应对战后新出现的顽固不化的职业罪犯的必然要求为由来为这些行为开脱，此类行为导致了多起严重错案，其中最引人注目的是对警方对麦克斯韦尔·康菲特（Maxwell Confait）谋杀案调查情况所做的报告（费希尔［Fisher］，1977）。最主要的问题是犯罪嫌疑人相对缺少权力。在那个年代如何对待犯罪嫌疑人依据的是《法官规则》（*Judges' Rules*）而不是立法。正如第三章所论及的那样，《1984年刑事证据法》（*the 1984 Police and Criminal Evidence Act*）有了长足的进步，对前述性质的乱象进行了纠正，用涵盖范围非常广的警方活动行为准则替代了原有的《法官规则》，并规定对警方讯问活动要进行录音。

2.2.2 使用线人

警方通过多种渠道获得关于犯罪和罪犯的信息。这些渠道包括普通民众以及在自己工作过程中能获得有关信息的其他公职人员。还有一种获取信息的渠道，叫作线人（informants）［有时候使用“告密人”（grass）或者“揭发告密人”（supergrass）一词来称呼］。警方经常利用线人来获得关于犯罪分子和犯罪活动的情报。在历史上，尽管某些线人是获得警队高级警官的首肯并记录在册的，利用线人收集信息多属于某个警探以及他联络的“告密者”（snitch）之间的个人行为。近年来，有些警队成立了一个中央信息渠道处理部门，负责监督线人及其提供信息的使用情况。有些警察队还开发出了信息技术来管理从线人那里获得的情报。赫特福德郡警察队（Hertfordshire Constabulary）所使用的警方线人管理系统（the Police Informants Management System）就是警方开发的信息技术工具的实例之一。

线人分为几种（Morton，2002：xiii），他们充当线人的动机也各不相同。有些线人虽然与犯罪分子有关系，但是他们自己却并没有从事过任何犯罪行为。其他线人则可能是在犯下严重罪行被逮捕或者被判有罪之后被警方争取过来的。这些人被警方争取过去之后，愿意向警方提供有关同案犯的证据，有时候还会向警方提供关于此前犯下的其他罪行的证据。这个过程又称为“作证检举同案犯”（turning Queen's evidence）；作为回报，大大减轻对线人的量刑，或者对其完全免于起诉。在这种情形下，寻求自保是线人的首要动机。

选择走上充当线人道路的人员中包括1971年银行抢劫犯波尔蒂·斯莫尔斯（Bertie Smalls）。在他提供的情报的帮助下，有27名犯罪 29
同伙落网；作为回报，司法机关决定对他免于起诉。20世纪80年代早期，北爱尔兰也曾经利用线人（或者“揭发告密人”）来打击出于政治动机的暴力。据估算，从1981年（该年克里斯托弗·布莱克（Christopher Black）成为揭发告密人）到1984年，至少有446人根据揭发告密人提供的信息受到指控（Gifford，1984：10）。北爱尔兰地区司法程序的某些改革有利于使用线人，特别是在审理“计划罪行”（scheduled offenses）时取消陪审团这一举措，也即根据《1973年北爱尔兰（非常时期权力）法》引入的所谓“迪普洛克法院”[4]（Diplock Courts）的规则。

对打击包括团伙犯罪在内的某些形式的犯罪活动而言，线人可能是唯一可用的证据来源。在此类案件中，如果线人作证，就有可能使有关犯罪分子失去进行犯罪的能力。正因为如此，法院才会坚持在必要的情形下对线人从轻发落（Morton，2002：76－77）。不过，根据传统看法，使用线人导致了许多问题。

这些问题包括那些罪行严重、屡教不改的罪犯没有得到应有的惩罚，甚至于还因为提供线索得到嘉奖。出于这样的担心，陪审团可能不愿意判定线人交代的人员有罪。线人提供的信息并不一定可靠，而且他们在提供信息的时候很可能有所保留，以便不失信于犯罪团伙。此外，还有人声称，为保证线人不至于“越位”，警察可能会故意（或者在线人的“监管人”的授意之下）对线人所犯的其他罪行视而不见。在这种情形之下，线人凭借着警方的保护，有可能会摇身一变，成为气焰熏天的大牌犯罪分子，肆意妄为。

线人需要警方的保护，为保护线人，当他们在犯罪现场被擒获以后，不会遭到逮捕。在这种情况下，为保证线人不至于暴露，警方不太可能把实情告诉法院。如果要求线人出庭作证，他们可以出庭作证，但是他们作证的方式（证人在出庭时可以使用化名，躲在屏风之后，并使用声音变调器，并且不必接受任何形式的有效的交叉询问）可能会损害庭审的公正性。

最后一个难题是线人制度可能会诱使警察发生腐败。通过线人，警官和罪犯之间建立起来紧密的合作关系。如果线人犯了罪，却免于遭到逮捕；作为回报，涉案警官可能会向线人索要部分犯罪所得，这就会导致出现腐败。由此形成的、罪犯向警官提供金钱的体系可能会进一步延伸到行贿受贿的程度。例如，本来不是线人的犯罪分子可能会花钱免灾，免于因为自己的罪行而遭到逮捕。

30 在 20 世纪 70 年代，线人在警方工作中扮演着重要的角色（Morton，2002：304）。不过自那以后，虽然线人仍然被视为提高案件侦破率的手段之一（其他手段包括犯罪模式分析），但线人所起的作用已经每况愈下了（Audit Commission，1993）。技术提供了一种替代手段来（例如电话窃听、使用窃听器以及其他形式的监控手段）获取有关犯罪行为的信息。不过，技术固然能够规避某些由使用线人导致的问题，但是技术本身也存在问题，特别是关于侵犯公民自由权方面的问题。

1994 年，英国警长协会（the Association of Chief Police Officers，ACPO）曾经想为警方提供有关使用线人时所应遵循的程序的指导。但是他们提供的指导在多大程度上得到了遵守，目前还有疑问（Morton，2002：303）。《2000 年侦查权监管法》（*the 2000 Regulation of Investigatory Powers Act*）为批准和使用秘密监控、线人和卧底警察提供了法律依据。

卧底

卧底人员通常以某个犯罪团伙成员的面目示人，并向警方提供有关该犯罪团伙的犯罪活动的信息；那些为了摸清关于团伙中某个犯罪分子所犯罪行的证据而和该犯罪分子建立关系的人也是卧底人员。卧底人员这一角色可以由卧底警员扮演，也可以由普通民众承担，在后一种情形下，他们的行为类似于线人。

卧底人员导致了一个重大问题，即他们只不过是在举报行为，还是有意无事生非，挑唆并组织本来不会发生的犯罪行为。这就引发了执法人员诱人犯罪的警察圈套[5] 这一颇具争议性的议题。警察圈套执法可以用来为那些受到刑事指控的人员进行辩护，不过它在英国发挥的作用显然赶不上美国（Morton，2002：237－238）。使用卧底获得的证据，其最初依据的是《1984 年警察与刑事证据法》（*1984 Police and Criminal Evi-*

dence Act）。该法律授予审案法官自由裁量权，可对那些有可能破坏审判工作公正性的证据不予采信。现在使用卧底人员依据的是《2000 年侦查权监管法》（*the 2000 Regulation of Investigatory Powers Act*）。

2.2.3 监视

监视的形式主要有两种：大规模监控与定点监视。前者不针对任何具体目标，而后者则涉及使用多种多样的技术手段，包括侦听电话通话和使用窃听器等。在这一领域的主要事件包括《1985 年通讯截收法》（该法律为“偷听”电话通话的授权制度提供了法律依据）以及《1997 年警察法》（该法律授予警务部门为收集打击严重犯罪所需要的情报而进行“窃听和潜入”的权力）。

此外，《1998 年人权法》确立了隐私权与家庭生活权，以及言论、 **31**
和平集会和结社自由。该法律第八条（关于隐私权）规定，侵犯隐私的警务工作方法必须有成文法依据。《2000 年侦查权监管法》（*the 2000 Regulation of Investigatory Powers Act*）满足了这项要求。《2000 年侦查权监管法》发展了原有的向警方提供实施监控的保障措施，即以准许窃听电话以及其他形式的电子通讯（例如电子邮件和互联网）的令状。该项立法还规范了秘密情报工作，包括线人的使用。该项立法建立的保障措施中包括成立一个负责处理公众投诉的特别法庭。

2.2.4 情报主导式警务

有一种警务工作方法称为情报主导式警务。这种方法的重要组成部分之一就是要求使用包括线人、监控以及诸如犯罪映射和罪犯剖析等技术和学术应用等手段—这些手段可以帮助警方有的放矢地打击特定不法群体（特别是频繁作案的不法分子）或者特定的不法行为模式—来收集有关犯罪分子和犯罪活动的信息。这种警务工作方法的特别目标之一是通过提高犯罪案件的侦破率来提高警务业绩标准。情报主导式警务建立在一个理念上，即警方在解决“犯罪与犯罪模式的系统性根源”（Tilley，2003：313）方面正在日渐力不从心，应接不暇。这一警务方法将在第四章中进行更为详细的论述。

2.3 警方对 1945 年以后犯罪特性的应对（2）：结构与组织

为应对 1945 年后犯罪模式的变化，警方的结构也做了相应的重组，包括在警队内部成立可在辖区内任何区域行动的专门负责打击犯罪的分队［例如存在于 1945～1949 年的伦敦大都会警察“影子分队”（Ghost Squad）］。伦敦大都会警察的另外一个类似举措是成立了一支警探分队，主要职责包括从事与打击犯罪有关的监控和秘密侦查工作。这支警队后来被称为“飞虎队”（flying squad），并于 1948 年获得了独立身份。在 20 世纪 70 年代末期，飞虎队并入扩大后的中央打击抢劫犯罪分队（central robbery squad），主要职责是打击持械抢劫以及其他形式的严重有组织犯罪。

英格兰其他地区以及威尔士也采取了一些举措来应对战后新出现的犯罪行为。其中一个举措就是在 20 世纪 60 年代成立了区域打击犯罪分
32 队（regional crime squads）。区域打击犯罪分队在行动中可以跨越警队之间的界限；它们的工作由一个全国总协调机构负责统和。上面所说的这些精英警队面临着一个共同的危险，那就是它们拥有自治权，且有发展成为“国中之国”的可能。

英国国内和国际犯罪组织的种种发展变化，导致人们对传统警察组织结构产生了质疑，并催生了一系列新的变化，下文将会对此进行探讨。

2.3.1 警察力量的合并

英格兰和威尔士地区的现有警务结构构建在 43 支警队的基础之上。不过，不同警队之间在规模上存在不小的差异（其中 19 支警队的现有警力不足 2000 人），这一局面促使几任内政大臣考虑对警察部门进行组织改革，以确保提高工作效率，改善服务质量。

1993 年，有一份白皮书曾指出，英格兰和威尔士现有的警队结构无

法充分有效利用现有警务资源；随后《1994 年警察与治安法官法院法》第 14 条授权内政大臣对警队进行合并。这项改革并没有什么进展，不过工党政府的《2003 年度绿皮书》又重提此事，并提出要创建规模更大的地区级“战略”警队以及“主导”（lead）警队的理念（Home Office，2003：paras 6.6 and 6.10）。之后，英国皇家警察监督局（Her Majesty’s Inspectorate of Constabulary，HMIC）2005 年 9 月 16 日发布的一份报告中也讨论了警队改组问题。该报告建议对英格兰和威尔士地区的警队进行彻底的改革。

对警队进行合并的主要理由是，有必要提升警方在所谓“治安服务”（protective services）（即国家情报模式，the National Intelligence Model，所指定的、属于二级勤务的行为，论述见本书第 4 章相关论述）方面的履职水平。保护勤务涵盖的是那些超越警务基本指挥控制单元或者单个警队的辖区界限的活动，可以归结为七大类：

- 反恐怖主义以及极端主义；
- 严重有组织犯罪（包括团伙犯罪）以及跨国犯罪；
- 民事突发事件以及应急计划；
- 重大事件处理；
- 重大犯罪（杀人罪）；
- 公共秩序；
- 战略性道路治安。

后来还确立了第八个类别：保护易受伤害人群（细分为家庭暴力、人员失踪以及虐待儿童等类型）和管控暴力与性犯罪者（HMIC，2009：8）。

为履行这些职责，需要跨越警务基本指挥控制单元的界限（boundaries of Basic Command Units，BCUs）采取行动，并且需要在整个警队层面进行应对（有时候所采取的行动要涉及多个警队）。不过，有人提出，33
上述职责的履行水平总体而言参差不齐，并非都能够高水准地履行。例如有人指出，并非所有的警队都设有重罪调查组（Major Investigation Teams）来打击严重犯罪行为（HMIC，2005：7）。此外，现有的 43 支警队中，只有 13 支设有资源配备齐全、专门从事谋杀案侦破的分队，能够更好地将专业团队用于打击严重犯罪行为，并且尽量减少此类工作对警务基本指挥控制单元各方面日常工作的干扰（HMIC，2005：11）。鉴于情报在打击严重犯罪中至关重要的作用，情报工作被单列为尤其需要改善的领域。

该报告的核心内容是，就改善警方的工作成效、使所有警队都能够按照可以接受的标准提供“保卫服务”而言，“规模非常重要”（HMIC，2005：7）。本项改革的目标是构建“一方面规模大、足以提供全方位、可持续的服务，另一方面又足够小、能够与当地社群相联系”的警察组织（HMIC，2005：13）。有人提出，警队的最小规模应为 4000 人（HMIC，2005：14），这就意味着要大大减少现有警队的数量，使警队数量更少、单个警队人数更多。改革后警队数量最低可能应为 13 个（Loveday，2006：10）。

警队改革的障碍

时任英国内政大臣的查尔斯·克拉克（Charles Clarke）支持根据前文英国皇家警察监督局（HMIC）报告提出的方针进行改革。但是这些拟议进行的改革却面临着多种困难，包括可以通过替代方法实现改革这一可能。前述困难包括：发展警队间协作安排机制，采用“主导警队”理念（此举需要主导警队负责工作中的特定方面或者指定某个主导警队全面负责某个区域警务工作的各个方面），以及警队之间的联合（通过联合，地方警队依然保留自己的自主权，但是可以彼此协作，共同提供一整套保卫服务）。“主导警队”理念获得了内政事务特别委员会（Home Affairs Select Committee）的有限赞同（Home Affairs Committee，2005：24）。2006 年 5 月约翰·瑞德（John Reid）取代查尔斯·克拉克担任英国内政大臣后，推行警队合并的提议随即被束之高阁。不过，正如本书最后一章所主张的那样，警队合并一事依然还在未来警务工作的日程表之上。

2.3.2 国家刑事情报局（NCIS）和国家打击犯罪总局（NCS）的组建

20 世纪 70 年代成立了若干全国性机构，负责收集有关贩卖毒品、非法移民以及足球流氓等活动的情报。1992 年，这些机构统一划归到国家刑事情报局（National Criminal Intelligence Service，NCIS），履行“向具有执法与调查职能的机构提供供应和支持”的职责（Walker，2000：34
202）。国家刑事情报局隶属内政部。后来在已有职责的基础上，该机构又增添了新的职能（例如，1995 年组建了一个特别部门，专门负责那些盗窃车辆以及移动房屋设备的团伙）。国家刑事情报局没有执行机构，不过其区域组织相当于区域性打击犯罪分队（这些分队要服从全国性全局协调；该协调工作由设于伦敦的机构负责实施，形式松散）。

1996 年，内政大臣宣布有意组建一个新的打击犯罪的全国性机构，处理贩卖毒品以及其他有组织犯罪。该机构计划由两个部门组成。其中一个部门，以已经组建的国家刑事情报局为依托、以部分军情五处人员为补充，负责收集情报。另外一个部门是国家打击犯罪总局（National Crime Squad，NCS），将和国家刑事情报局紧密合作。这个部门属于操作性机构，是一个由原有区域性打击犯罪分队组合而成的全国性机构。这些改革后来并入了《1997 年警察法》（*the 1997 Police Act*）。

2.3.3 安全部门（军情五处）与严重犯罪

军情五处组建于 1909 年，负责打击敌对国家在英国境内的间谍活动。它主要是一个情报收集机构。由于冷战结束，导致军情五处偏离了组建它的初衷；1992 年，军情五处根据指令，在英国本岛反对恐怖主义工作中承担首要职责。军情五处将自己大约一半的资源用于打击北爱尔兰恐怖主义活动（Rimington，1994）。

爱尔兰共和军停火后，军情五处又根据需要拓展了新的职责领域。在现有职能基础上，《1996 年安全部门法》（*the 1996 Security Service Act*）又向军情五处分派了处理“严重犯罪”的职责。这在理论上就给了军情五处范围广泛的职权，因为“严重犯罪”被定义为在首次被判有罪时会被判处三年或者更长刑期的违法行为，或者任何涉及多人为共同目的而实施的行为的犯罪。这就可能导致警方与军情五处之间出现划界纠纷（或者叫“地盘之争”），不过由于军情五处的规模相对较小（当时人数还不足 2000 人），因而还不至于向警方抢班夺权。

《1996 年安全部门法》赋予军情五处的角色是有争议的。一名前任警长约翰·奥尔德森认为，让军情五处染指一般犯罪工作，其后果是致命的，因为缺少对军情五处的问责。他表示，军情五处渗透到了组织机构、工作和生活中，其运作“几乎和癌症毫无二致……破坏了人与人之间的信任和安全感”。他指责内政大臣想要把英国变成一个警察国家，让军情五处成为东德国家安全部（史塔西）式的机构，挑动一半民众监视另一半民众（Alderson，1996）。

警方也关注这一事态，特别是军情五处在处理诸如毒品和有组织犯
35 罪方面大有成为主导机构、并演变为事实上的全国性警察组织，即英国版的美国联邦调查局的势头。这就促使英国警长协会（ACPO）倾向于一个建议，即成立一个全国性的警队来打击严重犯罪并充当国家刑事情报局（NCIS）的行动机构。

2.3.4 英国严重有组织犯罪局

有人已经提出，严重有组织犯罪的社会与经济成本——包括打击严重有组织犯罪所需的成本——高达 200 亿英镑（Bassett et al.，2009：21）。

2003 年 9 月，英国工党政府组建了一个有组织犯罪内阁分委员会，彰显了工党政府对有组织犯罪的严重关切。这个分委员会的职责是推动国家与国际打击有组织犯罪战略，其最初的作用是为有关执法机构设定工作重点（Home Office，2004a：3）。

为继续推动打击有组织犯罪运动，政府制定了《2005 年严重有组织犯罪与警察法》（*the 2005 Serious Organised Crime and Police Act*），并根据该法律成立了英国严重有组织犯罪局（the Serious Organised Crime Agency）。严重有组织犯罪局由一名局长负责，并由一个小型委员会负责指导工作。该机构向内政大臣负责；该机构的业绩由内政大臣向议会负责。严重有组织犯罪局的成员不属于警察，不过他们拥有和就职于警务部门的人员一样的权力、承担一样的责任并履行一样的职责。该机构还可以动用若干重要权力来打击严重犯罪。这些权力包括强制性权力［大体上与《1987 年刑事司法法》（*the 1987 Criminal Justice Act*）授予英国严重诈骗调查局（Serious Fraud Office）的权力类似］。该机构可以使

用该权力强制要求（须通过披露通知机制）个人以回答问题、提供信息或者提供文件的形式配合调查工作（Owen et al.，2005：20－23）。《2005年严重有组织犯罪与警察法》（*the 2005 Serious Organised Crime and Police Act*）还引入了法定程序，推广“检举同犯”的做法，鼓励被告指证共同被告。

严重有组织犯罪局的主要优势是它将打击严重犯罪工作所涉及的多家机构统和到了同一组织架构之下。这些机构包括国家刑事情报局、国家打击犯罪总局以及由英国皇家海关与货物税务署（HM Customs and Excise）和内政部承担的、涉及打击严重贩卖毒品、追缴犯罪资产以及内政部行使的打击有组织移民犯罪的职责。

这项改革的意图是补救现有缺陷，包括在打击毒品走私方面存在的职责重叠（Home Office，2004a：22）。有人断言，这个新设机构将会“使工作方法更加一致”，促成“关键技术领域的质变，解决现存的职责 **36**
重叠、协调不佳问题，遏制官僚作风，带来实现规模经济的机会，并且为我们的国际伙伴提供‘一站式’服务”。在打击有组织犯罪方面，高质量情报可谓是重中之重，严重有组织犯罪局的设计初衷就是为了解决在情报材料的生成、传播和使用方面存在的重大弱点（Home Office，2004a：22 and 29）。

不过，政府拟采取的举措也面临一些困难。有些人就专门成立的严重有组织犯罪局大权在握这一问题表达过担忧。严重有组织犯罪局手中的权力包括要求公民以回答询问等形式配合调查。这项要求被认为在根本上改变了国家与公民之间的关系，因为过去公民一直享有权利不违心与当局合作。还有人提出，对该项权力的制约——谁有权批准动用该权力项下的各项调查程序、在什么情形下动用这些程序以及这些程序应该适用于什么人——也不够充分（Justice，2004：4－5）。

2.4 警方对1945年以后犯罪特性的应对（3）：武器

暴力已经成为当代犯罪行为的主要特征之一，也是警察在日常履行职责时面临的问题。这一局面主要由两个新出现的情况引起：（1）发生了多种影响到警务工作大环境的变化（特别是人们对于手握权力的人的敬畏已然不如以前，因而警察在贯彻自己意志的时候遇到不少问题）；以及（2）从事犯罪活动的人员更加不惜使用暴力来达成自己犯罪目的意愿。从 2007 年 4 月 1 日到 2008 年 3 月 31 日，警方获准使用武器的行动共有 21181 次，比前一年增加了 17.5%（不过在这些行动中，警方需要开枪的情形其实少之又少）（Coaker，2009）。犯罪分子使用暴力的意识引发了若干重大变化，影响到警察使用的武器和装备。

暴力的加码使用所导致的变化之一是泰瑟枪（tasers）的引入［泰瑟枪有时候、或许是错误地称为“眩晕枪”[6]（stun guns）］。泰瑟枪“可以替代致命武器，或者在接近动用致命武器的临界点时使用”（Sprague，2009）。2003 年 4 月泰瑟枪在五支警队中进行了试用；2004 年 9 月，内政大臣批准各警队警长（chief officers）可自行决定使用泰瑟枪。在已经根据警长协会的指引获得了强制使用权的情况下，获准持枪的警察（Authorized Firearms Officers）可以使用泰瑟枪。从 2007 年 7 月 20 日开始，英格兰和威尔士地区获准持枪的警察在行动中或者意外事件中遇到没有取得使用枪械的授权、但是所面对的暴力或者暴力威胁已经严重到需要使用武力自卫或者保护公众时，可以使用泰瑟枪。此外，从 2007 年 9 月 1 日开始进行试点，允许不属于获准持枪警察范围的警务人员在遇到类似的暴力威胁时使用泰瑟枪（McNulty，2007）。

37 致命武力

警察的行为要接受《1967 年刑法》所强制规定的种种限制。该项立法涵盖了使用合理武力的内容——准许警察（或者行使公民逮捕权的普通民众）在自卫或者保护他人、保护财产、防止犯罪或者依法逮捕违法人员的时使用武力，但是所使用武力仅限于在相应情形下的合理武力。《1984 年警察与刑事证据法》（*the 1984 Police and Criminal Evidence act*，*pace*）也授予警察使用合理武力来行使其在该法律项下的权力，除非行使该权力必须获得除警察之外的人的同意。

警察使用致命武力，特别是出现无辜人员受伤或者死亡的情形之下，会引起一个特别问题。这样的实例已经出现过几起。其中包括 1998

年詹姆斯·阿什利（James Ashley）被警方打死一案、1999 年哈里·斯坦利（Harry Stanley）和罗杰·西尔维斯特（Roger Sylvester）被警方打死一案，以及 2005 年让·查尔斯·梅内塞被警方打死一案。在最后一个案例中，警方坦承，在让·查尔斯·梅内塞被打死时，英国大都会警察队正在实施对恐怖分子“格杀勿论”的政策。不过，对于那些可能被视为使用了不合理或者不适当武力的警察，英国皇家检察署（the Crown Prosecution Service）却明显不愿意对他们提出公诉，而且在前述案例中，没有任何一位警察被追究刑事责任。

皇家检察署决定是否对某位警察提起公诉时所依据的主要标准是所使用的武力的程度在相应情形下是否得当，以及对于相应情形而言是否过度。在使用武力制止犯罪或者实行逮捕时，“必要性可能并不等同于合理性”，必须考虑到所用武力的性质和程度、所要制止的犯罪行为或者招致逮捕的犯罪行为的严重性以及拒捕人员对警察所使用的武力的性质和程度（Crown Prosecution Service，2008：13－14）。

虽然对于那些必须和武装犯罪分子打交道的警察而言，纵然是犯了无心之过，恐怕也理应首先推定他们是无辜的，除非有足够的相反证据；饶是如此，如果警察明明存在严重的错误判断，他们却好像凌驾于法律之上，能够躲过任何惩罚，那么警方的形象势必受到影响。

2.5　警方对 1945 年以后犯罪特性的应对（4）：技术

战后至今科技领域实现了若干项发展，以帮助警方打击犯罪，特别是领先犯罪分子一步。这一性质的发展变化被纳入《警察科学与技术战略》（首个《警察科学与技术战略》发布于 2003 年）的框架之内，其背后的推动力量是警察科学与技术战略小组（Police Science and Technology Strategy Group）（成立于 2002 年）。警察科学与技术战略小组的作用是确 38
保“警方得到利用科学和技术带来的机遇所需的装备，从而能够成为现代化、得人心的刑事司法体系的一部分并开展卓有成效的警务工作”，特别是找出警方要求和现有能力之间的差距（Home Office，2004b：3－4）。

技术可以有多种实际运用，其中包括犯罪制图（crime mapping）。

犯罪制图将刑事违法行为信息与地理数据联系起来制成地图，明确标出“热点地区”，并借此指导资源的部署。下文讨论技术在当代警务中的部分主要应用。

2.5.1 犯罪信息的储存与传播

1974 年全国警察计算机系统（the Police National Computer）投入使用（该系统的最新版本于 1991 年开始服役），强化了英国各地警察从国内任意地区获取某些基本信息的能力，包括现有罪犯的名单，遭到通缉或者失踪的人员，被盗财产和已登记车辆等。全国警察计算机系统中存储的信息通过另外一个名为“凤凰”的技术应用存储。“凤凰”是一个情报信息系统，可为警方即时提供某个犯罪嫌疑人的犯罪记录、最后已知地址、详细的汽车信息、同伙以及别名等信息。全国警察计算机系统的数据库中共存储了大约 9700 万条记录。为实现在英国全境均可使用全国警察计算机系统，各警队均被要求以标准化方式报告信息。该标准化方式是由 1994 年启用的、“全国警察信息系统战略”（the National Strategy for Police Information Systems）项下的“犯罪与事故报告”（the Crime and Incident Reporting）应用开发出来的。

内政部大要案件查询系统[7]（the Home Office Large Major Enquiry System）使警方有更强的能力应对涉及英国多个地方——因而需要不同警队之间进行协作——的犯罪行为和重大事件。有了这个系统，某个警队的警察们在调查某个案件时，可以记录和查询在对同一案件进行调查的警队同僚们所采取的行动。内政部大型重要查询系统 2（the Home Office Large Major Enquiry System）可以将一个数据库中存储的人员、车辆、地址或者电话号码的细节与另外一个数据库中存放的有关细节进行交叉比对，从而将不同警队处理的案件相互联系起来。这一功能将警方计算机的运用从信息存储与查询推进到了犯罪调查领域。

为帮助警方应对严重犯罪，英国已经开发了多个全国性计算机设施。其中包括“暴力与性犯罪分子名册”（Violent and Sex Offender Register, ViSOR）和“全国视频识别数据库”（the National Video Identification Database）。全国自动指纹识别系统（the National Automated Fingerprint

Identification System，NAFIS）为警方提供了一个全国性指纹数据库。后来，该系统被全国自动化指纹识别系统（the National Automated Fingerprint Identification System，IDENT1）取代。截至2007年10月31日，这一全国性指纹系统内共存储了英格兰、威尔士和英格兰三地730万人的指纹。

尽管如此，警方在计算机技术运用方面依然存在不足。警察可能因为缺少培训，无法将计算机技术的作用发挥到最佳（这一缺点影响了史蒂芬·劳伦斯谋杀案的调查工作）（Home Office，1999：para 14.5）。在 39
索汉姆谋杀案（Soham）后进行的比查德调查（Bichard，2004）暴露了警方内部信息共享方面存在的不足。这件事引发了多项变化，其中包括IMPACT公称指数[8]（INI）的出现。有了这一指数，各警队就可以共享他们在各自辖区内收集到的信息。“信息管理、优先级排序、分析、协调与任务安排”公称指数（INI）可为寻找信息的人员指明哪里可以找到信息。该指数的初衷是通过全国警察数据库（Police National Database）机制帮助用户直接获取此类资料。但是由于各警队储存的信息在性质上存在一些问题，导致这项改革的进度受到了影响。此外还存在一个问题，那就是警队在采用此类技术方面依然彼此孤立，缺少交流。为此，英国政府已经责成全国警务改进局（the National Policing Improvement Agency）着手解决这些问题。

国家DNA数据库

1995年，英国国家DNA数据库（the National DNA Database，NDNAD）成立，该数据库为警方专用，促进了技术进步在犯罪侦查领域的运用。该数据库的监管机构是英国全国警务改进局（the National Policing Improvement Agency）。

《1994年刑事司法与公共秩序法》（*the 1994 Criminal Justice and Public Order Act*）对《警察与刑事证据法》（*PACE*）进行了修订，允许采集DNA样本。“DNA样本”指的是从人体中提取的或者遗留在犯罪现场的生物物质。在对DNA样本进行分析后得出编码（称为“图谱”，profiles），并存储到国家DNA数据库中。如果某人被控犯有某项应当记录其DNA的违法行为，或者因为此类违法行为被传唤出庭，或者被判犯有此类违法行为的，则可以采集该人的 DNA 样本。随后这些 DNA 样本以及通过它们取得的 DNA 图谱就被保留下来，并且可以用于和警方持有的或者其他机构代为持有的其他 DNA 样本和图谱进行试探性探查。

如果未对某人提出公诉，或者某人被无罪释放，则此前收集的该人的 DNA 样本和图谱应当予以销毁。《2001 年刑事司法与警察法》（*the 2001 Criminal Justice and Police Act*）对《警察与刑事证据法》（*PACE*）做了进一步的修改，不再要求在嫌疑人被无罪释放或者未予起诉后销毁该嫌疑人的 DNA 样本，不过这样保留下来的 DNA 样本仅限用于预防和侦破犯罪，调查不法行为或者进行公诉。《2003 年刑事司法法》又对《警察与刑事证据法》（*PACE*）做了新的修订，规定对于任何因犯有应当记录其 DNA 信息的违法行为而遭到逮捕并关押在警察局中的违法人员，允许警方在未经其同意的情形下提取 DNA 样本和指纹（Hillier, 2008a）。

在打击那些涉及犯罪分子与其犯罪对象之间某种形式的身体接触的犯罪方面，DNA 是一个重要的武器，并且是防止由于张冠李戴而导致的错案冤案的利器。21 世纪初，英国法庭科学服务中心（the Forensic Science Service）开发出了“DNA 强化技术”（DNAboost）。该技术能够帮助技术人员辨别从某个曾经有多人接触过的表面提取的样本，或者用于只提取到少量 DNA 样本的情形，从而使 DNA 技术作为犯罪侦查手段更加如虎添翼。

40 DNA 样本还能带来其他益处：对于那些时间久远、性质严重、当时没有逮捕任何人员却留有 DNA 样本的案件，如今的技术可以对这些 DNA 样本进行分析，从而有助于案件的水落石出。这一过程被称为旧案清理。

到 2000 年，国家 DNA 数据库中已经存有 775000 个 DNA 样本（Barnett, 2000）。在那一年，英国政府宣布准备将所有被逮捕人员的基因指纹全部纳入该数据库中，然后就可以将它们与尚未侦破的案件中收集到的证据进行比对。国家 DNA 数据库中存有英国人口中大约 3.7% 的人的 DNA，在国家 DNA 数据库信息的帮助下，“通常情况下每个月会鉴别出15起谋杀案、31起强奸案和770起汽车犯罪案件的犯罪嫌疑人”（Flint，2004：1）。后来据估计，截至2007年10月31日，国家DNA数据库（其中包括英国以及海峡群岛等地警队的数据）中共收录了4188033人的DNA图谱。其中4165300份图谱源自嫌疑人被捕后提供的样本；22700份属于自愿提供的样本。仅就英格兰而言，3916500份是犯罪嫌疑人被逮捕后提供的，21600份则是自愿提供的（Hillier，2007）。

不过，虽然有人提出DNA技术基本上不会出错，但是实际上，DNA技术并不是万无一失，而且依然可能导致无辜的人蒙冤受屈。不同的DNA样本可能发生混淆，此外，DNA比对结果是否一致是由人工做出判断的，而是人就有可能出错。

此外，关于DNA技术——特别是把并未受到犯罪指控或者已被法院无罪释放的人员的DNA样本留存在国家DNA数据库中——还存在公民自由方面的忧虑。政府极力主张保留这些DNA样本。此类人员大约有200000人，他们的DNA样本是在2001年5月到2005年12月之间采集的。有人表示，这200000份DNA记录中，有大约8500份和犯罪现场发现的DNA图谱存在联系，共涉及1400起违法行为，其中包括114起谋杀案、116起强奸案和68起性犯罪案件（Hillier，2008b）。尽管如此，2008年年末，欧洲人权法院还是宣布，保留此类人员的DNA样本的做法是不合法的；作为对这一判决的回应，《2010年犯罪与安全法》为留存DNA样本设立了新的时限。

全国弹道情报服务局

为打击非法持有和使用用于涉枪犯罪的枪械的行为，英国国家弹道情报局（National Ballistics Intelligence Service，NABIS）于2009年成立。该机构设有一个关于所有已经查获、并由警方掌握的枪械和弹道资料的全国性数据库。该数据库的内容包括子弹、弹壳和弹头。该数据库还将上述这些弹道物品与警方以及英国其他执法机构所记录的战术情报联系起来。此外，英国国家弹道情报局还具备一项由警方负责管理的、鉴定枪械案件的功能。该机构能够对枪械和弹道材料进行试射和分析，并厘清它们与提交给该机构的、源自英国各地发生的其他案件的枪械与枪弹的关系。该机构所起的是情报性作用，C 由独立司法科学技术人员提供证据材料，供他人用作庭审证据（NABIS，2009）。

2.5.2 监控技术

犯罪可以通过使用监控设备进行预防或者侦破。当代警务工作中用到的监控设备多种多样，范围非常广泛。

闭路电视

闭路电视是一种大规模监控手段，可以用于监测普通公众的活动，以期遏制城市犯罪和破坏秩序行为，并识别从事城市犯罪与破坏秩序的人员的身份。起初，警方对于闭路电视技术并不热心，认为闭路电视技术需要操作人员负责监控摄像头，并需要其他人员来审看监控录像，需要大量的人力（Goold，2004：71）。尽管如此，警方后来还是承认，闭路电视图像，“大大帮助了对犯罪和骚乱的调查工作”（英国上议院宪法委员会，2009：para 74）。闭路电视图像在对大案要案（包括 20 世纪 90 年代爱尔兰共和军的恐怖活动、1999 年布里克斯顿钉子炸弹案以及 2005 年 7 月伦敦恐怖袭击）中的犯罪嫌疑人进行早期识别和后续起诉方面起到了重要的作用（Gerral et al. 2007：7）。

在截至 2006 年的十年间，在闭路电视方面的公共投入大约为 5 亿英镑。据估计，英国各地共安装了大约 400 万个闭路电视摄像头（英国上议院宪法委员会，2009：para 70）。根据一项估算，一个置身英国的人，在日常生活中最多有可能被分属 30 个不同系统的 300 个摄像头拍到自己的行踪（Norris & Armstrong，1999：42）。

规范公共场所使用闭路电视（多数由当地部门所有）的主要立法是《1998 年数据保护法》（*the 1998 Data Protection Act*）。此外，负责监控公共场所的操作人员还必须持有安防行业颁发的许可证。有人对于闭路电视使用的扩张持批评态度。有人指责闭路电视“对个人隐私和个人自由构成了重大威胁”，并且破坏了“隐私权作为公众权益的价值”（转引于英国上议院宪法委员会，2009：para 100 和 102）。此外，关于闭路电视在犯罪侦查方面的作用的研究也不够充分（英国上议院宪法委员会，

2009：para 80）。

自动车牌识别

自动车牌识别技术于1976年由警察科学发展处（the Police Scientific Development Branch）发明。该技术采用一个摄像头（可以是现成的闭路电视摄像头或者交通法规执法摄像头）和光学识别软件来读取车辆的车牌。自动车牌识别技术的理念是使犯罪分子无法使用道路。有了这一技 42
术，警方就可以收集关于有组织犯罪团伙以及恐怖主义嫌疑分子等目标的数据并监控其行踪。该系统还可以将车牌号与全国警察计算机数据库中记录的被盗或者可疑车辆的车牌进行交叉比对。

使用诸如车牌识别等技术装备的警察，其逮捕的嫌疑人的人数要远远多于不使用该技术设备的警察。不过这一技术也存在一些问题，其中包括画面质量不佳，以及警方对无辜公众进行监控会引发公民自由方面的问题。

2.5.3 通讯应用技术

技术对警察机关内部各警队之间的通讯以及警察机关与其他刑事司法机关之间的通讯都能起到促进作用。

英国警用数字集群无线通信系统（Airwave）是近年来的重大技术发展成果之一。Airwave 是一种数字警用无线电通讯服务，可以更好地提供移动数据进行，使警方能够更加迅速地部署警力处理事故，并更加迅速地传递有关警务事件的信息。目前英国境内所有警队均在使用Airwave系统，各个警队之间可以通过无线电、电话或者短消息保持联络。2006年，该系统在英格兰和威尔士地区各地全面投入使用，取代了原有的模拟无线电系统。Airwave 无线电网络是技术集中采购和运用方面的典范。集中采购和运用技术能够确保标准的一致性，实现规模经济效应，并确保运作效率（Home Affairs Committee，2008：para 201）。

思考题

警方从20世纪60年代以来采用的打击犯罪的手段在多大程度上对公民的个人权利与自由构成了根本性的威胁？

要回答这个问题，你可能需要利用上文所引用的资料，并查看参考书目中所列的部分资料。需要考虑的问题主要包括：

- 20世纪60年代以来犯罪性质的变化是警方手段发生变化的大背景；
- 在此期间，警方为打击犯罪而引入的主要变化（此类问题前文已经讨论过）；
- 这些问题会对公民的个人权利与自由构成怎样的威胁；
- 现有的保护公民个人权利与自由的措施（包括《1998年人权法》和《2001年侦查权监管法》；如果能够举出此类保护措施的运作方式的实例，或许会有所帮助）；
- 得出关于此期间引入的各项变革是否削弱了公民的个人权利与自由的结论。

译者注

1. 克雷兄弟黑帮（the Krays twins），孪生兄弟黑帮是20世纪50年代至60年代英国伦敦东区最著名的有组织犯罪黑帮，由罗纳德·“罗尼”·克雷（Ronald “Ronnie” Kray，1933年10月24日至1995年3月17日）和雷金纳德·“雷吉”·克雷（Reginald “Reggie” Kray，1933年10月24日至2000年10月1日）这对孪生兄弟为核心成员，他们组建了自己的商业企业“公司”，主要从事武装抢劫、纵火、收取“保护费”（protection rackets）、伤害等犯罪活动。还因争夺地盘而与另外的黑帮发生了火并而谋杀了另外的黑帮头目绰号“大盖帽”的杰克·麦克维蒂（Jack " The Hat" McVitie）以及理查森黑帮的重要头目乔治·科内尔（George Cornell）。克雷兄弟为了掩盖黑社会犯罪活动，还控制了伦敦西区的夜总会，与部分政治家结盟，汇聚了名人百态，部分当时伦敦演艺界名角包括狄安娜·多茜（Diana Dors）、弗兰克·西纳特拉（Frank Sinatra）和朱迪·加兰（Judy Garland）等经常光顾他们经营的夜总会。克雷黑帮为了消除人们对他们生存的周围环境和社会背景的恐惧，还经常接受媒体的访谈和电视采访。兄弟俩于 1968 年被捕，1969 年被判处终身监禁。罗尼一直被关押在布罗德莫精神病院（Broadmoor Hospital）直到 1995 年 3 月 17 日去世，罗吉直到因肺癌去世前 8 个星期才于 2000 年 8 月从监狱中被释放。克雷兄弟黑帮的企业化犯罪手段及其模式，为后世许多有组织犯罪所模仿学习，是研究英国 20 世纪 60 年代犯罪及其警察的典型案例之一。

2. 理查森黑帮（The Richardson Gang），是 20 世纪 60 年代英国伦敦南部地区的犯罪黑帮，该黑帮以查利·理查森（Charlie Richardson，1934 年 1 月 18 日至 2012 年 9 月 19 日）、埃迪·理查森（出生于 1936 年 1 月）和艾伦·理查森（出生于 1940 年）家族兄弟以及乔治·科内尔（George Cornell）、“疯子”弗兰基·弗雷泽（“Mad” Frankie Fraser）等为核心，理查森出生于伦敦坎伯威尔区（Camberwell），与他的年轻的弟兄们在其父亲抛弃他们之后就开始走上犯罪道路。理查森黑帮是伦敦地区“最残暴的匪徒”（sadistic gangsters），以“折磨拷问帮”（Torture Gang）之名横行于世，他们在犯罪过程中最常见的残暴手段包括用老虎钳拔掉被害人或侵害对象的牙齿、用螺栓钳子敲掉脚趾、用 6 英寸的钉子将被害人钉在地板上等。理查森从事废旧金属（scrap metal）收购业，其他兄弟埃迪掌控着老虎机赌博业，理查森黑帮广泛从事诈骗、敲诈勒索、高利贷、盗窃以及偷盗商品等犯罪活动，对被害人及其犯罪活动的竞争对手实施模拟审判的拷问折磨（Mock trials and torture），在 20 世纪 60 年代中期与罗尼“兄弟帮”因争夺地盘暴发过黑帮火并，导致伦敦犯罪多发。直到 1966 年 7 月 30 日，理查森黑帮成员先后因折磨他人被捕并入狱，理查森 1980 年获释出狱，于 2012 年 9 月死于腹膜炎。理查森黑帮的许多犯罪模式和手段为其他犯罪人所模仿学习，是研究西方工业化城市化发展进程中犯罪人生涯的好素材。

3. 亚迪（Yardies），起源于牙买加的武器走私和贩毒团伙。

4. 迪普洛克法院（Diplock Courts），此类法院系根据英国迪普洛克勋爵 1972 年的一项报告成立的上议院法院，该法院以迪普洛克命名，主要负责审理与恐怖主义有关的案件，不设陪审团，由一名法官独任审案。

5. 警察圈套（entrapment），这是英美法系的专门概念，它和正当防卫等一样，都是当事人无罪免责的理由。从法理上分析，当事人原本没有违法意图，在执法人员的引诱之下，才从事了违法活动，国家当然不应该惩罚这种行为。在我国的行政执法中通常称为钓鱼执法，这种行为如果运用不当将致人犯罪，诱发严重社会问题，是政德摧毁道德的必然表现。

6. 眩晕枪（stun gun），也有译为“高压电枪”，一种使人或动物短时无法动弹的非致命武器。通常用于制暴冲突。

7. 内政部大要案件查询系统（the Home Office Large Major Enquiry System），英文缩写 HOLMES，与 19 世纪末的英国侦探小说家阿瑟·柯南·道尔爵士所塑造的天才探案专家夏洛克·福尔摩斯的姓氏（Holmes）恰好相同。喻意近代英国科学侦查制度的建立与现代化发展一脉相承。

8. IMPACT 公称指数（Nominal Index），IMPACT，是指 Implementation Planning and Control Technique，即电子计算机程序设计及操作控制技术，全称 Information Management, Prioritization, Analysis, Coordination and Tasking Nominal Index，即“信息管理、优先级排序、分析、协调与任务安排”，缩写为 INI。

参考文献

[1] ACPO (2003) *Manual of Guidance on the Police Use of Firearms*. London: ACPO.

[2] Alderson, J. (1996) 'A Fair Cop', *Red Pepper*, 24. [Online] Red Pepper Archive www.web.archive.org/web/19970712055954/www.redpepper.org.uk/xfaircop.html [accessed on 24April 2009].

[3] Audit Commission (1993) *Helping with Enquiries*. Abingdon: Audit Commission.

[4] Barnett, A. (2000) 'Fury at Police DNA Database', *The Observer*, 11 June.

[5] Bassett, D., Haldenby, A., Thraves, L. and Truss, E. (2009) *A New Force*. London: Reform.

[6] Bichard, Sir M. (2004) *The Bichard Inquiry Report*. House of Commons Paper 653. London: TSO.

[7] Carrabine, E., Iganski, P., Lee, M., Plummer, K. and South, N. (2004) *Criminology: A Sociological Introduction*. London: Routledge.

[8] Coaker, V. (2009) Speech in the House of Commons, 2 March, HC Debs, Vol 488, Col 41 -42WS.

[9] Cowan, R. and Hyder, K. (2005) 'Met Targets Gangs' Grip on Minorities', *The Guardian*, 25March.

[10] Crown Prosecution Service (2008) *Allegations of Criminal Offences against the Police*. [Online] www.cps.gov.uk/legal/a_to_c/allegations_of_criminal_offences_against_the_police/#a01 [accessed on 15 April 2009].

[11] Fisher, Sir H. (1977) *Report on an Inquiry into the Circumstances Leading to the Trial of Three Persons Arising out of the Death of Maxwell Confait and the Fire at 27 Doggett Road*, London, SE6. House of Commons Paper 80. London: House of Commons.

[12] Flint, C. (2004) 'Parliamentary Under-Secretary of State's Foreword', in Home Office, *Police Science and Technology Strategy 2004 -2009*. Science Policy. London: Horne Office.

[13] Gerrard, G., Parkins, G., Cunningham, I., Jones, W., Hill, S. and Douglas, S. (2007) *Home Office National CCTV Strategy*. London: Joint Home Office/ACPO Team.

[14] Gifford, T. (1984) *Supergrasses: The Use of Accomplice Evidence in Northern Ireland*. London: The Cobden Trust.

[15] Goold, B. (2004) *CCTV and Policing: Public Area Surveillance and Police Practices in Britain.* Oxford: Oxford University Press.

[16] Her Majesty's Inspectorate of Constabulary (HMIC) (2005) *Closing the Gap – A Review of 'Fitness for Purpose' of the Current Structure of Policing in England and Wales.* London: Home Office.

[17] Her Majesty's Inspectorate of Constabulary (HMIC) (2009) *Get Smart: Planning to Protect – The Protective Service Review*2008. London: HMIC.

[18] Hillier, M. (2007) Speech in the House of Commons, 10 December, HC Debs, Vol 469, Col 84W.

[19] Hillier, M. (2008a) Speech in the House of Commons, 7 January, HC Debs, Vol 470, Col 287W.

[20] Hillier, M. (2008b) Speech in the House of Commons, 29 February, HC Debs, Vol 472, Col 1433.

[21] Home Affairs Committee (2005) *Police Reform.* Session 2004 – 05, Fourth Report, House of Commons Paper 307. London: TSO.

[22] Home Affairs Committee (2008) *Policing in the Twenty – first Century.* Session 2007 – 08, Seventh Report, House of Commons Paper 364. London: TSO.

[23] Home Office (1999) *The Stephen Lawrence Inquiry. Report of an Inquiry by Sir William Macpherson of Cluny.* Cm 4262. London: TSO.

[24] Home Office (2003) *Building Safer Communities Together.* London: Home Office, Police Reform – Performance Delivery Unit.

43 [25] Home Office (2004a) *One Step Ahead: A 21st Century Strategy to Defeat Organised Crime.* Cm 6167. London: TSO.

[26] Home Office (2004b) *Police Science and Technology Strategy* 2004 – 2009. London: Home Office, Science Policy Unit.

[27] House of Lords European Union Committee (2004) *Judicial Cooperation in the EU: the Role of Eurojust.* Session 2003 – 04, 23rd Report. House of Lords Paper 138. London: TSO.

[28] House of Lords Select Committee on the Constitution (2009) *Surveillance: Citizens and the State.* Second Repor, Session 2008 – 09. House of Lords Paper 18. London: TSO.

[29] Justice (2004) *Response to White Paper* '*One Step Ahead – A 21st Century Strategy*

to Defeat organised Crime. London: Justice.

[30] Loveday, B. (2006) *Size Isn't Everything: Restructuring Policing in England and Wales*. London: The Policy Exchange.

[31] Mclntosh, M. (1971) 'Changes in the Organisation of Thieving', in S. Cohen (ed.), *Images of Deviance*. Harmondsworth: Penguin.

[32] McNulty, T. (2007) Speech in the House of Commons, 26 November, HC Debs, Vol 468, Col 197W.

[33] Morton, J (2002) *Supergrasses & informers and Bent Coppers* (Omnibus edition). London: Time Warner.

[34] Morton, J (2003) *Gangland* (Omnibus edition). London: Time Warner.

[35] NABIS (2009) 'Welcome to NABIS'. National Ballistics lntelligence Service. [Online] www. nabis. police. uk/home. asp [accessed on 7 June 2009].

[36] Norris, C. and Armstrong, G. (1999) *The Maximum Surveillance Society The Rise of CCTV. Oxford: Berg.*

[37] Owen, T., Bailin, A., Knowles, J., MacDonald, A., Ryder, M., Sayers, D. and Tomlinson, H. (2005) *Blackstone's Guide to the Serious Organised Crime and Police Act* 2005. Oxford: Oxford University Press.

[38] Rimington, S. (1994) 'Security and Democracy – Is There a Conflict?' The Richar Dimbleby Lecture, BBC Television, 12 June.

[39] Sprague, O. (2009) *Tasers: Oral and Written Evidence*, 5 *May* 2009, *Mr Oliver Sprague and ACC Simon Chesterton*, Home Affairs Committee, session 2008 – 2009. London: TSO, House of Commons Paper 494.

[40] Tilley, N. (2003) 'Community Policing, Problem – orientented Policing and Intelligence – led Policing', in T. Newburn (ed.), *Handbook of Policing*. Cullompton, Devon: Willan Publishing.

[41] Walker, N. (2000) *Policing in a Changing Constitutional Order*. London: Sweet and Maxwell.

3

警察的权力

本章目标

本章要达到如下目标：

- 结合警察权力分析裁量权这一概念；
- 探讨在新式警务形成时期向警方分配的权力并分析20世纪警察权力的嬗变；
- 评估《1984年警察与刑事证据法》对于警方权力的重要性；
- 对警察的权力与警务工作对象的自由权之间业已达成的平衡进行探讨；
- 讨论警察投诉机制的发展并评估警察投诉程序的有效性；
- 评估警察腐败的性质与应对措施。

3.1 自由裁量

警方的工作固然要受到正式的规则与程序的约束，这些规则和程序同时也要受到各级警务人员所行使的自由裁量的调节。

“自由裁量”一词会让人浮想联翩。其中包括“变通规则（rule－bending)”“见机行事”“同情”“理解”以及“常识”，或者专业人士对自己所面对的情况进行独立判断。曾经有人提出，自由裁量“指的是官员、组织或者个人为了在多种可选的作为（或者不作为）方案之间做出判断、选择或者决定而进行决定、判别或者判定的自由、权力、授权或者其他选择余地”（Gelsthorpe & Padfield，2003：1）。

有若干个因素会对自由裁量的行使产生影响。这些因素包括“程序”（从事实务工作的人士拥有根据法律或者实际需要的考虑而将某些案件进行筛选或者疏导，使其免于进入刑事司法体系的能力）、“环境”（从事实务工作人员所采取的行动，要受到民众关于恰当得体的行为方式的观点的影响）以及“大局（context)”（实务工作人员的决定要受到所在组织的“内部”以及职业因素的影响）。人们所称的“不当考虑因素”（诸如阶级、种族和性别等因素是专业人士所采取的行为的重要依据）也会影响到运用自由裁量权的方式（Gelsthorpe & Padfield，2003：6－9）。 46

自由裁量权的运用可以起到消极作用，也可以起到积极作用。有人曾得出这样的结论：自由裁量权“如果导致无正当理由的决定（负面歧视）以及前后矛盾（不一致）的时候，就是有害的力量；但是，如果它能够为表示怜悯提供一个机制（这样一个机制纵然无法精确定义，很多人同样会承认，它对于构建与实现正义而言是必不可少的)”（Gelsthorpe & Padfield，2003：6）。

3.1.1 警方与自由裁量权

各级警务人员都拥有一定程度的自由裁量权（又称为“经过授权的灵活性”）（Gelsthorpe & Padfield，2003：1），但是在行使自由裁量权方面，他们并不具有完全的自由权。“在实际工作中，做出判断或者选择要受到不小的制约。这些制约不仅包括来自正式规则（有时候是法定的规则）的约束，而且还包括会对行使选择权产生影响的多种社会、经济和政治约束”（Gelsthorpe & Padfield，2003：3）。

警长

在 19 世纪期间形成了执法方面的警方独立原则。后来，这一原则经费舍尔诉奥尔德姆公司（Fisher v. Oldham Corporation，1930 年）一案得到确立。这一原则意味着没有任何外部机构有权对警长发号施令，指示他应该如何执行法律。《1964 年警察法》（*the 1964 Police Act*）规定，各警队应接受其警长的“指令和控制”，授予警长确定各自警队执法重点的权力［这一事务过去曾由城镇内的公安委员会（Watch Committees）负责］。之所以有必要行使自由裁量权，原因之一是就某一具体警队而言，它无法执行所有的法律，因而该警队必须选定其执法重点。这种情况下所面临的主要问题之一是，进行决策的依据可能是职务最高的警官的个人观点或者偏见。

警长行使自由裁量要受到多种约束，其中之一是司法机关（最高司法机关为欧洲人权法院）的干预，特别是在警长看上去有选择不执行法律之嫌的时候。在雷蒙德·布莱克伯恩[1]（Raymond Blackburn）于 1968 年和 1973 年就有关非法赌博与贩售淫秽制品的立法对英国伦敦大都会警察局长提出控告时，就曾经出现过司法机关对警长行使自由裁量权的干预，不过到目前为止，此类干预还属于偶发现象。此外，如果法官认定警长行使自由裁量权属于警方的业务性决定，他们通常不愿对此进行
47 干涉，即便是在他们认为警长的决定是建立在错误的假定之上时（例如 1981 年 R 诉德文郡和康沃尔郡警察局长以及中央电力委员会一案中）也是如此。

《1994 年警察与治安法官法院法》（*the 1994 Police and Magistrates' Courts Act*）允许内政大臣对英格兰和威尔士地区的全体警务部门设定工作重点，从而大大约束了警长为所在警队设定工作重点的能力。第 6 章会对此进行讨论。

下级警官

下级警官在其工作的某些重要方面需要行使自由裁量权。当他们“上街执勤”时，有可能需要判断嫌疑人是否违反了法律，如果违反了法律，应该采取什么样的行动。此时，支撑他们行为的就是自由裁量权。在很多情况下，这一层级的警务工作中的自由裁量权是一种必须当场做出的决定。如果某个警官行使自己的自由裁量权，决定逮捕某个人，随后他还要根据自由裁量采取后续行动（例如，应指控嫌疑人犯了什么罪行、是对嫌疑人取保释放还是将其收押等）。

这一形式的自由裁量权源于法律，其依据是警察的权威“是原生的，而不是他人授予的，可由警察依照自身职务自行行使，且警察行使权威仅对自己负责，不对任何他人负责”（*Enever v. The King*，1906）。下级警官行使自由裁量权的另外一个还算靠谱的理由是，警方管理人员在对警官的行为进行监管的时候不可能事无巨细，面面俱到。同时，这也反映出，要警方执行所有的法律是不可能的。

虽然下级警官的行为从来就没有完全不受制约的时候，依然有人表示担忧，警官在执法方面的自由度过大了，并且可能受到警官个人的或者集体偏见的左右。因此，诸如《1984 年警察与刑事证据法》（*the 1984 Police and Criminal Evidence Act*）和《2000 年种族关系法（修订）》就试图对某些争议较大的自由裁量权的表现形式（特别是停车搜查权的行使）进行控制。

3.2 警察权力

正如理查德·梅恩爵士（Sir Richard Mayne）1829 年在给当时刚刚成立的伦敦大都会警察厅的训令中所述，警察的作用是：

- 防止犯罪；
- 保护生命和财产；
- 维护公众安宁。

在这些职能之外，还可以加上： 48

- 将违法分子绳之以法（在皇家检察署创立之前，还包括对违法分子提起诉讼）；
- 赢得公众的好感。这个职责需要完成各种各样、名目繁多的事情。这些事情和执法没有多少关系，但是却需要对公众的求助进行回应，无论求助问题的性质如何。这就是通常所说的警务工作的“服务职能”。

警方拥有多种可供他们履行职责的方法。他们固然可以依靠自己的职务来取得想要的结果，他们也可以召唤他人支持来处理对抗性情形，并借此将自己的个人职权转变为权力。

此外，警官还拥有多种正式的权力，在和公众打交道的时候，他们可将其与非正式手段相结合，取得他们认为适当的结果。新式警务体系在19世纪早期建立的时候，警方被授予的是普通法项下的权力，直到1929年的时候，依然还有人认为，警察不过是“穿制服的公民”（Royal Commission on Police Powers and Procedure，1929）。这些旧有的权力中有些今天依然还在，例如，普通法项下以扰乱治安为由实施逮捕的权力。

不过，随着19世纪的流逝，警方开始获得普通公众所拥有的权力之外的其他权力。这些权力是通过立法的形式授予的，经常是地方性立法，且适用于在英国特定地区工作的警察。这就意味着，警察的权力缺少一个全国性的框架。

1945年后出现的种种变化，影响了犯罪的性质、警察的作用和职责，因而有必要重新审视警察的权力。这一重新审视在《1984年警察与刑事证据法》（*PACE*）中得到了体现，这项法律因而被描述为“警察权力的现代发展进程中意义最为重大的里程碑”（Reiner，2000：176）。

3.2.1 《1984年警察与刑事证据法》

该项立法授予警方若干重要的权力，其中包括从事下列活动的权力：

- 在公共场所截停并搜查人员或者车辆；
- 进入私人房舍，对房屋进行搜查并查封所找到的物品（无论是否持有令状）；

- 进行逮捕；
- 提取指纹和其他非私密样本；
- 拘留并收押人员。

该项立法还在英格兰与威尔士全境为上述权力提供了依据，并为警察权力提供了一个全国性的基础。 49

不过，《1984年警察与刑事证据法》过去不是，现在也不是警察权力的唯一来源。正如前文所述，虽然在制定《1984年警察与刑事证据法》之后，源自普通法的警察权力的数目有所删减，这些权力依然还在。其他立法也向警方分派了若干权力。之所以形成这一局面，部分原因是近年来有一种趋势：以设立新罪名为手段来解决法律和秩序方面的问题；而要执行此类罪名，往往就需要授予警方新的权力。下文几个小节中将对警察手中的主要几种权力进行讨论。

截停并搜查

《警察与刑事证据法》授予警察在公共场所截停并搜查人员或者车辆的权力，以使警察能够在不首先行使逮捕权的前提下消除或者确认其对有关人员的怀疑。针对这些权力的形式，警方《行为准则》中规定了保护措施，下文中将会对此进行论述。虽然多数截停搜查行动（在2006～2007年进行的截停搜查行动中，大约为92%）是根据《警察与刑事证据法》实施的，其他立法也授予了警方类似的权力。这些额外授予警方的权力包括《1994年刑事司法与公共秩序法》第60条授予的各项权力（2006～2007年，有44659起截停行动是根据这些权力实施的）和《2000年反恐怖主义法》第44条授予的各项权力（2006～2007年，有37000起搜查行动是依据这些权力实施的）（Rodbock，2009：58）。

其他包括截停搜查条款的立法包括《1968年枪支法》（*the 1968 Firearms Act*）、《1971年反药物滥用法》（*the 1971 Misuse of Drugs Act*）、《1979年海关与货物税管理法》（*the 1979 Customs and Excise Management Act*）、《1982年航空安全法》（*the 1982 Aviation Security Act*）、《1985年体育赛事法（酒类管制等）》［*the 1985 Sporting Events （Control of Alcohol etc*）*Act*］以及《1997 年刀具法》（*the 1997 Knives Act*）。

进入、搜查和押

在警方无法获得搜查对象同意的情形下，《警察与刑事证据法》准许治安法官向警方出具实施搜查的令状。搜查证只能针对该项法律归类为严重的、可实施逮捕的违法行为出具，并且用于获取可能对于调查工作具有重大意义的证据。为获得搜查证，警方必须向治安法官详细说明正在进行调查的罪行，以及预计能够通过搜查获取的证据的性质。

根据《1984 年警察与刑事证据法》，一般搜查令的条款是不涵盖某些物品的（虽然警方可以另行获得批准来搜查此类物品）。此类物品包括享有法定特权的材料（例如，律师和其委托人之间的信函）以及由该法律定义为“除外材料”或者“特殊程序材料”（例如，医疗记录）。

《警察与刑事证据法》第 17、18 和 32 条准许警察在没有搜查证的
50 情况下进入他人房舍。这一立法中含有行使此类权力所应适用的条件。例如，根据该法第 32 条的规定，警方可以进入并搜查已经被捕人员占用的房屋，前提是警方有合理的根据怀疑会搜出与导致该人被逮捕的违法行为有关的证据。

《1971 年反药物滥用法》（*the 1971 Misuse of Drugs Act*）和《1988 年道路交通法》（*the 1988 Road Traffic Act*）中包含了其他与进入和搜查房舍并扣押物品性质相同的权力。

拍照、提取指纹和样本

《1984 年警察与刑事证据法》规定，对于因涉嫌犯罪而被捕的人员，警察有权拍摄照片、提取指纹和其他样本。后来，这些权力又通过警方依照该立法颁行的《行为准则》得到了发展。

1995 年，新版警方《行为准则》考虑到了《1984 年警察与刑事证据法》实施以来（1986 年）出现的多个新情况，其中包括《1994 年刑事司法与公共秩序法》（*the 1994 Criminal Justice and Public Order Act*）中有关提取私密性和非私密性人体样本用于法医分析与鉴定程序的规定（Bucke & Brown，1997：1）。1995 年版警方《行为准则》的影响之一就是将唾液和口腔拭子[2] 界定为非私密性样本；之后如果嫌疑人拒绝主动

提供唾液或者口腔拭子样本，警方可以自行提取。此外，此前曾规定，对严重的、应实施逮捕的违法行为才能提取非私密性样本，而现在，对应予备案的违法行为即可提取非私密性样本，从而大大拓展了可以提取样本的违法行为的范围（Bucke & Brown，1997：42）。

《2005 年严重有组织犯罪与警察法》（*the 2005 Serious Organised Crime and Police Act*）对《1984 年警察与刑事证据法》的多个条款进行了修订，允许在警察局之外的场所拍摄嫌疑人的照片，并在特定情形下未经嫌疑人同意即可提取指纹。该立法还对《1984 年警察与刑事证据法》对私密性样本的定义进行了延伸，使之包括了“从人体生殖器官任何部位（包括阴毛）提取的拭子”，并对非私密性样本的构成的定义进行了延伸。

逮捕

逮捕可以凭借治安法官或者法官签发的逮捕证实施（例如，在向某人发出传票之后，该人未能出庭）。《1984 面警察与刑事证据法》准许在诸如谋杀等严重违法行为中（称为“严重的、应予逮捕的违法行为”），可在没有逮捕证的情况下实施逮捕。该权力可以按照有合理根据认为嫌疑人正在进行违法活动这一标准来行使。

《1984 年警察与刑事证据法》第 28 条规定了合法逮捕所必须遵守的各项要求。这些要求包括，必须在现实可行的前提下尽快告知被逮捕人员他已经被捕以及被捕的原因。并且后续对被捕人员进行问询前，必须对其进行告诫[3]。

对有些违法行为而言，是无法对违法人员进行逮捕的，因而经办警 **51**
察只得采用其他手段处理该违法人员，且随后可以传唤该违法人员出庭。不过《1984 年警察与刑事证据法》规定了若干项一般逮捕权（general powers of arrest），适用于违法人员犯了通常情况下逮捕权并不适用的轻微违法行为，但是警察认定该违法人员未能提供其真实姓名或者住址的情形。

但是有人指出，这些逮捕条文纷繁芜杂，使警察感到困惑不已，无所适从。因而《2005 年严重有组织犯罪与警察法》对《1984 年警察与刑事证据法》中有关逮捕权的规定进行了修订。《2005 年严重有组织犯罪与警察法》在符合该法所规定的某些标准（特别是必要性标准）的前提下，大大延伸了无证逮捕（arrest without a warrant）权所涵盖的违法行为的范围。此外，有了这一立法，警方可以行使的、有关“严重的、应予逮捕的违法行为”的权力（例如取得搜查证的权力或者在未做指控的情形下最多将被捕人员拘留 96 小时的权力）就可以适用于所有可公诉的违法行为（Owen et al. ，2005：72 –77）。

不过，新授予警方的无证逮捕权也意味着，若干类此前可以根据《1984 年警察与刑事证据法》进行逮捕的简易罪[4]，在新法的框架之下，对进入并搜查这些“强制权力”不再具有吸引力了。符合这种情形的有此前列于《1984 年警察与刑事证据法》第 24 条下的 17 种违法行为。

拘留

在《1984 年警察与刑事证据法》之前，按照规定，应尽早对被拘留人员提出指控并使其出庭。《人身保护令》是一条保证公民免于遭到当局无故拘押的令状,它强制要求拘押逮捕机构将被拘人员交给法院，由法院判定拘押是否正当。《人身保护令》起源于安格鲁 – 萨克森时期，后根据《1679 年人身保护法》（在苏格兰，则是根据《1701 年非法监禁法》，（*the 1701 Wrongous Imprisonment Act*）具有了成文法依据。

但是，《人身保护令》程序并未能为公民自由权提供全面有效的保护。它的主要缺陷之一是，被警方拘留的人员通常很难将自己的下落告知他人，从而使他们得以启动人身保护程序。这样一来，就可能导致该人遭到长期羁押。

有鉴于此，《1984 年警察与刑事证据法》对拘押时限设定了限制。根据该项法律，正常情况下拘留时间可长达 24 小时，不过警督级别的警官可将拘留时间延长 12 小时。如果需要再次延长拘押时间，必须获得治安法官的同意；经治安法官同意后，拘留时间最多可延长至 96 小时。在延长后的拘留期限到期后，警方应对被拘留人员提起控告，否则就应将其释放。《2006 年反恐怖主义法》（*the 2006 Terrorism Act*）规定，对于涉嫌犯有恐怖主义罪行的人员，其拘留（称为“控告前拘留”）期限可以延长，最长可达 28 天。

在押期间待遇

警方对待在押人员的方式应遵从《法官守则》（*Judges' Rules*）（1912 年起推行）。《法官守则》属于非法律性的准则。1972 年，三名被控杀害麦克斯韦尔·康菲特（Maxwell Confait）的少年的遭遇，导致公众认定警方在调查犯罪时并不是始终严格依照《法官守则》行事（Fisher，1977）。根据《法官守则》实施的问询并不要求律师在场，而且在很多时候也并没有详细的记录，这样一来，有时候就会导致出现虚造口供的现象（这一程序被称为“口头问询”）。在费舍尔（Fisher）报告的作用下，1978 年成立了皇家刑事诉讼程序委员会（Royal Commission on Criminal Procedure），这和斯卡曼勋爵（Lord Scarman）的报告（Home Office，1981）构成了《1984 年警察与刑事证据法》的背景。

为纠正警察局中不时出现的违规行为，《1984 年警察与刑事证据法》引入了对警方问询活动进行录音（后来又引进了录像）的做法，并规定了警方问询活动的实施方针。该项立法还规定，被拘留人员可以获得律师代理，并且在 1991 年对《1984 年警察与刑事证据法》规定的警方《行为准则》所做的一项修订中，强调了犯罪嫌疑人有权获得法律咨询。有人曾经指出，自从《1984 年警察与刑事证据法》实施以来，请求法律咨询的嫌疑人的数量有所上升（Bucke & Brown，1997：70）。

《1984 年警察与刑事证据法》还规定，由一个新设的岗位“拘留监管警官”对嫌疑人在押期间所受待遇进行监督。拘留监管警官的作用是确保被拘押人员的各项权利均得到尊重，并负责制作监管记录。拘留监管警官对在押人员负有法律责任，应判定是否有充分证据对被逮捕人员提出指控。如果证据不足，拘留监管警官可以释放嫌疑人，不再对其采取后续行动；也可以在判定是否应对嫌疑人提出指控前将其取保释放，并指令其在指定日期到警察局报到，以便警方进一步对其进行询问。

沉默权

在过去，一个人在被捕后不必回答警察提出的任何问题。这就是通常所称的“沉默权”。不过，人们认为这一权利遭到了滥用，因而对这项权利设定了种种限制。

《1994 年刑事司法与公共秩序法》（*the 1994 Criminal Justice and Public Order Act*）规定，准许法院在四种情形下对嫌疑人拒绝回答问题做出推断：（1）当被告人在出庭时使用了某个此前在接受警方询问或者
53 控告之时没有提出的辩护理由；（2）被告人已经年满十四周岁，在审判过程中拒绝提供证据；（3）嫌疑人在收到《1994 年刑事司法与公共秩序法》（*the 1994 Criminal Justice and Public Order Act*）所规定的“特别警告”后，未能对可证明其犯罪的物品、痕迹或者物质做出说明；或者（4）未能对其在特定地点的出现做出说明（Bucke & Brown，1997：34 and 37）

被捕人员在接受询问之前所收到的警告反映了《1994 年刑事司法与公共秩序法》对沉默权所带来的改变。

3.3 公民自由权与警察权力

影响警察权力的重要问题之一是警务对象的自由权——在公民和警方打交道的过程中，他们的权利能够切实得到维护。到目前为止，已经制订了多种制约措施来保护警务对象的自由权。这些措施包括《1998 年人权法》（*the 1998 Human Rights Act*）。该法律要求警察确保其行为符合《欧洲人权宣言》（包括欧洲人权法院对该宣言做出的各项解释）的规定。

另一项距离今天更近的措施是《2007 年法人杀人法》（*the 2007 Corporate Homicide Act*）。这一立法创设了一个新的法定罪行：如果某个组织管理或者组织自己活动的方式导致人员死亡，并构成严重违反其对该死亡人员所承担的相关注意义务的（根据该义务，该组织须承担采取合理措施来保护人员安全的义务），则该组织就犯有法人杀人罪（在苏格兰则为应受惩罚的法人杀人罪）（Ministry of Justice，2007：3 and 8）。1995 ~ 2005 年，共有 2000 人在关押期间死亡，相比之下，同期内却仅仅坐实了 10 起非法致人死亡案件（Grieve，2007）。在上议院的压力之下，政府被迫同意，在押期间（在警察局或者监狱中）发生的死亡应当通过委托立法的形式纳入《2007 年法人杀人法》中。

此外，警方在与公众打交道之时，还必须遵守《1974 年岗位健康与安全法》（*the 1974 Health and Safety at Work Act*）的有关要求。2007 年，皇家检察署对伦敦大都会警察厅提出控告，指控其在2005 年7 月22 日， 54
未能保障让·查尔斯·梅内塞的健康、安全和福祉。该案件导致伦敦大都会警察厅被罚款 17.5 万英镑，并承担 38.5 万英镑的诉讼费用。

《1984 年警察与刑事证据法》规定的警方《行为准则》

警方各项权力的运用，以及在何种情况下可以行使这些权力，在实施此类权力之时警方哪些事情能做、哪些事情不能做，都要符合《警察与刑事证据法》本身以及根据该法律制定的详细《行为准则》的有关规定。此类《行为准则》现在共有 8 个，从 2008 年 2 月起开始实施。这 8 个《行为准则》规定了运用警察权力以及保护公民自由权的多种保障措施。

《行为准则》与《1984 年警察与刑事证据法》是相互独立的，它们共同构成了某种形式的授权立法，由政府大臣在完成法定协商程序之后发布，并应得到议会上下两院的批准。现行《行为准则》的立法程序经《2003 年刑事司法法》（*the 2003 Criminal Justice Act*）修订后形成，对议会外协商程序做了更多的限制（Gibson & Watkins，2004：26）。虽然警方《行为准则》对警方设置了多项义务，它们可能成为纪律检查的依据，但违反《行为准则》却并不会自动触发刑事或者纪律程序。这就可能导致约束警方截停并搜查等行为的保障措施变成了“表象规则”（即“其存在目的就是为了使警务工作方式看上去尚可接受”），街头执勤的警员可能根本就不把它们放在眼里（Smith & Gray，1983：171）。

此外，警方《行为准则》还附有“指导说明”。指导说明是对《行为准则》内容的阐发，不过它们的法律地位没有《行为准则》那么清晰（Harlow & Rawlings，1997：157－158），并且在有些情形下，它们并没有得到严格的遵守。

3.4 对警方的投诉

在履行职务方面，警察并不具有完全的自由裁量权。他们的行为要受到多种非正式和正式约束。非正式约束的实例包括警察文化对警察行为的影响；正式约束指的是必须依照法律以及警方行为规范行事的要求。

现行警方行为规范包含在《警察职业行为标准》（*the Standards of Professional Behaviour for Police Officers*）中。该标准是在《2005年泰勒审查书》（the 2005 Taylor Review）发布后以及英格兰与威尔士警务顾问委
55 员会（the Police Advisory Board for England and Wales）、独立警察投诉委员会（the Independent Police Complaints Commission，IPCC）以及内政部下辖的一个工作小组对该报告中所做各项建议进行审议后，通过《2008年警察（行为）法规》（*the 2008 Police*（*Conduct*）*Regulations*）推出的。这些标准包含了警察所应遵守的各项职业行为标准、有关伦理以及行为的意见和规定。

《警察职业行为标准》对警察设定了多项义务，其中包括诚实廉洁、对公众尊重、有礼貌；行事公平、公正；保证在执勤时具备履行职责的能力；执勤时的行为应专业化（Home Office 2006，2008）。如果某位警察未能达到这些要求，就要受到纪律审查（对轻微不当行为的纪律审查已经大大简化了）；如果违规情况严重（构成“严重行为不当”），就有可能会遭到开除。

新的警察行为标准取消了之前的勒令辞职、降级、降薪、罚金、训诫和警告等惩戒措施，代之以管理方行动（management action）、书面警告和最后警告（final warning）（Crown Prosecution Service，2008：8）。纪律审查的证明标准依据的是民事法律中概然法权衡规则[5]（the balance of probabilities）的运用。绝大多数警察行为不端案件（在伦敦大都会警察厅为大约96%）是由内部指控或者调查引起的，而不是由公众投诉引发的（Taylor，2005：8），而且，新行为标准体系的重点在于发展和改善，而不是指责和惩罚（Crown Prosecution Service，2008：8）。

3.4.1 警察投诉机制

警方已经形成了正式的机制来调查关于警察违反法律或者《警察职业行为标准》的指控。本节将对该机制（称为“警察投诉机制”）的形成和发展进行讨论。该机制必须放置在这样一个大背景之下考虑：“与警方和公众之间数量巨大的接触次数以及警方服务活动广阔的范围相比，公众对警方的投诉以及警方内部纪律检查案件的数量是非常之小的”（Taylor，2005：3）。

在很多年间，公众对警方的投诉曾经是在警方内部处理的。这种内部处理程序是由伦敦首届两位警长（police commissioner）查尔斯·罗恩（Charles Rowan）和理查德·梅恩（Richard Mayne）开启的。这两位警长邀请权益遭到警方损害的公众直接向他们进行投诉，这就是这种内部处理程序的滥觞（Lewis：1999：2）。但是，后来人们认为这种方法在打击警方行为不当方面效果不佳，有鉴于此，警方又建立了正式的机制来处理对警员个人的投诉。这一正式机制是通过三次重大发展得以建立的：（1）《1976 年警察法》（*the 1976 Police Act*）设立了警察投诉委员会；（2）《1984 年警察与刑事证据法》用警察投诉处取代了警察投诉委员会；（3）《2002 年警察改革法》（*the 2002 Police Reform Act*）组建了独立警察投诉处（the Independent Police Complaints Authority）。

警察投诉委员会 **56**

《1964 年警察法》将各警队置于其各自警长的控制之下，这样一来，警长就必须替其手下警员所犯的侵权行为承担责任。这一立法还引入了一个体系来统一处理公众对警察的投诉。《1976 年警察法》成立了一个叫做“警察投诉委员会”（a Police Complaints Board）的机构，负责审查关于警察违反《警察纪律规章》（*Police Disciplinary Regulations*）的投诉，从而使该统一处理程序得到了不小的发展。

根据《1976 年警察法》，公众针对警察所做的投诉均应由被投诉警员所在警队的副警长监控。随后由该警队的投诉与纪律处的警官或者从其他警队抽调的警官负责对投诉进行调查。前述副警长根据调查结果认定被投诉警员可能犯有刑事犯罪的，应向检察长（Director of Public Prosecutions）递交报告，由检察长决定是否应当对该警员提起公诉。在皇家检察署成立之后，则改由该机构负责决定是否对被投诉警员提起公诉，不过该决定依然是以检察长的名义做出的。

但是，如果副警长认为，经过调查并未发现被投诉警察犯有刑事犯罪的证据，或者检察长决定不提起公诉，那么副警长有权转而对该被投诉警察提出纪律指控。也就是在这一阶段，警察投诉委员会才得以介入。警察投诉委员会会收到调查警官的报告复本一份，以及随附的副警长所提交的备忘录。该备忘录会说明是否有意启动纪律审查程序；如果无意启动，还应说明为什么启动纪律审查程序并不适宜。在后一情形下，警察投诉委员会还可以建议提起纪律指控，并且可以坚持提起纪律指控。或者，该备忘录也可以提请对该投诉展开进一步调查。

在警察投诉调查体系中引入警察投诉委员会这样一个非警察部门的成分，招致了来自警察机关内部和外部的批评。这一举措导致当时的大都会警察厅厅长愤而辞职。该警察厅厅长认为，在处理投诉问题方面，警长比别人更容易弄清事实并采取有效措施，因此反对削弱警长的权力（Mark，1978：207 －209）。此外，对《1976 年警察法》的运作还存在其他几项批评意见（Hewitt，1982：12 －25 对此也有所论及）。

前述批评意见包括，在对行为不当的警察提起公诉方面，检察长的热情不够；警察投诉委员会对于“一事不再理”原则所采取的解读是有悖常理的，根据该解读，向检察长递交文件就被视为构成了一次审判。
57 这样一来，如果检察长根据证据决定不提起公诉，那么警察投诉委员会就不会根据相同的证据建议启动纪律程序了。但是，法院在“1982 年 R 诉警察投诉委员会”一案中也对这种局面提出了批评，此外，还有人提出这样一个观点：皇家检察署决定不对被投诉警察提起刑事指控，并不意味着该警察就自动免于受到调查。但是，自那以后，这一局面就发生了变化。在后来的一个判例（R v. Chief Constable of Thames Valley Police ex parte PCA，sub norm R v. Metropolitan Police Disciplinary Board ex parte Director of Metropolitan Police Complaints Bureau［1996］COD 324 DC）（cited in Crown Prosecution Service，2008：15）中，检察长根据证据决定不提起公诉，警察投诉委员会却根据相同的证据建议启动纪律程序，并且得到了法院的支持。

此外，在这个程序中，对警方的投诉是由警方自行调查的，对于这么一个程序，公众的观感是负面的。虽然这种做法在有些行业中是正常的，但如果警察机关也这样做，就无法“赢得公众的信赖”。当权力受到警察损害时，公民不愿意向警察机关投诉，其结果之一是，指控警方行为不端的人越来越倾向于通过民事法院获得法律救济。民事案件中举证责任要比刑事案件的举证责任宽松（采用的是“权衡可能性”而不是“排除合理的怀疑”），因而通过民事诉讼来证实投诉要更为容易。

警察投诉处

《1984年警察与刑事证据法》力图回应对警察投诉机制的某些批评。该项立法所做的改革主要包括：

- 废除警察投诉委员会：原警察投诉委员会被警察投诉处取代。警察投诉处由一名主任、一名副主任以及11名从各种背景的公众成员中选出的人士组成。2000年，警察投诉处的预算大约为300万英镑（Home Office，2000）；
- 强化了警察投诉处的职能：警察投诉处的工作范围得到了扩大，不仅涵盖了针对警察的违纪投诉，而且还包括了警察违法投诉。所有针对或者涉及警察的严重投诉（包括死亡、严重伤害、实际身体损害、腐败和应予逮捕的严重违法行为）均自动通知该机构；该机构有权对这些投诉的调查工作进行监督。该机构还可以对由警长或者有关警队的管理机构所提交投诉的调查进行监督。监督内容包括批准调查警官的任命，以及对调查工作设定要求等。对于由警察投诉处监督的调查工作，负责调查的警官应直接向该机构递交调查报告，然后该机构会将报告发送给相应警长或者警察监管机构；
- 否决权：警察投诉处有权否决警长的决定，并指令该警长将其报告向检察长提交一份，用于在法院提起诉讼，或者建议（最终可以坚持要求）提起纪律指控；

- 引入和解制度：和解程序适用于轻微的、且投诉人要求警方就某个警察的行为做出解释或者进行道歉的投诉。进行和解（警察投诉处并不参与）的气氛与之前处理对警方投诉的环境相比，对抗性没有那么强。

58 《1984年警察与刑事证据法》引入了多项修正，提供了一个介乎于对投诉进行独立调查和内部调查之间的折中方案，意在避免对警方问责制度进行任何根本性的变动。当时曾期望这些改革能够改进警察的行为标准，并实现警民关系、特别是城市中警民关系的改善。但是，虽然《1984年警察与刑事证据法》以法律形式规定了种种改革，依然有人指责，严重违法违纪的警察仍然没有得到应有的处理。下文讨论有关这一问题的看法。

与民事诉讼没有关联　在有些投诉案例中，指控警方对其采取了不当行为的人士选择提起民事诉讼，而不是利用警方纪检系统。这些案例很多时候并未得到公众的理解。警方经常通过庭外和解的方式解决此类诉讼（往往要支付大笔金钱，不过，上诉法院1997年发布了指导方针，规定对指控遭到警方殴打的投诉，庭外和解赔偿费最高不得超过5万英镑），但是通常情况下拒绝承担任何责任。警方之所以选择这样做，其动机是为了避免为此类案件打官司，从而省下诉讼费用。和解裁决的细节以及促使警方做出赔偿的情节，警方并非总是向公众透露，身陷诉讼的警察也经常能够全身而退，不受任何惩罚，因为根本就没有对他们提出正式的投诉。

多数投诉都遭到驳回　驳回投诉的原因包括缺乏足够的支撑证据、遭到投诉的警察行使沉默权以及证明投诉有效的标准非常高（“排除合理怀疑”）。这样一来，在截至1998年3月31日的一年时间里，警察投诉处共处理了9608起投诉案件，共涉及18354个投诉。但是，这些投诉却只促成了区区1130次纪律惩戒（Police Complaints Authority，1998：11－13）。

被判违纪的警察仍有可能逃脱惩罚　警察可以通过多种手段规避对他们采取的纪律措施。他们可以选择退休（并借此保留所有退休权益）、请长期病假、辞职或者同意接受“训诫”（也就是申斥）。1987～1999

年所提出的投诉中，大约有 80% 是采用后一种手段处理的（Smith，1999）。

缺乏透明度 影响公众对警察投诉处工作信任的主要问题之一是，那些以报告形式呈交给警察投诉处的投诉，它们的调查工作必须在取得《公众利益豁免权证明书》（*Public Interest Immunity Certificates*）的前提下才能展开，这样一来，公众就无从了解调查工作情况。此外，检察长决 59
定不对警察提起公诉的原因也没有向公众公开。

皇家检察署所扮演的角色 皇家检察署对涉案警察不予起诉的决定有时候存在争议，并且会导致他人指责皇家检察署包庇警方滥用职权行为。在涉及嫌疑人拘留期间死亡的案件或者佩戴枪支的警察开枪致人死亡的案件中，皇家检察署的角色尤其微妙。1997 年，在杰拉德·巴特勒（Gerald Butler）法官担任警察投诉处主任期间曾发起过这样一项调查。该项调查于 1999 年发布报告。该报告指出，在杰拉德·巴特勒法官审查的两个案件中，皇家检察署对取得对嫌疑人的有罪判决的态度过于消极。杰拉德·巴特勒建议，遇有案件之时，皇家检察署应当对被投诉警察提起公诉，并应更加主动地寻求律师的建议（Butler，1999）。

2005 年，《独立报》刊载的一篇文章宣称，自 1993 年以来已有 30 名民众被警方射手开枪打死，而这些开枪致人死亡的警察中竟没有一个被判犯有任何罪行（Verkaik & Bennetto，2005）。出现这种情况的解释之一是，皇家检察署对提起公诉所设定的证据水平太高。有人指出，只要警方宣称开枪是为了自卫，就有可能阻止检方提起公诉（Verkaik，2005）。

缺乏独立性 《1984 年警察与刑事证据法》制定以来，警方投诉机制运作方面存在的最大缺点或许是，对投诉的调查依然是由警方负责实施的。警方之外的机构在调查事务中参与非常有限，其中警察投诉处的监督职能只涵盖大约三分之一的投诉案件。这一局面导致人们产生了这么一种看法（姑且不论是否有根据）：警察在对自己同僚进行调查的时候，对投诉的调查力度并非总像对其他刑事事务那样大。此外，警察投诉处的人员是由内政大臣任免的，并且在有些案件中，内政大臣会对这些人员进行指导。这样一来，警察投诉处人员在履行职责时，有可能会受到外部压力。

3.4.2　1997 年后工党政府推行的改革

在《1999 年麦克弗森报告》[6]（*Home office，1999*）发布后，当时的工党政府内政大臣杰克·斯特劳（Jack Straw）引入了多项改革，要求用行为准则（从 2008 年开始，为《警察职业行为标准》）取代原有的警方纪律守则。如果某个警察违反了该行为准则，那么就应当对其启动纪律处分程序，并依据新制定的关于警方行为与效率的规章进行惩处。这些改革包括降低证明投诉有效性的举证责任标准（将该标准降低为民事案
60 件中所适用的“概然性权衡”原则），取消警方的“沉默权”，并引入一个为期六周的“快速通道”系统来处理严重指控。

此外，内政部还委托有关人员进行了一项研究，以弄清建立一个独立的投诉处理系统是否有必要且经济可行。《1998 年警察（北爱尔兰）法》就为北爱尔兰皇家警察（Royal Ulster Constabulary）引入了这样一个系统——一个独立申诉调查机构领命负责调查对警察提出的投诉。

独立警察投诉委员会

《2002 年警察改革法》（*the 2002 Police Reform Act*）引入了一个新的处理警察（在英格兰和威尔士还包括文职辅助人员）投诉的机构。该机构取代了此前负责处理警察投诉事务的警察投诉处。这一新机构叫做独立警察投诉委员会（the Independent Police Complaints Commission，IPCC），其工作职责包括对整个警察投诉制度实施监督。其特别职责是提高公众对警察投诉制度的信任度（Crown Prosecution Service，2008：3）。这一新制度于 2004 年 4 月 1 日投入运行。在这一新制度之下，对警方的投诉可以采用四种方式进行调查：

- 独立采用独立警察投诉委员会所聘调查人员开展调查。起初，该委员会共聘用了 72 名调查人员。他们的职责是调查警方开枪案件等性质最为严重的案件。调查人员可以是前警察，也可以来自其他背景（Hardwick，2009）。
- 在独立警察投诉委员会的管理下由警察负责开展调查工作。

在前述两种方式中，由独立警察投诉委员会负责向检察长提交调查报告。

- 在独立警察投诉委员会的监督下，由警察人员负责开展调查。这一程序与此前警察投诉处监督调查工作的方式类似。就这种程序而言，调查人员应告知独立警察投诉委员会他们是否有意将所调查案件提交给检察长。不过，如果调查人员无意将案件提交给检察长，独立警察投诉委员会有权坚持要求将案件提交给检察长。
- 就地解决。在这种情况下，由被投诉警员所在警队的职业标准部（Professional Standards Department）对投诉进行调查，独立警察投诉委员会并不参与调查。如要采取这一处理方式，应征得投诉人的同意。这一方式的涵盖范围已经得到扩大，可以用于处理对高级警官提出的投诉。这种方式与此前私下和解的做法类似。警方期望多数投诉都能够采用这种方式解决。

新投诉处理制度为投诉人提供了新的权利，其中包括投诉人可就警方拒绝受理投诉（不过此类投诉不必是在警察局做出的投诉）、调查投诉的方式、投诉调查结果或者警方不顾投诉人的意愿决定停止调查等情 61
况直接向独立警察投诉委员会上诉。此外，该制度还可以受理并未直接卷入争议的人士（例如，目击了一桩并不涉及自己的事件，且受到该事件的负面影响的人员）提出的投诉。与此前的警察投诉处不同，独立警察投诉委员会还可以［通过“调入（call - in）”程序］对那些尚未成为正式投诉事由的行为进行审查。

《2002 年警察改革法》还消除了对警方提出的民事诉讼与投诉程序相互分离这一不正常现象。该项立法要求警长和警方管理机构就公众对警方提起的民事诉讼进行审查，查明公众的指控是否包含“行为不端事宜”（该项立法中将其定义为在警方服役的人员采取的、可能构成刑事犯罪或者应当启动纪律惩戒程序的行为）。如果判定某民事案件涉及行为不端事宜，则警队应当受理该行为不端事宜。有些行为不端事宜必须交由独立警察投诉委员会判定应如何进行调查。那些不必交由独立警察投诉委员会的事宜可由警队处理。独立警察投诉委员会有权强制要求警队举行纪律听审会，并有权在某些情形下在此类庭审会上提出证据。

独立警察投诉委员会在纪律事务中的职责范围比警察投诉处更广，包括在某些情形中，在符合公众利益的前提下，要求举行公开纪律听审的权力。独立警察投诉委员会还可以提起纪律惩戒，并就如何采取纪律惩戒措施向有关警队发出指示。

新的警察投诉处理制度由一个专员小组（最初有 18 名专员）负责监管。这些专员的职责是设定、检测和执行英格兰和威尔士全境的投诉调查标准。他们有权对投诉程序的任何环节进行检查，对警队进行检查，并提取与投诉有关的文件。新投诉处理制度向警察监管机构分派了具体的职责。在新制度之下，警察监管机构应与投诉人和其他利益相关方就投诉调查进展情况、阶段性发现、调查官员在报告中提议的纪律惩戒措施以及这些措施的结果进行沟通（Wadham，2004：21）。向投诉人提供受调查警官的报告复本是新制度的一个创新。

独立警察投诉委员会每年平均处理大约 30000 件投诉。在这些投诉中，大约有一半涉及不文明或者粗暴行为，有 400 件指控警方犯有严重暴力行为。另有 100 起是关于致人死亡的投诉。在 2008 年的 30000 起投诉中，独立警察投诉委员会调查了其中的 110 起，并处理了 120 起的调查工作（Hardwick，2009）。

独立警察投诉委员会的运作

新的警察投诉处理制度比起之前的制度很有可能更为有效，不过，
62 新制度要想赢得公众的信任，还必须解决一些问题才行。重要的是，独立警察投诉委员会必须有充足的经费，以确保负责调查的官员不至于因为工作负担太重而疲于奔命。让监管机构经费不足，是政府抵消监管机构所起作用的极为有效的手段（Lewis，1999：94）。2009 年二十国集团峰会期间的警务工作导致出现了大量针对警方的投诉，促使独立警察投诉委员会主任委员提出，内政部有必要提供更多的资源，以便应对这些投诉的调查工作（Hardwick，2009）。

另一个危险是缺少来自警方的配合。警方文化可能会阻碍调查工作。警界存在“一个极为顽固的不成文规则：警察在任何时候都必须抱团”。这样的规则有可能导致警察的不当行为遭到掩盖（Lewis，1999：23）。虽然来自警方内部的调查人员可以克服这种性质的约束，那些并

非警察出身的调查人员的调查工作，却会受到一个特别突出的问题的影响。他们可能会面对一堵所谓的“蓝色的沉默之墙”[7]或者一个“保密规则”（该规则的前提是“警警相护”）（Kappeler et al.，1998：309），它们均会妨碍对警方行为不当投诉的调查工作。

此外，高级警官也可能会设法阻碍对某个投诉的独立调查。这一问题在伦敦大都会警察厅的警员枪杀了一名被误认为自杀式炸弹袭击者的无辜巴西青年后浮出水面。在这一事件发生之后，伦敦大都会警察厅厅长联系了内政部，声称对这一过失应当进行内部调查，因为如果由外部人员进行调查有可能会对国家安全和情报工作造成负面影响，并且会损害他主管的警队中佩枪部门人员的士气。内政部否定了该厅长的观点，但是据称，在该警察厅长——伊恩·布莱尔爵士——的直接授意之下（Dodd，2005；Hardwick，2009），独立警察投诉委员会的调查人员在几天之内一直被挡在该枪击事件的现场之外（Cowan et al.，2005）。

此外还有一个问题，那就是有人觉得皇家检察署偏袒警察。关于是否提起公诉的决定是根据《皇家检察官准则》（*Code for Crown Prosecutors*）确定的（Crown Prosecution Service，2008：4）。2008年，大约有100位专门处理对警方投诉的律师从独立警察投诉委员会的顾问机构中辞职。这些律师辞职的原因包括：对于警官所开展的调查工作监督力度不够、在解决投诉方面存在严重拖延以及对警方偏袒等。

3.5 警方腐败

警察的不端行为可能会超过滥用职权的范围，并构成腐败。通常所说的“警方腐败”是一个很难界定的词语，它涵盖的行为范围非常宽广，包括：

- 勾结犯罪分子：在这种行为中，警察参与多种活动，特别容易通过与警方线人的串通而滋生。向犯罪分子泄露信息（“信息型腐败”），可以使犯罪分子抢先警方一步，是这一腐败的一种重要形式。 63

- 滥用职权：滥用职权的目的是为一己之私而谋取好处与特权，涉及诸如接受贿赂或者其他形式的收买并因此对犯罪活动不闻不问等行为。
- 盗窃指的是警方侵吞在逮捕犯罪分子时经手的金钱（或者诸如毒品等财物）。涉及这种腐败行为的警察，随后还可能犯有诸如走私毒品等其他非法行为。
- 恐吓：这种形式的腐败涉及警察对嫌疑人施加精神或者肉体上的压力，迫使其招认犯有罪行，或者迫使存在弱点、容易就范的证人做假证。
- 隐匿证据：此类腐败涉及未能向辩方披露在调查过程中获取的证据材料，此举会破坏控方的指控工作或者使辩方趁机获益。
- 捏造证据：此类腐败涉及警方编造（或者“安插”）证据，以获得对嫌疑人的有罪判决。

警方腐败可以由单个警员实施，也可以由一组警员，通常情况下是一个警察分队（police squad）共同实施（Miller，2003：iii）。后一种形式不及前者常见。关于警察腐败，曾有人提出多种解释，由若干个工作性的因素构成，其中包括对警察工作离心离德、存在可以用于腐败目的的机会（例如可以获得有关信息或者监管不足等）以及警察组织的文化与价值观（可能诱使警察为获得结果而不择手段）。与工作无关的原因（例如感情生活中的问题、酗酒、在业余爱好中接触到犯罪分子等）也可能导致腐败行为的发生（Miller，2003：18－24）。其他对于腐败行为的解释则区分了可能会影响腐败行为的恒定因素——诸如自由裁量、对警察行为监管不足、警察内部相互庇护等——与可变因素——诸如当公众普遍违反某个法律时，警察能够利用对该项法律的违反来为自己谋取私利（Newburn，1999：14－27）。

64 **3.5.1　腐败的规模**

由于“腐败”是一个很难界定的术语，因而发生腐败的范围也就难以衡量。不过，有人曾经提出，“大约百分之零点五到百分之一的警方人员（包括警员和文职人员）有可能（但未必一定）存在腐败”（Miller，2003：ii）。

警察界存在的腐败并不是什么新鲜事。例如，早在20世纪20年代乔治·戈达德（George Goddard）警佐就存在腐败行为。据称乔治·戈达德通过收取保护费搜刮了不少钱财（Morton，1993：xvi）。1945年以来，已经出现了多起臭名昭著的关于警方腐败的指控。

其中第一起是由罗伯特·马克（Robert Mark）爵士担任英国伦敦大都会警察厅厅长的时候发起。这项指控后来导致478名警察离职，不过其中只有80人通过法院或者纪律惩戒程序进行了处理（Campbell，1999），有13人被判入狱。第二起指控是“乡下人行动”[8]（Operation Countryman），该行动于1978年启动，旨在调查伦敦金融城警队和大都会警察厅这两支警队。在该行动中，有关警方与犯罪分子之间的腐败关联的指控是首要目标，但是该调查最后只导致四名警察受到起诉。

1989年，英国西米德兰兹郡反严重犯罪组（the West Midlands Serious Crimes Squad）遭到解散，随后对其行为展开了调查。尤其令有关方面关注的是该机构警员为获得口供而采取的方法。该项调查最后促使上诉法院释放了若干名此前被判有罪的罪犯，却没有任何一名警察被判有罪。20世纪90年代早期，针对有关伦敦哈克尼区斯托克·纽因顿（Stoke Newington）警察局的腐败行为的指控开展了一项名为“头彩行动”（Operation Jackpot）的调查。该警察局人员被控犯下不端行为，导致伦敦大都会警察厅支付了一百万英镑的赔偿金和诉讼费用，并有一名警察由于买卖毒品而锒铛入狱。

第五起对警方腐败的指控，1997年保罗·康登爵士（Sir Paul Condon）告知英国上议院内政事务委员会其警队中存在100～250名腐败警察（当时相当于该警队人数的0.5%～1.0%）之后广为人知。尽管他声明，这个数据“在数值上少于20世纪70年代”，他也承认，“无论这个数据从百分比上看多么地小，这些警察对绝大多数警察的声誉和士气所造成的损害却是巨大的”（Home Affairs Committee，1998）。后来，《卫报》在2000年3月3日报道说，有110～120名警察据称存在严重的行为不端。截至那天，已有75人被控犯有腐败行为，包括26名现役警察以及11 名前任警察。由于身陷尚未完结的有关腐败的调查，另有6 名现任伦敦大都会警察厅警察被勒令停职。

最后一个案例涉及的是南威尔士警方。二十多年间，该地警方被控曾根据虚假问讯记录实施非法监禁、伪造或者遗失证据、收受贿赂或者实行恐吓。该案件促使威尔士议会于2000 年10 月请求内政大臣发起公开调查。

65 3.5.2 对腐败行为的调查

对腐败行为的调查由警方实施。警方可以派遣专门的职业标准小组对此类事项进行调查。用来根除腐败的手段越来越先进，包括使用揭发告密人（super - grasses）和监控技术（Campbell，1999）。英国皇家警察监督局（HMIC）一份涵盖其他操守问题的报告中也论及了腐败问题。该报告中提出了多项建议，其中包括有必要就礼物与赠品制定适当的方针，并对管理警方线人的警察施行更为有效的监督（Her Majesty's Inspectorate of Constabulary，1999）。

但是，由于种种原因，对腐败行为的定罪依然存在困难，其中包括接受调查的警察谙熟警方的调查方法，因而在掩盖自己犯罪行为的踪迹方面游刃有余（Miller，2003：26）。有鉴于此，在解决这一问题之时，经常使用替代解决方案，例如启动警察纪律惩戒程序（Miller，2003：28）以及强调针对该问题采取措施，防患于未然。在这方面，英国警长协会（the Association of Chief Police Officers）提供了一些指导。该机构在此领域做出了一些创新，其中包括在1999 年组建了会长反腐败特别工作组（Presidential Task Force on Corruption）。该机构的工作后来由英国警长协会职业标准委员会接手。可供用于防止腐败行为的手段包括在警察机构内部提倡道德文化；而推行这一举措的方法，很大程度上依赖于良好的领导能力以及为工作场所设定恰当的行为标准（Miller，2003：35）。此外，有人提出，强化信息安全是预防腐败战略的一个“基石”（Miller，2003：37）。

思考题

结合警察权力的发展，评估《1984 年警察与刑事证据法》的重要性。

回答本问题所需要的材料包含在上文中的探讨之中。你还应该查阅本章参考书目中所列的部分材料。

要回答这个问题，你需要：

- 考虑《1984 年警察与刑事证据法》制定之前警方权力的依据以及这一局面所带来的问题；
- 分析《1984 年警察与刑事证据法》在警察权力方面带来的主要变化；
- 评估《1984 年警察与刑事证据法》以及后来根据该法颁布的警方《行为标准》是否足以在公众与警方打交道时保护公众的权利；
- 根据你就上文几个问题所提出的观点，就《1984 年警察与刑事证据法》是否构成了警察权力发展进程中的一个里程碑得出结论。

译者注

1. 雷蒙德 · 布莱克伯恩（Raymond Blackburn，1915 年 3 月 11 日至 1991 年 11 月 3 日），英国工党政治家，来自伯明翰国王诺顿和伯明翰诺斯菲尔德选区的下议院国会议员。作为道德与司法的改革者，20 世纪六七十年代曾主导过反色情、反赌博运动。

2. 口腔拭子（mouth swabs），医学检查的拭子，由一小团棉花或其他吸收性材料固定在金属丝或小棒末端而成，用于涂布药物，拭除物质，收集微生物材料等。

3. 告诫（cautioned），使其知道自己有不作回答的权利，如自愿回答，所说的情况会被记录下来并提交法院作为证据。

4. 简易罪（summary offences），指如果由成年人实施，只能由治安法院按简易程序审理的犯罪。

5. 概然性权衡（the balance of probabilities），是民事诉讼中的证据规则，概然性是指事情可能发生，但其中搀杂有一些不确定的因素。较大可能性表示根据情理或经验，或根据有说服力的证据或论证，一项陈述或假设可能符合事实的程度。如果法官指示陪审团可以按照较大可能性行动，这只是表示他们可以在证据说服力稍差的情况下或可在没有法律要求的相当确定（moral certainly）下行事。

6. 麦克弗森报告（Macpherson Report）：1993 年 4 月 22 日，18 岁的英国黑人青年斯蒂芬·劳伦斯（Stephen Lawrence）和他的朋友在公交车站等车的时候，在没有任何冒犯和挑衅的情况下，遭到五个白人青年杀害。针对这场动机非常明显的种族主义谋杀案，英国警方却以证据不足为由，拒绝逮捕这五名白人青年，引起了劳伦斯家人和黑人群体的广泛不满。为此，劳伦斯家人在黑人和相关团体的帮助下，进行了争取正义的运动，促使政府部门对劳伦斯事件进行了彻底调查，最终政府于 1999 年 2 月公布了《麦克弗森报告》。该报告承认警察在这次调查中所出现的失误，并确认这是警察机构中的根深蒂固的种族主义（Institutional Racism）所引起的。

7. 蓝色的沉默之墙（blue wall of silence），英国警察的制服为深蓝色，故有此说。

8. 乡下人行动（Operation Countryman），之所以采用这个代号，是因为参与该行动的警察是从英国汉普郡和多赛特这两个所谓“乡下”地区抽调来的，因而这两个地区的警察多被伦敦警察蔑称为“乡下佬”。

参考文献

[1] Bucke, T. and Brown, D. (1997) *In Police Custody: Police Powers and Suspects' Rights under the Revised PACE Codes of Practice.* Research and Statistics Directorate, Home office Research Study 174. London: Home Office.

[2] Butler, G. (1999) *Inquiry into Crown Prosecution Service Decision – making in Relation to Deaths in Custody and Related Matters.* London: TSO. 66

[3] Campbell, D. (1999) 'Police in New Scandal', *The Guardian*, 27 February.

[4] Cowen, R., Dodd, V. And Norton – Taylor, R. (2005) 'Met Chief Tried to Stop Shooting Enquiry', *The Guardian*, 18 August.

[5] Crown Prosecution Service (2008) *Guidance on the Handling of Allegations of Criminal Offences against Persons Serving with the Police.* London: Crown Prosecution Service.

[6] Dodd, V. (2005) 'Met Chief Tried to Block Shooting Inquiry', *The Guardian*, 1 October.

[7] Fisher, Sir H. (1977) *Report of an Inquiry into the Circumstances Leading to the Trial of Three Persons Arising out of the Death of Maxwell Confait and the Fire at 27 Doggett Road*, London, SE6. House of Commons Paper 80. London: House of Commons.

[8] Gelsthorpe, L. And Padfield, N. (2003) 'Introduction', in L. Gelsthorpe and N. Padfield (eds), *Exercising Discretion: Decision – making in the Criminal Justice System and Beyond.* Cullompton, Devon: Willan Publishing.

[9] Gibson, B. And Watkins, M. (2004) *Criminal Justice Act* 2003: *A Guide to the New Procedures and Sentencing.* Winchester: Waterside Press.

[10] Grieve. D. (2007) Speech in the House of Commons. 11 July. HC Dobs Vol 462. Col 1566.

[11] Hardwick, N. (2009) Oral Evidence to the Home Affairs Inquiry into *Policing of G20 Protests*, 21 April.

[12] Harlow, C. And Rawlings, R. (1997) *Law and Administration.* Cambridge: Cambridfe University Press.

[13] Her Majesty's Inspectorate of Constabulary (1999) *Police Integrity. Securing and Maintaining Public Confidence.* London: HMIC.

[14] Hewitt, R (1982) *A Fair Cop: Reforming the Police Complaints Procedure.* London: National Council for Civil Liberties.

[15] Home Affairs Committee (1998) *Police Disciplinaryand Complaints Procedure*, First Report, Session 1997/8, House of Commons Paper 258 - 1. London: TSO.

[16] Home Office (1981) *The Brixton Disorders, 10 - 12 April 1981: Report of an Inquiry by the Rt. Hon.* The Lord Scarman, OBE. Cmnd 8427. London: HMSO.

[17] Home Office (1999) *The Stephen Lawrence Inquiry: Report of an Inquiry by Sir William Macpherson of Cluny*. Cm 4262. London: TSO.

[18] Home Office (2000) *Complaints against the Police: A Consultative Paper*. London: HomeOffice Operational Policy Unit.

[19] Home Office (2006) *New Code of Professional Standards for Police Officers*. London: Home Office.

[20] Home Office (2007) *Review of the Police and Criminal Evidence Act (PACE) 1984: Summary of Responses to the Public Consultation Exercise (16 March - 31 May 2007)*. London: Home Office, Policing Powers and Protection Unit.

[21] Home Office (2008) *Police and Criminal Evidence Act 1984 CODE A*. London: Home Office. [Online] www. Police. Home office. Gov. Uk/publications/operational - policing/pace - code - a - amended - jan - 2009? view = Binary [accessed 22 March 2009].

[22] Kappeler, V., Sluder, R. And Alpert G. (1998) *Forces of Deviance: Understanding the Dark Side of Policing* (2nd edition). Prospect Heights, IL: Waveland Press.

[23] Lewis, C. (1999) *Complaints against the Police: The Politics of Reform*. Annandale, NSW: Hawkins Press.

[24] Mark, Sir R. (1978) *In the Office of Constable*. London: Fontana.

[25] Ministry of Justice (2007) *A Guide to the Corporate Manslaughter and Corporate Homicide Act, 2007*. London: Ministry of Justice.

[26] Miller, J. (2003) *Police Corruption in England and Wales: An Assessment of Current Evidence*. London: Home Office, Online report 11/03.

[27] Morton, G. (1993) *Bent Coppers*. London: Little Brown.

[28] Newburn, T. (1999) *Understanding and Preventing Police Corruption: Lessons from theLiterature*. Police Research Series Paper 110. London: Home Office Research, Developmentand Statistics Directorate.

[29] Owen, T., Bailin, A., Knowles, J., MacDonald, A., Ryder, M., Sayers,

D. And Tomlinson, H. (2005) *Blackstone's Guide to the Serious Organised Crime and Police Act 2005*. Oxford: OxfordUniversity Press.

[30] Police Complaints Authority (1998) *The 1997/8 Annual Report of the Police Complaints Authority*. House of Commons Paper 805. London: TSO.

[31] Punch, M. (1985) *Conduct Unbecoming*. London: Tavistock.

[32] Reiner, R. (2000) *The Politics of the Police* (3rd edition). Oxford: Oxford University Press.

[33] Rollock, N. (2009) *The Stephen Lawrence Inquiry 10 Years On: An Analysis of the Literature*. London: The Runnvmede Trust.

[34] Royal Commision on Criminal Procedure (1981) *The Royal Commision on Criminal Procedure Report*. Cmnd 8092. Lonod. HMSO.

[35] Royal Commission on Police Powers and Procedure (1929) *Report of the Royal Cornmissionon Police Powers and Procedure*. Cmd 3297. London: HMSO.

[36] Smith, G. (1999) quoted in H. Mills 'Rogue Police a Law unto Themselves', *The Guardian*, 14 September (online). Available at: www. Guardian. Co. Uk/uk/1999/feb/14/lawrence. Ukcrimel [accessed 14 June 2009].

[37] Smith, D. And Gray, J. (1983) *Police and People in London* (*Vol. IV*). London: Policy StudiesInstitute.

[38] Taylor, B. (2005) *Review of Police Disciplinary Arrangements*, *Report*. London: Home Office.

[39] Verkaik, R. (2005) 'Level of Evidence Has Been Set Too High, Say Lawyers', The Independent, 21 October.

[40] Verkaik, R. And Bennetto, J. (2005) 'Shot Dead by Police 30: Officers Convicted 0', *The Independent*, 21 October.

[41] Wadham, J. (2004) 'A New Course for Complaints', *Policing Today*, 10 (1): 21

4

警务工作方法

本章目标

本章要达到如下目标：

- 明确1829年以来在地方社区开展警务工作的方法并评价这些方法的优点和缺点；
- 评价当代警务工作方法；
- 对安心计划进行讨论，并剖析为实施该计划而想出的各种方法；
- 对1945年以来发生的、促使来自私立部门的机构履行警察职能的发展变化进行评估。

4.1 地方社区的警务工作 68

本节分析的是19世纪早期以来地方社区开展警务工作中所采取的各种方法。

4.1.1 预防式警务

第一章已经提到，19世纪警察工作强调的是预防犯罪。当时的警务工作是通过“家门口执巡（home beat）”实施的：根据这一制度，警察在分配给他的一小块区域徒步巡逻，并因此非常熟悉当地居民。这一制度背后的理念是，身穿警服的警察在社区出现，就足以降低当地的犯罪率；因此，警方预防犯罪的职能从本质上说是被动型的。

20世纪初期以前，警务工作主要由那些受指派负责一小块区域的警察以随机巡逻的方式完成的。战后英国广播公司推出的一档电视节目——《警察迪克逊》（*Dixon of Dock Green*）——将这种警务工作方式刻画得淋漓尽致。不过，虽然这种警务工作方式颇受公众欢迎（Skogan，1990），人们还是广泛认为它在减少犯罪方面的作用其实是微 69
乎其微的（后来该观点在Jordan，1998：67中得到了肯定），而且所谓的这种警务工作方式能够带来的种种益处（特别是能够实现良好的警民关系）也难以进行量化。此外，“家门口执巡”式警务工作还存在其他问题：

- 人力成本高：直到20世纪60年代，城市警察的巡逻工作仍然在采用所谓“定点制度”：根据该制度，警察按照预先设定的时间表在一系列固定的地点（例如警亭）之间巡逻（Chatterton，1979）。这种做法的人力成本高，尤其在很多城市难以招额定编制时，问题更严重。
- 工作强度大：“家门口执巡”式警务工作经常要求不高、索然无味，不像警察工作中的其他方面——特别是刑事调查局（CID）的工作——那样风光。

- 落后于时代：随着犯罪活动的手段变得更加复杂、流动性变得更强，需要采用技术（包括机动车辆）来打击犯罪活动，而“家门口执巡”式警务方式却不利于此类技术的运用。此外，随着犯罪和无秩序的模式的变化，需要警队内各种职能实现专业化，而“家门口执巡”式警务方式却阻碍了职能的专业化。
- 效率难测算：这种警务工作方式到底在多大程度上预防了犯罪是无法进行任何客观评估的。因此，也就很难确定这种警务方式是否达到了人员的有效利用。
- 目标不明确：对于承担随机巡逻工作的人员而言，这种工作的目标是没有明确界定的，因而从事该工作的警察主要是在实施他们自行发起的活动（据后来美国进行的研究显示，大约相当于总执勤时间的47%）（Famega et al，2005：549－550）。

4.1.2 反应式警务工作

在20世纪60年代，巡逻工作的预防导向式微，逐渐取而代之的是对反应的强调。这一转变得到了内政部的大力推动（Home Office，1967），并导致各个警队纷纷削减步行或者骑自行车巡逻的警员数量，并转而提倡使用机动车辆。后来担任伦敦市警务专员的罗伯特·马克爵士（Sir Robert Mark）给这种警务模式起了个绰号，名曰“消防队式警务”。这一模式改变了警务工作的方向，从之前的防患于未然改为后发制人，因而其发展使警察身着警服进行巡逻以预防犯罪这一模式逐渐式微。

反应式警务是通过“单位巡逻”（unit beat）的方法实施的，并且与汽车（最初是黑白涂装的警用巡逻车）和双向无线电的运用密不可分。这种警务模式还得到了诸如全国警察计算机系统（Police National Computer）和电脑辅助警情出警技术等技术发展的帮助。“技术型警察”（Alderson，1979：41－42）的崛起意味着随机的徒步巡逻工作在警队中的地位和重要性越来越低；巡逻工作转而主要由驱车从一起警情现场奔赴另一起警情现场的警察来完成。

截至20世纪70年代，英格兰与威尔士各地警队已经广泛采用了反应式警务工作方法。这种警务工作模式带来的主要好处是具备看得见摸得着的测量指标，因而可以对它的效率进行评判（例如反应时间和逮捕人数等），并且可以使警方在出动警力不增加的前提下增加工作成果。这种警务模式构建在这么一个暗含的推定之上：对警情的快速反应有助于抓捕犯罪分子。此外，这种警务模式兴起之初，人们也曾经认定，反应式警务对效率的提高将会提升公众对警方的满意度——公众对警方信任度的重要决定因素之一。但是事与愿违，这种警务模式带来的种种益处却都是以恶化警民关系，特别是城市中警民关系为代价的。

针对反应式警务及其实施方法，有人提出了若干有针对性的批评意见。其中包括：

- 缺乏对当地社区的深入了解。在反应式警务工作模式下，警察的大多数工作都是通过开车巡逻完成的，因此他们看不到有任何与辖区内普通民众建立关系的必要（而且即便他们认为有必要，也会发现建立关系很难）。这种批评意见早在当初提议引进摩托化警务模式的时候就曾经有人提出过（Bottoms & Stevenson，1992：29）。除了那些他们在“冲突和危机”状况（Alderson，1979：41－42）下与之打交道的人之外，警方不与任何人进行沟通交流，这就导致警方被控在警务工作中麻木不仁（Weatheritt，1982：133）。
- 形成片面刻板的印象：由于对不同街区缺乏深入的了解，存在一种倾向，即警方对不同街区以及其中居民形成片面刻板印象。这种做法有时候会导致警方乱用职权。警方对黑人青年行使截停并搜查的方式招致了不少的批评，因为警方的做法暗示，他们认为黑人社区的每个成员无一例外都给社会带来了问题。这种性质的指责往往会疏远警民关系，降低民众对警方的合作程度，并侵蚀警察职能在相关社区中的正当性。
- 低估了广大民众在警察工作中的作用。通过反应式方法开展的警务工作几乎全部是由警方以一己之力完成的，警方并不认为有必要让公众参与到警方行动中来。这就意味着，警方并没有把与公众协商、努力构建与公众的良好关系视为重要的活动。其后果之一是从公众流向警方的关于犯罪的信息减少，导致警方更加依赖于刻板片面的偏见以及无的放矢地行使权力。

- 强调执法为警方的首要职责：突出强调执法为警方的首要职责，势必会削弱其他活动，尤其是赞同式警务的重要方面之一——警方服务功能的重要性。此外，执法工作的显要地位还对在警界谋职的人员类型产生了影响。
- 71 警方在社区中的可见存在荡然无存。乘车巡逻的警察根本无法取代步行巡逻的巡警。巡警的身影足以给社区带来放心感和安全感。在这个意义上，警务工作变得非人性化了。警务工作转化成一种被辖区内社群视为局外人的警察所履行的职能。
- 效率方面收效并不大。有种看法认为，反应速度越快，在犯罪现场或者附近擒获犯罪分子的几率就越高，但是实际上却鲜有证据支持这种看法。美国一项研究表明，每次接到严重犯罪行为的报警后即时做出反应，其结果是在每 1000 起案件中，只有区区 29 起中当场将犯罪分子擒获。有人提出，对当场逮捕犯罪分子的概率影响最大的是公民报警时间，而不是警方的反应时间。可以想见，在警方反应时间上小打小闹的提高不会对抓获或者逮捕违法分子带来什么实质性的作用（Spelman & Brown，1984：xi）。
- 没有解决犯罪的根源性问题：警方强调反应，就意味着警方不曾试图去整治那些导致犯罪发生的深层次问题。
- 对不同犯罪做出反应的优先次序未能排好：这就有可能意味着，对犯罪的反应是按照报警的先后顺序排列的，而不是根据其严重程度。后来，为解决此类问题，各警队开始实施分级反应制度。

不过，这些问题中，有些是由实施反应式警务的策略，而不是反应式警务方法本身引起的。因此，并没有人设想步行巡逻会遭到彻底弃用。此外，有关人士认为，“校验员制度”（collator system）（在该制度中，一名警察，通常为警司级别，负责记录警察在特定区域执行公务时收集到的零碎情报）能够使警方在一定程度上对辖区内社区还算了解。

对反应式警务产生负面影响的原因，不是由于警务工作方式存在缺陷，而是由于诸如公众向警方求助大为增加等因素而导致的。对警方要求的增加是导致反应式警务模式难以为继的重要因素之一，因为面对大量需要处理的工作，警察基本上处于疲于奔命，穷于应付的状态（Baldwin & Kinsey，1982：35）。

4.1.3 社区式警务

1981 年发生的骚乱是警务工作变革的催化剂，因为警务工作方法对警民关系具有重要的影响。为回应对反应式警务的批评，警方将部分资源转用于主动出击的工作方法。这些工作方法是通过一大批范围广泛的手段（单独或集体称之为“社区式警务”）实施的。这些多种多样的措施有一个特别目标，是把警务工作的理念从执法工作（以及作为执法工作基础的管控功能）转移到警务工作的服务功能上来。服务功能是构建在警方赢得辖区民众好感这一总体职责上的。

主动式警务强调，警方要防止犯罪，而不仅仅是对犯罪进行反应。
与预防式警务类似，主动式警务着眼于限制犯罪得以发生的机会，而不 72
是把焦点放在犯罪人员身上。但是与旧有的预防式警务不同，主动式警务要求警方扮演积极的角色，并采取多种措施来预防犯罪的发生。

一般认为，与这种主动出击的理念联系最为密切的人是曾于 1973 年直到 1982 年间担任英国德文郡与康沃尔郡警察局长的约翰·奥尔德森（John Alderson）。奥尔德森将自己的社区式警务方案阐发为一整套相互协调的措施（Moore & Brown，1981 中有详细论述）。这种警务方法的主要特点涵盖了这样一个理念：警方仅仅靠一己之力是无法有效打击犯罪的；相反，警方必须让本地民众参与进来，并采取多机构联动的方式，使公立机构和志愿机构都参与到打击犯罪工作中。此外，奥尔德森还力图打造一种社群意识。

奥尔德森察觉到，如果警方的工作强化了社区的价值观或者行为标准，他们的工作就最为有效。因此，有必要弄清社区成员的共同利益，将其充分发动并用于打击犯罪。此举将使警方在经请求对犯罪进行干预之时，能够“联通”社区价值观。但是，社区的碎片化或者社区价值的缺失却经常是战后城市生活的特点之一。有鉴于此，奥尔德森在埃克赛特市采取的社区式警务举措的主要特点之一，就是对社区碎片化或者社区价值的缺失进行补救。警方牵头就地成立若干机构，例如租户与居民协会等，宗旨是将公民们联结在一起，并促进形成一种有助于维系社会和谐的社区精神。

20 世纪 80 年代，在《斯卡曼报告》（*Home Office*，*1981*）公布之后，多数警长都采用了种种可归入“社区式警务”这一大范畴之下的警务方法。此类警务方法一般是与反应式警务策略同时实施的：由机动反应小组为徒步巡逻的警察提供支援。社区式警务举措包括加大步行巡逻的力度（从事这项工作的人员被冠以新的头衔，诸如“街区”或者“片区”警官、或者“社区巡逻警官”）以及成立社区联络或者联系部门等，以期将警方与辖区内居民中特定人群之间的关系正式化。此外，还在全国范围内鼓励推行邻里联防制（Neighborhood Watch），以形成社群意识。

对社区式警务模式的评析

社区式警务依据的理由之一是，重建公众对警务工作的赞同以及满足警务工作正当性这一根本性要求，并借此缓解 20 世纪 80 年代默西塞德郡和大曼彻斯特等地提出的、加强公众对警方问责的要求。在这个意义上，公众赞同被形容为问责的替代形式（Brogden，1982：197）。由于这一原因，在政治上偏左、力主强化对警方问责的人士经常对警方推行
73 的社区式警务举措表示质疑。此类批评意见包括下列看法：警方在地方事务中所占地位过于强势，以及多机构联动机以及警方参与社区发展的企图是为了让警方取代地方政府来进行有关资源分配决策（Short，1982：80）。与构建社群意识有关的举措则被视为“警方在实施社会工程”（Weatheritt，1987：18），其目的是为了打造“农村公社”（village community）（Fletcher，2005：63）。

此外，在当时，反应式警务依然是警务工作的一个重要层面。到 20 世纪快要结束时，据估计，逮捕人次中有 75% 是通过反应式警务工作完成的，而与之相比，主动式警务方法实现的逮捕人次仅占 24%（Phillips & Brown，1998：xiii）。

4.2 当代在地方社区开展警务工作的方法

到20世纪将要结束的时候，在此前反应式警务与主动式警务举措的基础上，又推出了若干新的警务工作方法来在地方社区中实施警务工作。

4.2.1 问题导向式警务模式

问题导向式警务（Problem－oriented policing，POP）在本质上属于预防性警务。它形成于美国，由赫尔曼·戈尔茨坦提出（Goldstein 1979，1990），它摒弃了“严密的集中控制、标准操作规程、以及越来越多地运用汽车、计算机和现代通讯技术”的专业型警务工作（Bullock & Tilley，2003：2）。问题导向式警务的形成基于这样的观点：警方需要应对众多的要求，这就意味着辖区中很多重要的问题往往遭到忽视（Tilley，2003：318）以及“社区与外部机构的积极参与对发现问题和形成解决问题的策略而言往往是至关重要的”（Leigh et al.，1998：5）。警察机关之外的其他机构参与到打击犯罪的工作中来，往往会使街区工作警察的工作得到重新定位：他们转而负责对各种打击犯罪的行动进行协调。

问题导向式警务的基本前提是，警务工作的核心应当是有效处理反复出现的深层次警务问题，而不是简单地对那些需要关注的事件按照其发生的次序一一进行应对（Bullock & Tilley，2003：1）。这一方式将应用科学方法放在警务工作的核心位置（Ekblom，2002；Bullock & Tilley，2003：5－6；John & Maguire，2003：38），并涉及多个过程：

- 找出并分析反复出现的问题；
- 探寻此类问题的根源；
- 找出若干可以阻断犯罪成因以及风险因素的干预点。此类干预不一定与警务工作中的执法层面有关。例如，可以向反复遭受犯罪活动侵害的人员提供财务援助；

74 • 实施事先设计好的各种举措；

• 评价此前用来应对所发现问题的举措是否成功。

有多种问题解决模式可供用来指导此类性质的活动，其中包括SARA（Scanning，Analysis，Response，Assessment，即扫描、分析、响应和评估）。SARA 模式早期曾用于在莱斯特郡和克利夫兰两地推行的一些问题导向式警务举措中（Leigh et a1.，1998：vi），其他现有的问题导向式警务工具包括问题分析三角（the Problem Analysis Triangle，PAT）。该工具可提供一个框架，用来分析反复出现的犯罪与骚乱问题，从而确定预防犯罪措施的最佳指向。

推行问题导向式警务的意图是为当代警务工作的开展提供有利条件。特别值得一提的是，问题导向式警务力图将警方决策的中心从管理人员那里转移到一线警官身上，因为身处一线的警官更能够了解问题的成因以及可能的解决方案（John & Maguire，2003：65）。有人提出，"警察必须了解所在区域的深层次问题，与辖区内社群保持联系，掌握能够帮助他们了解那些导致警情层出不穷的深层次问题的本质，并且在高级警官的支持下致力于创造性地解决问题，并为所在地区新近出现的问题量身定做解决方案"（Jordan，1998：73）。这样一来，就能够将警方的资源更加直接地与社区需要联系起来。

问题导向式警务能够起到加强在街区内工作的警察的作用，特别是在犯罪应对需要其他机构采取行动的情况下尤其如此，因为在这种情况下，警察的职责变成了对各种打击犯罪的行动进行协调。从这个意义上讲，警察从"抓贼的人"变成了"打击犯罪行动管理人"。

4.2.2 问题导向式警务的实施

问题导向式警务在20 世纪80 年代引入英格兰与威尔士地区的警队，到20 世纪90 年代快要结束的时候，其实施力度稍有加强（Leigh et al.，1996，1998）。作为一项引导警队采用这种警务工作方式的鼓励措施，在1997 年综合开支审查之后，在三年多的时间内拨出大约三千万英镑的专款，用于"定向警务举措"（the Targeted Policing Initiative）。这笔专项资金用于资助多项旨在帮助警方开发并实施问题导向工作方法的计划。

不过，问题导向式警务方法的运用依然是零碎分散、不成气候的（HMIC，l998），经调查认定，很多警队距离充分实行问题导向式警务还有很长一段路要走（HMIC，2000）。这一警务工作途径之所以进展缓慢，或许可以用几个原因解释。下文是对这几个原因的分析。

不愿意改变

巡警可能不情愿或者不愿意改变自己的工作习惯。在赖斯特郡（Leighet 等人对该郡东区引入问题导向式警务的情况进行了分析， 75
1996），有人发现，“很多巡警……牢骚满腹，极其反感填表，不愿或者不会分析警情数据，动不动就又回到传统警务方法去了”（Leigh et a1.，1998：v）。后来有人指出，在该地区存在“一个由一批满腹牢骚的警察组成的核心，他们对问题导向式警务心怀偏见，将其视为哗众取宠的噱头或者官僚主义式的强人所难”（Leighet a1.，1998：7）。

复杂

要发现问题、分析问题成因并评估应对这些问题的战略需要相当多的社会科学技能。但是，一来这些技能却未必能在警方内部轻易找到（虽然可以将警方内部的政策分析员等人员征召过来作为辅助人员），二来培养这些技能需要经费，比如购买软件（例如莱斯特郡在 20 世纪 90 年代开发的 INSIGHT 警情软件包）（Leigh et a1.，1998：v）。此外，这些活动非常耗时，因而进行这些活动就有可能需要警方在其他方面的工作上做出牺牲（Goldstein，2003；Matassa & Newburn，2003：213）。

问题导向式警务的效率

曾经有人提出，“问题导向式警务的理解与实施方式太多，已经无法对这个问题做出一个稳固坚实的结论”（Stockdale & Whitehead，2005：244）。此外，还有人断言，用金钱来衡量问题导向式警务的成果的方法还不完备，因而还无法评估这种警务工作方式究竟是否算得上经济有效（Stockdale & Whitehead，2003：249）。

4.2.3 零容忍

问题导向式警务是一种预防性警务模式，它力图解决问题的成因，以避免问题日后重复出现。而零容忍型警务则属于构建在执法程序基础上的对犯罪的反应性回应。

零容忍式警务是在20世纪80年代提出的“破窗”理论的基础上推出的（Wilson & Kelling，1982）。零容忍式警务要求下大力气解决那些会使人产生某个地方无人监管的印象的轻微违法行为（诸如打砸窗户、乱涂乱画或者丢弃车辆等）。不管不问的态度会促使这个地方逐渐陷入犯罪的泥潭，因为这种态度“会让这个地方的居民产生恐惧感”，并在恐惧感的促使下，不敢再踏进公共场所；“当居民们不再涉足公共场所时，也就等于撤回了那些往往还能起到作用的正常的社会控制力。这些社会控制力消失之后……就等于是在开门揖盗，邀请严重犯罪分子们来胡作非为”（Kelling & Coles，1998：8）。

不过对“破窗”这一概念的形成与发展做出贡献的人士却对零容忍
76 式警务理念持怀疑态度（Kelling & Coles，1998：9）。虽然零容忍式警务和破窗理论都强调有必要对轻微违法行为进行管控，零容忍式警务却相当重视警务工作的执法层面，并采用所谓“锋芒毕露”或者“自信”的方式加以实施（Dennis & Mallon，1997）。因而，在那些旨在解决犯罪成因的干预行动中，零容忍是没有用武之地的。

零容忍式警务与道德教化行动的目标接近：代表守法的人夺回对街面的控制，并力图打消守法的人中间所存在的“恐惧文化”（Furedi，1997）。这种警务工作途径的中心是那些“普普通通”的犯罪，但是却让公众中很多阶层深受其害的犯罪，而不是严重犯罪，并且其针对的是当地人士所关注的内容。美国的一些城市，例如纽约等，采用了这种警务工作方式，并且似乎在降低犯罪率方面起到了重大的作用。

不过，经检验发现，零容忍式警务也存在缺陷。它迫切要求展现自己在打击犯罪方面的成功，因而有可能会使警方认为为了正当目的可以不择手段，从而导致采取不当的做法。它的有效性不明确：零容忍式警务之所以能在特定区域减少犯罪，可能是因为仅仅是将犯罪活动驱赶到了其他地区。这种警务工作方式依靠的是短时期内的“短促突击”，作为更为长期的警务工作方法可能是难以为继的。此外，还有人提出，这种警务工作方法之所以能在纽约取得成功，可能是因为警力的大规模增加，而不是这种策略本身的功劳。

不过，零容忍式警务倒是可以在问题导向式警务中扮演一个名正言顺的角色。问题导向式警务可以加入若干零容忍层面，将其作为解决方案的一部分来解决某个已经明确的问题（特别是短期性的），与其他旨在解决该问题更深层次成因的长期性解决途径结合起来使用。此外，有人曾经将零容忍与问题导向这两种警务工作途径结合起来，形成了一种新的警务工作方法。这种警务工作方法被称之为“维持秩序”，由时任首相托尼·布莱尔在1998年工党大会上提出。根据当时的设想，这种警务工作方法将用于英国各地25个通过诸如犯罪模式分析等方法确定的犯罪“热点”地区。这种警务工作方法提出，要让警察巡逻更为有的放矢，并在运用问题导向和“情报主导”型警务方式的基础上，将零容忍型警务的反应性层面与犯罪预防结合起来。

4.2.4 情报主导式警务

情报主导式警务意在摈弃对犯罪的被动回应，该方法推崇通过对已掌握情报进行分析后得出诸如犯罪趋势与模式，并在此基础上采取先发制人的行动。通过这一警务方式获得的信息可以用来为警方针对个人、行动或者地点采取的行动提供指南。这种警务工作方式源自这样一种观点：警方无法处理“犯罪的系统性来源和犯罪模式”（Tilley，2003：313）。有鉴于此，情报主导式警务方式力图提升警方业务能力标准，并 77
格外注意提高犯罪的侦破率。

情报主导式警务要求收集并存储大量的信息，并运用包括线人在内的多种手段、各种监控形式以及违法分子侧写（offender profiling）等技术性和学术性应用。这种警务方式使警方得以找准具体的违法分子群体（特别是多次违法者）或者特定行为模式并将其彻底铲除。上述种种发展变化表明，存在将风险管理确立为警方的职责之一的趋势（Neyroud，1999）。

尽管问题导向式警务对情报的运用相当之多，并将其作为警方干预工作的依据，它和情报主导式警务却并不是一回事。尤其不同的是，情报主导式警务强调通过执法来应对犯罪，并不一定要求外部机构的参与（Bullock & Tilley，2003：8），不过，它在社区安全方面或许可以起到强化作用（Tilley，2003：321）。

国家情报模式

国家情报模式是在国家刑事情报局内部形成的。该模式获得了全国警长协会（Association of Chief Police Officers）的首肯。该协会将这种模式视为一个将现有警务工作方式（包括社区警务、情报主导式警务以及问题导向式警务）融于一体的机制，最终为“各种主要警务工作的引导与实现”提供了一个工具（John & Maguire，2003：38）。该模式为信息的收集、分析和传播提供一个共同途径（或者“标准模板”，Home Office 2004：29），并借此提供一个决策框架，赋予高级警官一个清晰的策略，供其据此调配资源。特别地，该模式还是情报主导式警务得以实施的主要工具之一（Tilley，2003：321）。

国家情报模式将犯罪认定为三个级别：一级犯罪涉及的是可在警务基本指挥控制单元内处理的地方犯罪；二级犯罪是指影响一个以上警务基本指挥控制单元的犯罪和重大警情；三级犯罪则指的是国家级或者国际级犯罪行为。在对威胁进行清晰透彻分析的基础上，国家情报模式为打击各级犯罪设定了一个框架。它在本质上是一个业务模式——“对知识和信息进行组织的手段，其手法非常巧妙，可对如何调配资源做出最佳决定，可在各层级内和层级间协调行动，可不断总结经验，并反馈到系统之内”（John & Maguire，2003：38－39）。《2003 年全国警务工作计划》要求各警队一律采用国家情报模式，并在 2004 年 4 月前按照最低通用标准实施。

2005 年，内政大臣根据《2002 年警察改革法》（*2002 Police Reform Act*）颁布了一个由全国警长协会制定的《行为准则》，为引入国家情报模式的最低标准与基本原则提供了法律基础。

4.3 安心计划与邻里警务 78

前文讨论过的各种警务工作风格有一个问题，那就是它们未能圆满解决公众的一个重大担忧，那就是对犯罪的恐惧。虽然统计数据显示，20 世纪 90 年代犯罪水平已经开始下降，公众对于犯罪的恐惧依旧居高不下。这就使公众对警方的信任产生了负面的影响。为改变这种局面，工党政府采取补救措施。该补救措施源自安心计划，其目的正是解决前述“信任赤字”。

4.3.1 安心计划

安心计划在英国皇家警察监督局（Her Majesty's Inspectorate of Constabulary）的一项评估（2001 年）之后开始推行。在前述评估之后实施了一系列举措，其中包括安全街区计划（safer neighborhoods programme）。全国安心警务计划于 2003～2005 年启动，由 8 支警队在少数几个试点区域实施街区警务工作。该计划还强调发动公众参与确定问题并设计解决问题的方法。该计划格外重视打击“标志性犯罪与骚乱”。所谓“标志性犯罪与骚乱”指的是那些对民众安全感有负面影响并导致民众改变信念或者行为的活动（包括反社会行为）。因此，如果能够成功打击这些行为，就会在街区内产生事半功倍的效果，特别是缓解人们对于犯罪的恐惧，并起到强化社区凝聚力的作用。

4.3.2 邻里警务

邻里警务是英国工党政府为实施安心计划而选择的方法。政府在一份白皮书中提出了多项关于推进邻里警务的建议。该白皮书主张，“让街区式警务延伸……到每个社区”，并且“让社区与公民更多地参与到决定自己社区的警务工作方式中来”（Home Office，2004：6－7）。这种警务工作方式彻底改变了社区式警务的面貌，并于 2008 年在英格兰和威尔士全境得到了推广。“街区”与地方政府下辖分区的边界经常是相同的，不过也并非总是如此。邻里警务基本理念是预防性的；邻里警务小组的行动要接受《邻里警务十大原则》的指引（ACPO，2006：10）。

有人指出，工党政府的“第三条道路”议程的中心内容，是将公民
79 视为他们所使用的各项服务的重要利益相关方，从而借此形成一种责任感和公民精神（Giddens，1998）。邻里警务与这一方法是契合的。邻里警务力图向在某个区域内生活或工作的民众就社区警务和解决问题而提供下列内容：

- 获得权；
- 影响权；
- 干预权；
- 获得解答权。

邻里警务要求构建各种架构与程序，推动与公众的接触（Singer，2004：7），从而推行协作型的问题解决方法。实现这一目标的手段包括与公众举行会议（经常用来指称此类会议的术语为“警民合作警情分析会”[1]，Police and Communities Together，PACT），以及警方向本地社区提供有关本地犯罪情况的信息（Casey，2008：24）。

邻里警务的优点并不局限于解决一地的问题，而是能够涵盖诸如收集可能与恐怖主义等更加严重的犯罪行为有关的情报的事务。这一做法的理由是，在一个社区内，一个人掌握所有关于犯罪活动的信息的现象是非常少见的。实际情况是，若干个人分别掌握零碎的信息，可由一名尽职尽责的警察将这些信息汇总起来并变成一个连贯的整体（Innes，2006）。正是在这个意义上才有人提出，邻里警务“应该成为一根贯穿警务工作各个方面的金线。不应该把它单独分割出去，例如，不能把它与我们的反恐怖斗争完全隔离开来”（Home Affairs Committee，2008a：para 259）。

邻里警务工作组

邻里警务是由工作组实施的　这些工作组采取“一种以情报为先导、积极主动和问题导向的途径，从而使其能够专注于并解决具体的本地问题”（Home Office，2004：7）。这些工作组由穿警服的警官、社区

辅助警员以及特别后备警察组成。

穿警服的警察 虽然穿警服的警察在街区警务工作组中扮演着不可或缺的角色，他们却无法以一己之力完成这项工作中的所有任务，特别是保证街区内始终能够看到身穿制服的警察的身影，并使公众确信他们所在街区的环境是安全与放心的。

1996 年的一项研究估计，尽管某个警队大约 55% 的警力在理论上
可以归类为可用的巡逻人员，但是囿于警务工作的性质，一支规模中 80
等、人数大约为 2500 人、为 100 万公民服务的警队却只有 125 名警察（即其警力的 5%）从事巡逻工作，且多数情况下是开车巡逻，而不是步行巡逻（Audit Commission，1996：10 - 11）。要想巡逻方面的工作有任何显著起色，就意味着必须花费大量的财力招聘大批的警员。后来，这种观点得到了一项调查的印证。这项调查估计："每增加一名固定从事巡逻工作的警察，就要额外再雇用五名警察"，调查表明，这个解决方案"并不经济合算"（Singer，2004：vi - vii）。有鉴于此，必须引入其他人员，对穿警服的警察的工作进行补充。

志愿警察（Special Constabulary） 除了穿警服的警察之外，还有一种替代的解决方案，即更加强调由志愿警察履行日常巡逻职能。

志愿警察[2] 于 1831 年根据《志愿警察法》的规定组建，由来自普通公众的志愿人员组成，他们在业余时间从事有限时长的警察工作。志愿警察没有薪酬，不过可以领取零用费用。志愿警察接受一定的训练，他们（根据 1981 年英格兰与威尔士警察顾问委员会一项报告中的建议）通过参加周末入营集中训练课程接受一定的训练。他们在辖区内行使全面的警察权力。

20 世纪 90 年代，志愿警察重新得到加强，负责承担日常巡逻任务。1993 年，内政大臣宣布在乡村地区实施教区治安官计划。该项计划要求部署志愿警察，负责步行巡逻并治理违章行为和轻微犯罪，并设置教区区长（不属于警方成员），负责警方与社区之间信息与建议的传递工作。该计划后来作为"邻里治安官"举措的一部分拓展到英国全国。为促进志愿警察的招募工作，2000 年启动了一项费用为 70 万英镑的招募计划。

社区辅助警察（Police Community Support Officers） 《2002 年警察

改革法》准许警长指派具备相应技术和训练的民众行使某些警察权力并履行某些职责。此类人员可以分为四类：调查事务警察、拘押事务警察、护送事务警察以及社区辅助警察。使街区内能够看到警方的存在与指派最后一种类型人员的有关，并促成了社区辅助警察的创立。社区辅助警察的大部分工作是在巡逻过程中完成的，他们的首要作用是充当街区警务工作组的眼睛和耳朵。社区辅助警察的训练以及薪酬均少于正规警察，他们与正规警察的装备也存在差异。

社区辅助警察所需经费由中央政府与地方当局所拨款项共同承担，
81 并且既是警队雇员，也是所在地政务委员会的雇员。内政部已经为社区辅助警察拨出了 2011 年之前的专项经费。2008 年 9 月，英格兰和威尔士各地的 43 支警队共雇佣了 15470 名社区辅助警察（Bullock & Mulchandani，2009：table 3）。

社区辅助警察手中的权力少于正规警察 他们的主要权力是将嫌疑人扣留 30 分钟，等待警官的到来；为达成这项任务，他们可以使用合理的武力。起初，社区辅助警察曾经拥有所在警队警长自行决定分派给他们的多种权力。这种做法导致社区辅助警察之间在哪些事情可做哪些事情不可做方面存在很大的差异，进而使公众感到莫衷一是，无所适从，并由此加深了媒体对社区辅助警察存在的刻板成见。为了解决这个问题，2007 年 12 月份，当局向英格兰与威尔士各地的全体社区辅助警察统一授予了一套共 20 项标准（又叫核心）权力。这些权力由内政大臣拟定，不过允许警长对其他权力进行灵活掌握。

总计有 53 项权力可以指派给社区辅助警察。此外，地方当局的法规中规定的某些权力也可以指派给社区辅助警察（NPIA，2008：11）。这些额外的权力范围很广，从从未成年人那里没收烟酒到在规定的时间内对人员实施扣留。有些警长将所有这些权力都委派给了社区辅助警察，而有些警长则仅仅向社区警察授予了其中一部分权力。例如，只有 50% 的警队向社区辅助警察授予了实行扣留的权力（Home Office，2007）。

对社区辅助警察的审核显示，如果警队将他们用于办公室内勤，提供行政辅助，从而让正式警察能腾出手来，那么社区辅助警察的可见性以及在使民众安心方面的作用就会减弱（HMIC，2004：144）。不久前对社区辅助警察的部署、使用以及效果所做的一项评估，揭示了一些值得关注的突出问题：社区辅助警察角色的偏离与变异。有些社区辅助警察从事的工作，例如道路治安、违法分子管理等，并不属于他们的核心职责，他们的核心职责是在街区中高调显眼地巡逻（NPIA，2008：34－35）。

4.3.3 多元化警务举措

多元化警务要求警方之外的组织在巡逻工作中起到更大的作用。这些警方之外的组织实际上构成了第二梯队警务服务提供机构。提供这种服务的组织可以来自公立部门，也可以来自私有部分，也可以在经费以及工作人员地位方面兼有公立和私立部门的特点。在这种情况下，所谓“混合式警务机构”就应运而生了（Johnston，1993）。

在这些发展变化的作用下，出现了一个被形容为“多元化的、片段化的和差异化的警务框架”（Crawford，2003：136）；该框架的主要任务之一是打消民众对于犯罪的恐惧，并填补“次级社会控制职业”（例如公园看护人以及公共交通护卫员等）取消后遗留下来的空缺。多元化警务为实施“责任化”（Garland，2001）战略提供了一个重大样板。所谓“责任化” 82
是指将预防犯罪的责任与中央政府分离，改由地方政府与商业性组织等地方机构负责实施。这一方法与社区安全这一目标有密切的关系。

多个地方政府已经出资在诸如统建居民区（housing estates）等区域实施了多种执法举措和日常巡逻工作。负责完成这些活动的人员是地方政府的雇员。由地方政府完成这种性质的工作，其主要好处在于地方可以对这些人员进行问责。

2000年3月，当局宣布拟议由带薪邻里看护（neighborhood warden）负责统建居民区以及市中心街道巡逻工作。在这一举措的作用下，英格兰与威尔士各地均建立了街区治安员（有时候又称为街区安全巡逻员）制度。街区治安员的作用是为那些遭受青年人违反秩序和反社会行为影响的社区提供半官方的警方存在，从而使这些地方的居民能够安心并减少他们对犯罪的恐惧。后来在治安员的基础上，又出现了其他的发展变化。2001 年启动的“街道治安员”计划使街区治安员这一概念的范围拓展到了居民区之外。2002 年，作为政府“打击街道犯罪行动”的一部分，十个街道犯罪率最高的警队引入了街道犯罪治安员（Street Crime Wardens）。

通常情况下，街区治安员制度由私立公司负责运作。这些公司的经费由中央政府中的多个来源提供（最初的时候包括副首相办公室提供的费用）。治安员的雇主向他们提供基本的培训，例如认识毒品方面的培训。治安员不拥有警察的权力。他们的主要职责是让警方从低层次任务（特别是巡逻工作）中腾出手来，不过他们也可以履行其他的职责，例如（在诸如反社会行为令等干预行动中）担任专业证人，以及向警方提供情报。他们与警方之间的工作安排以英国警长协会制订的方针以及当地警队与治安员的组织方之间达成的协定为指导。这一举措也存在一些问题，其中包括治安员的薪酬相对较低、从长远看经费保障不确定，以及治安员在一个地方的存在有可能只会将该地的反社会行为和犯罪驱赶到周边没有治安员的地区去。

多元化警务的发展引发了一些建议：有必要建立一些机制来对所有参与执行警务政策的机构和组织进行严密的监控（Loader，2000）。《2002 年警察改革法》朝着实现这一目标迈出了一步。该项立法准许警长制订“社区安全认证计划”（Community Safety Accreditation Schemes）。“社区安全认证计划”使警队能够更加紧密地与地方政府、住房协会[3] 私立安防公司进行协作。警长可以将治安员、保安员以及其他人员指定为“认证社区安全员”（Accredited Community Safety Officers）。“认证社区安全员”有权处理反社会行为（不过此类权力与社区辅助警察拥有的权力相比范围更为有限）。

83

4.4 私立警务部门

多元化警务还涉及公立或者私立部门为建立警务工作安排而采取的种种举措。一般情况下，此类举措是由辖区仅限特定地理区域或者地点的人员完成的。

由私立机构承担警方的有关职能并不是什么新鲜事物。第一章中曾指出，在十八世纪晚期，旧有警务制度的种种弊端导致犯罪活动（例如偷盗与拦路抢劫）猖獗时，私立安防组织曾经起到过举足轻重的作用。这种局面催生了多个最初由私人提供经费的机构，包括弓街警探（the Bow Street Runners）和水上警察团（the Marine Police Establishment）。19世纪40年代和50年代，铁路公司曾自行出资组建警察组织，以保护市镇免受从事铁路建设的工人的损害。

在距今更近的时代，包括原子能管理局（the Atomic Energy Authority）和国防部在内的一些国立机构也曾经组建过自己的警察力量。这些私立警察机构与正规警察之间的界线很难准确划分，在有些情况下（尤其是就英国交通运输警察而言），基本上不存在什么界线。

有些由私立警务架构完成的职能是由以私立部门公司身份运营的机构来实施的。这些机构经常被称为“商业警务”组织；它们存在的目的是为了通过业务来营利，其业务通常是在公司与客户之间所签署的合同的框架之内实施的。下面一节将对这些公司的运作进行更为详细的探讨。

4.4.1 商业性警务机构所做工作的性质

商业性警务组织所起到的作用可以大致划分为两个区域：安防工作和侦破工作。安防工作包括守卫房舍，生产、安装和提供安防设备，零售式安防以及站岗执勤。侦破工作通常由私家侦探实施，包括监控私人关系、讨债、代表事务律师从事民事和刑事事务（如保险诈骗和寻找失踪人员），并调查诸如员工盗窃等白领犯罪指控。侦破工作的某些方面，例如产业间谍活动以及与防卫颠覆国家政权方面的职能，存在争议。

4.4.2 商业性警务的成长

商业性警务行业的规模究竟有多大并不清楚，但是其雇佣人数还是令正规警察相形见绌。1998 年发布的一项研究显示，商业性警务行业的从业人数大约有 33 万人（Newburn & Jones，1998）。私立安防工作行业的总市场规模在 1987 年为 8.07 亿英镑，到 1992 年增长到 21 亿英镑（Smith，1994），令据《卫报》2000 年 4 月 26 日的估算，当时此项费用已经增长到大约 30 亿英镑。商业性警务的蓬勃成长是战后一个值得注意的事件，是通过两次“浪潮”发生的。

商业性警务的第一次“浪潮”

商业性警务机构的第一个成长期出现在 20 世纪 50 年代和 60 年代。消费主义的盛行导致私有财产的增加，促使私有财产拥有者想办法保护自己的商品、房舍和金钱。此外，英国工人长期不喜欢使用银行账户，这就意味着雇主必须先从银行取出大批现金来，然后运送到公司和工厂中给员工发工资，在这种情况下，雇主必须雇保安人员来看守。商业性警务安排在这一时期的扩张，使得人们可以在 20 世纪 70 年代将私立警务行业描绘为“国家的后补警察力量”（Draper，1978：168）。

商业性警务的第二次“浪潮”

20 世纪 80 年代，由于社会富裕程度的提高以及其他发展变化，商业性警务行业又发生了了另一轮的发展。1980 年以后更加强调犯罪预防，从而要求个人和机构承担保护自己财产的责任。这就促进了提供安防服务（包括各种形式的巡逻或者保卫服务以及安装各类安防设备、报警系统等）的商业性警务组织的发展。私立部门参与到这些预防犯罪业务中来，促使有人提出安防已经商品化，“由市场力量进行分配，而不是根据需要分配”（Garland，1996：463）。

20 世纪 80 年代，“大型私有财产”（即由私人拥有但是向公众开放的财产，Shearing & Stenning，1981）——例如大型购物中心和夜总会之类——的数量也出现了显著的增加。虽然警方会对在此类场所所犯的罪行进行反应，他们却无权在这些地方常年部署人员。相应地，此类安防服务就只能由商业性机构来提供了。此外，饮酒休闲行业的发展推动了夜间经济的扩张，从而进一步带动了俱乐部门卫安保人员等行当的发展（Crawford，2003：154）。

作为“全球化”的产物，英国保守党政府在 1979 ~ 1997 年间推行了多项自由化政策，这些政策的特征之一是“空洞化”（hollowing out），即国家将外围性事务分流出去，并改由其他机构负责完成（Leishman et al.，1996：10－11）。在空洞化过程中，警方并没有置身事外。和其他公共服务部门一样，警方也要遵守市场规则，以便通过竞争来提升效率。这 85
一目标是通过“减负”的方式实现的，即将传统上由警方承担的服务转给商业性或者自愿型提供方来承担（Johnston，1992：12）。

不过，关于私有化究竟在多大程度上削减了传统的警务职能并将其转给商业性安防行业，是存在争议的。虽然警方确实让出了部分职能，例如犯人护送等，依然有人指出，“对警务工作的私有化是相对有限的，并且……其范围还没有大到足以解释为什么私立安防行业不仅取得了长足的发展，而且其扩张时期要长于私有化时期”（Newburn & Jones，1998：31）。

此外，私立警务机构所从事的工作（特别是与探案有关的工作）所关注的是涉及私人主体之间的事务或者纠纷，完全或者主要是以民法为依据。这表明，商业性警务行业的发展并不一定是以夺取正规警察的职能为代价的，因为商业性警务组织所处理的很多事务无论是现在还是过去，都不是由警方完成的。

4.4.3 与商业性警务有关的问题

有一些问题是与商业性警务组织所扮演的角色有关的。

缺乏协调

私立部门实施的警方职能越来越多，已经导致“警务工作发生碎片化、多元化”（Loader，2000）。这就提供了理由，可以对各个从事警务工作的机构的行动（或许就像彭定康主导的北爱尔兰警务独立委员会1999年的报告中所主张的那样，通过成立地方警察委员会）进行协调。

标准有待完善

长期以来，对私立警务部门的从业人员的背景一直未能采取和正规警察一样的程序进行严格审查。1999年有人指出，在每年申请到私立安防公司工作的80000名人员中，有40000人具有某种犯罪记录，并且在24000个实例中，相关人员所犯的罪行涉及轻微级别以上的违法行为

(Home Office, 1999: 25)。出现这一问题的部分原因是私立安防行业的某些部门薪酬标准不高。商业性安防公司提供的培训与使用的方法也受到了批评指责。正规警察要完成为期两年的见习培训。他们的行动要遵
86 守《1984 年警察与刑事证据法》以及相关《行为准则》所规定的程序，并且他们的行为还要接受《警察职业行为标准》以及《警方投诉程序》的规范。

商业性警务机构雇用的人员却并没有受到和正规警察一样严格的管理。由于在某些业务领域采用的是“按结果给钱”的制度，有可能会促使员工铤而走险，采用某些不为正规警察容忍的方法。私立安防行业传统上并不重视培训，虽然 1990 年《安防行业培训组织》(*the Security Industry Training Organisation*) 的成立力图弥补这一缺陷。

问责不严

有一个特别突出的问题影响到了对商业性警务机构的问责，那就是它们在接到要求从事警务工作的合同后，可能会把警务工作转包给另外一个机构；该机构也有可能转而将警务工作分包给另外一个机构或者个人。一旦出了问题，厘清责任并对过错人进行问责就会非常困难。

现在有若干个行业组织可供商业性警务行业中的组织机构加入。这些行业组织包括全国安防系统审批理事会 (National Approval Council for Security Systems)、英国安防行业协会 (the British Security Industry Association)、英国调查员协会 (the Association of British Investigators)、职业调查员协会 (Association of Professional Investigators) 以及国际职业安防协会 (the International Professional Security Association)。这些行业组织力图就人员招募、资质、培训和收费等事务为行业设定标准。这些监管机构中，有些在理论上拥有权力将违反共同接受的行为标准的成员开除出去。不过，由于加入这些组织是纯属自愿的，因而它们对商业性警务行业实施有实质意义的控制的能力是相当有限的。

近年来成立了若干监察机构 (例如 1992 年成立的安防行业检察署，the Inspectorate of the Security Industry) 来辅助现有机制对商业性警务行业进行监管。某些地方政府还针对某些业务引入了登记制度 (特别是与俱乐部门卫人员有关的业务)，此类制度一般都包含审查程序和培训

课程。

私有化对公众未必有益

虽然有人提出私有化对消费者有利（因为竞争压低了收费标准），但是私有化也有可能对他们造成负面影响。有些服务过去是由纳税人的税款支付的，而现在消费者却必须到服务交付地点付费才能获得服务，这可能会导致出现一个危险，消费者所得到的服务标准或者水平取决于其支付能力的高低。

曾有人评论道，“犯罪预防和提供安保的中心悖论之一是警务活动和需要之间是成反比关系的”（Crawford，2003：161）如果安保水平反映了某个人（或者某个社区）的支付能力，势必会削弱作为正规警察工作基础的公益理念（Newburn & Jones，1998：32）。这样一来，犯罪就 87
可能转移到那些没有能力或者不情愿为自身安全支付费用的街区中去，并有可能因此使其他人的不安全感雪上加霜。

私立警务部门与公立警务部门之间的关系

战后，私立警务部门中的机构与正规警察之间的关系较之从前更为紧密。私立警务部门可以为法律机构提供服务，包括送交法院命令和送达传票等。但是究竟哪些事务应当继续由公立机构负责，哪些事务应当另作处理，还没有一个准确的界定。

警察基金会（the Police Foundation）和政策研究所（Policy Studies Institute）联手成立了一个独立调查委员会，力图在正规警察与私立警务机构之间建立关系。该委员会的报告得出结论，只有经过宣誓的警察才能根据法定职权对公民进行逮捕、拘留和搜查，并搜查和扣押财产；只有他们才能够携带武器并为完成警务工作而动用武力；并且只有他们才应当拥有为警务行动而查阅犯罪记录和犯罪情报的专有权力。该报告建议，不具备这些权力的团体和机构可以从事若干意在“加强和补充经过宣誓的警察的工作的警务活动”（Cassels，1994：19）。

4.4.4 对商业性警务的改革

目前为止，对商业性警务进行的最为重要的改革是由国家对其加强管理。1945 年以来，国家对商业性警务实施的控制最开始是零碎分散的，针对的是某些商业性企业所采用的业务和做法［例如《1970 年司法制度法》（*the 1970 Administration of Justice Act*）《1973 年护卫犬法》（*the 1973 Guard Dogs Act*）和《1974 年消费信贷法》（*the 1974 Consumer Credit Act*）］。对商业性警务机构实施强制性登记与许可可以用来对商业性警务的标准进行控制。美国多数州和欧洲很多国家从很早以前就有这项要求；但是英国历届政府却都躲躲闪闪，避而不肯做出这一要求。1972 年杨格隐私委员曾针对私人侦探工作提出过这项改革，但是并没有下文。不过，《1987 年紧急规定法》（*the 1987 Emergency Provisions Act*）（仅适用于北爱尔兰）则针对该地区的安防公司引入了一个许可制度。

1999 年，工党政府宣布打算成立一个自筹资金的私立机构——安防行业管理局（Security Industry Authority，简称“SIA”）。该机构将负责对有意组建私营安防公司，或者有意寻找在与私人安防有关的多种业务领域寻找工作的人员（包括俱乐部“保镖”）进行背景审查，并且仅对那些经认定属于“合格人选”的人士颁发许可证书（Home Office，1999）。

2001 年根据《私营安防产业法》成立了安防行业管理局，并开始
88 进行安防行业改革。该机构于 2003 年开始运作，其职能是向在安防行业指定部门内工作的人员颁发许可证。申请人如要从该机构获得许可证，必须接受年龄、身份和犯罪记录方面的检查，并且应能够证明自己具备有意从事的工作所要求的相应技能和训练。申请人还有可能必须参加一个由安防行业管理局批准的培训课程，然后才能领到许可证。

这些创新做法的目标是提高私营安防行业的职业技能水平。安防行业管理局有权进入某些类别的营业场所，以确保安防人员持有有效的许可证，并且确保无证从事该行业的人员经治安官法院判定有罪后入狱服刑六个月或者被罚款 5000 英镑，或者两者兼而有之。安防行业管理局还为获批成立的安保公司建立了一个公共登记册。这项改革的主要目的是防止不适合人员（包括有犯罪记录的人员）担任门卫。但是这项改革存在一个不足，那就是它的对象局限于安保机构雇用的人员。那些由组织机构直接雇用的“自备”安保人员却免于受到监管（Crawford，

2003：151）。

不过，许可制度在有效性方面也存在若干问题。这些问题于 2007 年 11 月份曝光。有人发现，安防行业管理局可能向 10000 名属于非法移民的非欧盟国家国民颁发了在安防行业工作的许可证。之所以出现这个问题，是因为缺少一个对那些向安防行业管理局申请许可证的人员进行工作权审查的统一制度。那些向安防行业管理局申请许可证的人并未被要求在申请表中确认自己拥有在英国工作的权力；而安防行业管理局并不具有法定责任来对申请人进行这方面的审查。

国内事务委员会（the Home Affairs Committee）曾得出结论，“许可证申请表是确保安防行业从业人员的移民状况得到考虑的适当方法”（Home Affairs Committee. 2008b：6）。后来安防行业管理局的审批程序引入了若干变动，根据这些变动，由边境和移民署对所有非欧盟国家申请人进行的工作权审查被并入了安防行业管理局的许可证审查程序。

思考题

对现行街区警务体制的优点和缺点进行评价。本问题的答案可在本章以及第 10 章的内容中找到，你也应当查阅参考文献中所引用的关于街区警务的文献。要回答本问题，你应该：

- 考虑推行现行街区式警务制度的大背景（安心计划）； 89
- 对街区式警务的主要特点进行讨论（特别是社区居民参与的重要性）以及实施街区式警务的方式；
- 分析街区式警务对所在地社区的警务工作以及警务工作整体带来的益处；
- 如果你认为这种警务方式中存在问题，请对这些问题进行评估；
- 根据你此前的讨论提出一个结论；该结论可以指出街区式警务中现存的任意某个缺点应该如何克服，以及这种警务方式的未来发展方向。

译者注

1. PACT，是英文 Production Analysis Control Technique 的缩写，其意思是生产分析管理技术。

2. 志愿警察（special constable）：也译为临时警察、特别警察，指兼职志愿警察，拥有自己的全职工作，业余时间义务执行警务，着制服，与正规警察具有相同的权力，领取一笔象征性的补助金。志愿警察在一些国家或地区也被称为辅助警察、兼职警察。志愿警察最早出现在英国。1831 年、1923 年英国都制定有“志愿警察法案”（Special Constables Act），这是世界上第一部为志愿警察提供保障的法律，让英国成为了首个把志愿警察制度化的国家。在英格兰和威尔士的 43 个警察局都有自己的志愿警察队伍，他们拥有和正规警察一样的权利，穿着相类似的制服，有的警察局还将志愿警察分成几个不同的等级，实行晋升制度。志愿警察的任务非常广泛，包括：徒步巡逻；对学生进行安全防范知识教育；意外事故、火灾、打架斗殴等案件的现场处置；交通安全预防；入户调查；大型活动的安全保卫；出庭作证；处理未成年人饮酒等影响公共秩序的行为；为公众提供安全防范建议等。

3. 住房协会（housing associations），以社区住户，尤其是低收入家庭为主要服务对象的民间组织，廉价向会员出租或出售房屋。

参考文献

[1] ACPO (2006) *Practical Advice on Professionalising the Business of Neighbourhood Policing*. London: CENTREX.

[2] Alderson. J. (1979) *Policing Freedom.* Plymouth: Macdonald and Evans.

[3] Audit Commission (1996) *Streetwise: Effctive Police Patrol.* London: HMSO.

[4] Baldwin, Rand Kinsey, R. (1982) *Police Powers and Politics.* London: Quartet Books.

[5] Bottoms, S. And Stevenson, K. (1992) *Crime Prevenion.* Oxford: Oxford University Press.

[6] Brogden, M. (19820) *The Police: Autonomy and Consent.* London: Academic Press

[7] Bullock, K. And Tilley, N (2003) 'Introduction', in K. Bullock and N. Tilley (eds), *Crime Reduction and Problem – oriented Policing.* Cullompton. Devon: Willan Publshing.

[8] Bullock, S. and Mulchandani, R. (2009) *Police Service Strength England and Wales, 30 September 2008.* London: Home Office Statistics Bulletin, Research, Development and Statistics.

[9] Casey, L. (2008) *Engaging Communities in Fighting Crrie – A Review by Louise Casey.* London: The Cabi net Office.

[10] Cassels, Sir J. (1994) *Independent Committee of inquiry into tne Role and Respponsibilities of the Police.* London: The Police Foundatjon and Policv Studies Instjtute.

[11] Chatterton, M. (1979) *The Supervision* of Patrol Work under the Fixed Points System', in S. Holdaway (ed.), *The British Police.* London: Edward Arnold.

[12] Crawford, A. (2003) The Pattern of Policing in the UK: Policing Beyond the Police', in T. Newbun (ed.), *Handbook of Policing.* Cullom pton, Devon: Wilian Publlshing.

[13] Dennis, N. And Mallon, R. (1997) 'Confident Policing in Hartlepool', in N. Dennis (ed), *Zero Tolerance Policing in a Free Society.* London: Institute of Eoonomic Afairs.

[14] Draper, H. (1978) *Private Police.* Harmondsworth: Penguin.

[15] Ekblom, P. (2002) Towards a European Knowledge Base', paper presented at EU CrimePrevention Network Conference, Aalborg, October 2002, quoted in K. Bullock and N. Tilley, 'Introduction', in K. Bullock and N. Tilley (eds), *Crime Reduction and Probiem – orientated Policing.* Cullom pton, Devon: Willan

Publishing.

[16] Famega, C. Frank. J. And Mazerolle, L. (2005) 'Managing Police Patrol Time: The Role of Supervisor Directives', *Justice Quarterly*, 22 (4): 540 – 559.

[17] Fletcher, R. (2005) The Police Servioe: From Enforement to Management', in J. Winstone and F. PaKes (eds), *Community Justice: Issues for Probation and Criminal Justice*. Cullompton, Devon: Willan Publishing.

90 [18] Furedi, F. (1997) *Culture of Fear*. London: Cassell.

[19] Garland, D. (1996) The Limits of the Sovereign State: Strategies of Crime Control in Contemporary Societies', *British Journal of Criminology*, 35 (4): 445 – 471.

[20] Garland, D. (2001) *The Culture of Control*. Oxford: Oxford University Press.

[21] Giddens, A. (1998) *The Third Way*. Oxford: Polity Press.

[22] Goldstein, H. (1979) 'Improving Policing: A Problem – orientated Approach', *Crime and Delinquency*, 25 (2): 234 – 258.

[23] Goldstein, H. (1990) *Problem – orientated Policing*. New York: McGraw – Hill.

[24] Goldstein, H. (2003) 'On Further Developing Problem – orientated Policing: The Most Critical Need, the Major Impediments and a Proposal', in J. Knutsson (ed.), *Problem – Orientated Policing: From Innovation to Mainstream*. Cullompton, Devon: Willan Publishing.

[25] Her Majesty's Inspectorate of Constabulary (HMIC) (1998) *Beating Crime: HMIC Thematic Inspection Report*. London: Home Office.

[26] Her Majesty's Inspectorate of Constabulary (HMIC) (2000) *Calling Time on Crime: A Thematic Inspection on Crime and Disorder*. London: Home Office.

[27] Her Majesty's Inspectorate of Constabulary (HMIC) (2001) *Going Local – The BCU Inspection Handbook*. London: HMIC.

[28] Her Majesty's Inspectorate of Constabulary (HMIC) (2004) *Modernising the Poiice Service: A Thematic Inspection of Workplace Modernisation*. London: HMIC.

[29] Home Office (2008a) *Policing in the Twenty – First Century*. Session2007 – 8, *Seventh Report*, House of Commons Paper364. London: TSO.

[30] Home Affairs Committee (2008b) *Security Industry Authority: Licensing of Applicants*. Third Report Session 2007 – 08. House of Commons Paper 144. London: TSO.

[31] Home Office (1967) *Police Manpower, Equipment and Efficiency*. London: Home Office.

[32] Home Office (1981) *The Brixton Disorders, 10 – 12April1981: Report of an Inquiry by the Rt. Hon. The Lord Scarman*, OBE. Cmnd8427. London: HMSO.

[33] Home Office (1999) *The Government's Proposals for Regulation of the Private Security Industry in England and Wales*. Cm4254. London: TSO.

[34] Home Office (2004) *Building Communities, Beating Crime: A Better Police Service for the 21st Century*. Cm 6360. London: TSO.

[35] Home Office (2007) PCSO Powers. [Online] www. Police. Homeoffice. Gov. Uk/publications/community – policing/PCSOs_ Audit_ Table_ May_ 2007_ 1. Pdf? view = Binary [accessed on23March2009].

[36] Innes, M. (2006) 'Policing Uncertainty: Countering Terror through Community Intelligence and Democratic Policing' *The Annals of the American Academy of Political and Social Science*, 605: 222 – 241.

[37] John, T. And Maguire, M. (2003) 'Rolling Out the National Intelligence Mcdel: Key Challenges', in K. Bullockand N. Tilley (eds), *Crime Reduction and Problem – orientedPolicing*. Cullom pton, Devon: Willan Publishing.

[38] Johnston, L. (1992) *The Rebirth of Private Policing*. London: Routledge.

[39] Johnston, L. (1993) 'Privatisation and Protection: Spatial and Sectoral Ideologies in British Policing and Crime Prevention', *Modern Law Review*, 56 (6): 771 – 792.

[40] Jones, T. And Newburn, T. (2002) The Transformation of Policing, *British Journal of Criminology*, 42: 129 – 146.

[41] Jordan, P. (1998) 'Effective Policing Strategies for Reducing Crime', in 91
P. Goldblatt and C. Lewis (eds), *Reducing Offending: An Assessment of Evidence on Ways of Dealing with Offending Behaviour*. Research Study187. London: Home Office.

[42] Kelling, G. And Coles, C. (1998) 'Policing Disorder', *Criminal Justice Matters*, 33, Autumn: 8 – 9.

[43] Leigh, A., Read, T. And Tilley, N. (1996) *Problem – Oriented Policing: Brit Pop1*. Crime Prevention and Detection Series Paper75. London: Home Office.

[44] Leigh, A., Read, T. And Tilley, N. (1998) *Problem – Oriented Policing: Brit Pop2*. Police Research Series Paper93. London: Home Office, Policingand Reducing Crime Unit.

[45] Leishman, F., Cope, S. And Starie, P. (1996) 'Reinventing and Restructu-

ring: Towards a "New" Policing Order', in F. Leishman, B. Loveday and S. Savage (eds), *Core Issues in Policing*. Harlow: Longman.

[46] Loader, I. (2000) 'Plural Policing and Democratic Governance', *Social and Legal Studies*, 9 (3): 323-345.

[47] Matassa, M. And Newburn, T. (2003) 'Problem-orientated Evaluation? Evaluating Problem-orientated Policing Initiatives', in K. Bullock and N. Tilley (eds), *Crime Reduction and Problem-orientated Policing*. Cullompton, Devon: Willan Publishing.

[48] Moore, C. And Brown, J. (1981) *Community Versus Crime*. London: Bedford Square Press.

[49] National Policing Improvement Agency (NPIA) (2008) *Neighbourhood Policing Programme: PCSO Review*. London: NPIA.

[50] Newburn, T. And Jones, T. (1998) 'Security Measures', *Policing Today*, 4 (1): 30-32.

[51] Neyroud, P. (1999) 'Danger Signals', *Policing Today*, 5 (2): 10-15.

[52] Phillips, C. and Brown, D. (1998) *Entry into the Criminal Justice System: A Survey of Police Arrests and Their Outcomes*. Home Office Research Study 185. London: Home Office, Research and Statistics Directorate.

[53] Shearing, C. And Stenning, P. (1981) 'Modern Private Security: Its Growth and Implications', in M. Tonry and N. Norris (eds), *Crime and Justice: An Annual Review of Research* (*Vol. 3*). Chicago: University of Chicago Press.

[54] Short, C. (1982) 'Community Policing - Beyond Slogans', in T. Bennett (ed.), *The Future of Policing: Papers Delivered to the Fifteenth Cropwood Round-Table Conference, December 1982*. Cropwood Conference Series15. Cambridge: Cambridge Institute of Criminology.

[55] Singer, L. (2004) *Reassurance Policing: An Evaluation of the Local Management of Community Safety*. Home Office Research Study288. London: Home Office.

[56] Skogan, W. (1990) *The Police and Public in England and Wales: A British Crime Survey Report*. Home Office Research Study Number117. London: Home Office Research and Planning Unit.

[57] Smith, SirJ. (1994) Speech to a Fabian Society Conference, Ruskin College, Oxford, 9January, quoted in *The Guardian*, 10 January.

[58] Spelman, W. And Brown, D. (1984) *Calling the Police: Citizen Reporting of Serious Crime.* Washington, DC: US Government Printing Office.

[59] Stockdale, J. And Whitehead, C. (2003) 'Assessing Cost – effectiveness', in K. Bullock and N. Tilley (eds), *Crime Reduction and Problem – oriented Policing.* Cullompton, Devon: Willan Publishing.

[60] Tilley, N. (2003) 'Community Policing, Problem – oriented Policing and lntelligence – led Policing', in T. Newburn (ed.), *Handbook of Policing.* Cullompton, Devon: Willan Publishing.

[61] Weatheritt, M. (1982) 'Community Policing: Does it Work and How Do We Know?', inT. Bennett (ed.), *The Future Policing.* Cambridge: Cambridge lnstitute of Criminology.

[62] Weatheritt, M. (1987) 'Community Policing Now', in P. Willmott (ed.), *Policing and the Community.* Discussion Paper 16. London: Policy Studies lnstitute.

[63] Wilson, J. And kelling G. (1982) 'Broken Windows', *Atlantic Monthly*, March: 29 – 38.

5

警方与刑事司法体系

本章目标

本章要达到的目标如下：

- 评估警方在将违法分子绳之以法方面所起的作用；
- 探讨多部门联动式警务的兴起；
- 分析警方在预防犯罪、维护社区安全方面与其他机构的合作；
- 思考警方在管理违法分子方面所扮演的角色；
- 评估那些涉及警务工作并起到确保“联动”式刑事司法政策有关的发展变化。

5.1 引 言 93

刑事司法体系承担着多种多样、范围广泛的职责。这些职责包括：

- 预防犯罪；
- 调查犯罪；
- 对那些犯有轻微、不必提起公诉的罪行的人员做出恰当的反应（包括恢复性司法，restorative justice）；
- 对违法分子提出控告；
- 对犯有罪行的人员进行恰当的惩罚；
- 对社区中或者在押违法分子判处的刑罚做出执行；
- 向罪行受害者提供切实可用的援助和建议。

近年来，警方在刑事司法系统的作用发生了许多变化，使当代警务 94
工作的导向与19世纪警方形成时期所设定的导向相比有了很大的不同。本章以警方在三个领域的工作——将违法分子绳之以法、预防犯罪、管理违法分子——为重点，意在阐明警方在刑事司法系统中履行其职责所发生的变化。

5.2 将违法分子绳之以法

警方以调查犯罪并（直到皇家检察署成立前）对违法分子提出公诉的形式在将违法分子绳之以法方面扮演着举足轻重的角色。本节将简要论述警方在处理犯有刑事违法行为的人员方面所起到的作用。

犯罪行为可以经由多种方式引起警方的注意，其中包括警察亲自遇见犯罪行为或者公众报警或指称有人犯罪（Burrows et al.，2000：v）。向警方报告犯罪行为的人员可以是受害者，也可以是第三方，例如犯罪行为的旁观者或者目击证人。在后者情形之下，警方的职责是记录犯罪（由某位警察直接向警方的犯罪记录系统中录入一条犯罪记录，或者由警察提交一份手写报告，然后该报告会被录入到该系统之中）。在生成犯罪记录后，启动调查程序，包括对嫌疑人的面对面问询或者（在轻微犯罪案例中）电话问询。

5.2.1 警方对违法行为的反应

警方在处理被控违反法律的人员时，可以做出若干种选择。下文是对这些选择的讨论。

“认定不属于犯罪”

经判定，嫌疑人的行为可能并未构成刑事违法行为，因而警方的参与也就到此结束。一项调查显示，只有47%的犯罪指控最后被记录为犯罪，比例偏低；这种情况在涉及人身和财产的违法行为的指控中尤为严重（Burrows et al.，2000：vii and ix）。

从历史上看，很多警方人员都曾经做出过“认定不属于犯罪”决定，包括犯罪管理分队（Crime Management Units）或者派出所警官。此类决定大体上可以用警方坚持要求在指控得到证实之后才能做出犯罪记录的做法来加以解释（Burrows et al.，2000：viii－ix）。后来，《国家犯
95 罪记录标准》（the National Crime Recording Standard）和《内政部统计准则》为违法行为的记录提供了指南。不过，犯罪记录制度要依靠人工对警情的细节进行解读，因而可能会出现错误，甚至会出现对暴力犯罪做出“认定不属于犯罪”的错误（HMIC，2009：5）。

非正式警告

违法行为可以由警察提出非正式警告而得到处理。非正式警告不具备法律地位，相当于训斥。在做出非正式警告的同时，有时候还可以进行“劝告”：如果违法者再次出现同样的违法行为，警察就要对其采取更为严厉的回应措施。早期干预警告（可由任何有权处理反社会行为的机构作出）的地位与非正式警告类似，因为它们均不具有任何法律后果。

申斥与正式警告

犯罪行为可能会导致犯罪人员遭到申斥或者正式警告。这两种程序是由《1998年犯罪与破坏治安法》引入的，仅适用于未成年人（10岁

到17岁）。这两种惩罚方式的宗旨是为了避免重复告诫，它们的前提是某青少年在受到申斥后两年内又出现违法行为，将会受到正式警告（并将自动将其提交青少年违法工作组（Youth Offending Team）进行审核）。

正式告诫

正式告诫是向承认犯有轻微违法行为的人做出的，由高级警官亲自做出或者经高级警官授权由他人代为做出。正式告诫并不构成有罪判决（因为该人并未被送上法庭），但是会被录入全国警察计算机系统，且当该被训诫人员犯下其他违法行为时该训诫会被考虑在内。《2003年刑事司法法》引入了附条件告诫（the conditional caution），使告诫可以附加诸如社区服务或者向受害人进行赔偿等措施。这种做法有利于警方之外的其他机构参与制定对违法行为的回应措施。

这种做法有一个难题，那就是法院并未参与对违法人员的判决，且警方或者皇家检察署可能会不恰当地采用告诫的训诫方式来处罚本该进行更为严厉惩罚的违法行为。2008~2009年度，英格兰与威尔士警方共采用正式告诫的方式处理了39952件涉及实际身体伤害（actual bodily harm，ABH）的案件，并且未将这些案件提交给皇家检察署。而在法院作出有罪判决的情况下，实际身体伤害可导致违法分子受到五年监禁的处罚。在同一时期，734件涉及较之实际身体伤害更为严重的重大身体伤害（grievous bodily harm，GBH）也是采用的同一方式进行处理的（BBC，2009）。

苏格兰存在一个与之不同的程序。从《1987年刑事司法（苏格兰）法》通过之后，该地区一直在适用罚金制度。该制度允许地方检察官向
被控犯有轻微违法行为的人员提供一个机会，使其通过支付罚金或者向 96
受到该违法行为伤害的人员支付一笔赔偿金的方式避免出庭受审并且被判有罪。

简易程序裁判

“当场即决”裁判，有时候又称为“简易程序裁判”，是对轻微犯罪行为的又一种回应方式。依据《1988年道路交通法》（*the 1988 Road Traffic Act*）针对多种轻微交通违章行为引入了定额罚款通知；《2001年

刑事司法与警察法》(*the 2001 Criminal Justice and Police Act*) 引入了扰乱秩序处罚通知 (penalty notice for disorder),巩固了定额罚款的做法。这两种处罚方式适用于英格兰和威尔士两地。根据这两种方式,可当场向犯有各种反社会行为或者轻微犯罪行为 (例如被盗财物价值不超过200 英镑的盗窃行为或者受损价值不超过 500 英镑的刑事损害) 处以 (通常是由警察做出) 50 英镑或者 80 英镑的罚款。使用此类现场罚款的主要原因是为了节约警方的时间,因为假如采用其他处罚手段,警方就必须花时间去处理相应的文件。对扰乱秩序处罚通知可以提出异议;在此情形下,可将违法人员交由法院处理,或者撤销扰乱秩序处罚通知;但是如果该违法人员未能支付罚款,罚款金额会相应增加并改由法院负责强制执行 (Morgan, 2008: 13)。

苏格兰也采用这种做法。苏格兰行政院 (Scottish Executive) 制定的《2004 年反社会行为等 (苏格兰) 法》[*2004 Antisocial Behavior etc. (Scotland) Act*] 赋予了警方新的权力,允许警方对多种反社会行为性质的违法行为签发定额罚款通知。

控告

警方最为重大的权力是正式指控某人犯有刑事违法行为。如果警方选择对嫌疑人提出指控,则警方可以通过警方保释的形式将其释放或者由警方对其进行收押,等待治安法庭出庭受审。警方保释制度最初是由《1976 年保释法》规定的,其宗旨是让警方能够在决定是否对某人提出控告之前完成调查工作,以及在决定提出控告的情况下,决定应当控告该人犯有何种违法行为。警方保释这一程序还使警方 (如果他们有意) 对某人的行动进行限制 (名曰"附条件保释")。有关警方保释的决定传统上是在警察分局做出的;不过《2003 年刑事司法法》引入了一项"街头保释"制度,根据该制度,警察可准予对某个被逮捕人员进行保释,不将其送到警察局去。这项改革的主要理由是为了使警方能够把更多的时间花在街头工作上。

5.2.2 对违法人员的起诉

19 世纪早期英格兰和威尔士引入新警务工作安排架构时,并未同时成立起诉机构。因此，所有起诉工作都是由私人或者警方进行的。1879年，检察长（Director of Public Prosecutions）一职的设立为起诉政策中引入了一个新成分，不过这一职务权力有限，大多数起诉工作是由警方（在律师的建议下，但是律师的建议既不是独立的，也不具备约束力）完成的。由于这一原因，人们普遍把治安法院称为“违警法院”，虽然到20世纪60年代，多数规模较大的警队都设有法务处，负责此类起诉工作。 97

警方负责进行调查，并在调查结束后提出起诉，因此，警方扮演着一个双重的角色。这种双重角色存在一个问题，那就是这种双重角色导致警方具有一种内在利益，要求他们确保起诉工作能够取得符合自身意愿的结果。这就可能会导致警方对嫌疑人施加压力，迫使其认罪，从而有可能导致出现冤假错案。有鉴于此，《1985年违法行为起诉法》（*the 1985 Prosecution of Offences Act*）设立了皇家检察署这一机构，从而将调查和起诉工作彼此分开。皇家检察署是一个代表国家进行刑事起诉的独立机构。皇家检察署的最高负责人是检察长。由总检察长（Attorney General）就皇家检察署的行为向议会负责。

皇家检察署成立之初，警方负责对违法行为进行调查，如果警方决定以该违法行为为由逮捕违法人员，就会对该违法人员提出控告。皇家检察署的角色当时是（现在依然是）对警方准备的案卷进行审核，并决定继续进行控告或者就此为止。在做出此类决定方面，皇家检察署的律师应遵循《皇家检察官准则》。该准则由检察长制定，规定了做出与公诉有关的决定的指导原则。这些指导原则强调：

- 必须有确保做出有罪判决的现实可靠的可能性（证据审查）：当时，警察认为此举会导致小题大做，在情节轻微的案件中，即便是在被告很可能表示服罪的情况下，依然要进行超出必要范围的准备；
- 公诉必须为公共利益服务。

皇家检察署在决定提起公诉后，应当根据《皇家检察官准则》中的指导方针确定提起什么样的指控。皇家检察署会制作《法律指导书》对这些决定提供帮助。

5.2.3 影响警方与皇家检察署关系的问题

起初，有一些问题曾经对警方与皇家检察署之间的关系造成了影响。这些问题包括：

- 警方质疑是否确有必要成立皇家检察署以及成立皇家检察署的动机；
- 由于皇家检察署的工作成效目标要求实现成功定罪，因而导致撤诉率居高不下，警方对此尤为关注。皇家检察署只对确信可以实现有罪判决的、无懈可击的案件提出公诉，这就意味着有些违法行为根本就没有受到指控，其他违法行为则大事化小，以便庭审时更容易证明。
- 98 皇家检察署与警方之间沟通联络和工作协作不足。此外，这两个机构所采用的组织界限不同，又导致这一问题雪上加霜。皇家检察署成立之初，共有 31 个辖区，1993 年减少为 13 个；而警方在英格兰和威尔士则有 43 个辖区。

此类问题催生了多项改革，旨在确保警方与皇家检察署之间的业务关系更加和谐。

组织改革

1999 年，根据 Glidewell 于 1998 所做提议，对皇家检察署进行了改组，使皇家检察署各辖区的边界与英格兰和威尔士各个警队的辖区边界一致（有一个辖区除外，即涵盖了整个伦敦地区的辖区，该区域内有两支警队：伦敦大都会警察和伦敦金融城警队）。改组后，皇家检察署共有 42 个辖区，每个辖区由一名首席皇家检察官负责。

涉及控告决定的改革

有人认为，皇家检察署和负责向其提交案件的警方之间隔阂太深（Glidewell，1998）。有鉴于此，当局启动了若干试点计划，其中包括由皇家检察署律师承担对被告人提出指控的责任。《2003 年刑事司法法》推动了这些试点的发展。该法律规定，在提出有条件告诫以及应当对那些警方认定犯有违法行为、应当起诉的人提出何种指控方面，皇家检察署可参与决策过程。2004 年，对最严重的违法行为提出指控的职责（以分阶段完成的形式）从警方移交给了皇家检察署。此举的后果之一是皇家检察署律师入驻警察分局。在过去，警方要获得皇家检察署的意见，就必须派警察到皇家检察署走一趟，这种做法往往费时费力（Sergeant，2008：30）。

5.2.4 对警方与皇家检察署之间关系所做改革的评估

一份关于皇家检察署运作情况的剖析报告（Justice Committee，2009）对《2003 年刑事司法法》引入的法定指控安排架构进行了探讨。该报告指出，该法定指控安排架构对撤诉率产生了有益的作用，与法定指控安排引入之前 36% 的撤诉率相比，截止 2008 年 3 月，治安法院的撤诉率已经下降到了 13.2%。尽管如此，该制度依然存在一些可以改进的问题，特别是在警方已经做好指控准备、却要等待皇家检察署检察官做出决定这一阶段所发生的延误。鉴于此类难题，有人建议（例如，2008 年弗兰纳根的报告），对于由治安官法院审理的案件而言，应恢复警方的控告权。但是，司法委员会却听取了有利于其他解决方案的证据，包括加强皇家检察署直通服务（CPS Direct）的作用。皇家检察署 99
直通服务可在上班时间之外通过电话就指控事务做出决定。

该报告还提及了其他影响到警方与皇家检察署之间关系的发展变化，包括组建“公诉小组”促成这两个机构间的紧密合作，特别是在调查工作的早期阶段。不过这种做法存在一种危险，即有人认为，这样紧密的关系损坏了皇家检察署的独立性。有鉴于此，司法委员会提出，应当通过检查和审查程序对这两个机构之间的关系进行监督。

5.3 多机构联动型警务

起初，警方是在刑事司法体系内部履行自己分管的职责。但是，加强与其他机构（近年来还有第三个部门，即社区组织）的紧密合作越来越成为现代警务工作的重要组成部分。本节将要简要介绍一下多机构联动型警务的历史。

多机构联动这一方式基于这样一个理念：多个机构齐心协力，而不是把打击犯罪的担子完全压在警方的肩上，才能最有成效地预防犯罪（Moore & Brown，1981：52）。例如，使街头照明更为充分，改进居民区布局或者更改公共交通时间表，就有可能起到遏制街头犯罪的作用。不过，这些做法并没有得到推广。不能想当然地认为，每个机构都领会到了进行协作的必要性，而且即使它们真的领会到了，由于目光短浅、心胸狭隘的山头主义作祟，经常会阻碍那些意在造福地方的跨机构协作。

20 世纪 80 年代曾经实施过多项以社区为导向、涉及警方和其他组织的多机构联动举措。这些举措的规划意图是在特定地区预防犯罪，要求公立、私立和志愿组织齐心协力，通力合作。如果有关机构是在某个伙伴关系的范围内进行工作联动的，那么通常会使用“机构间”而不是“多机构”来描述这种做法（Crawford，1998）。

多机构联动工作带来了一些挑战。参与多机构联动工作的专业人士可能会从各自所在机构的角度来观察同一个问题，并且会感到难以接受视角不同的专业人士所表达的观点。对由从多个机构中抽调来的人员组成的机构来说，进行卓有成效的领导并非易事；而且，多机构联动要想取得成功，合作机构之间进行信息共享也是关键因素之一。正如 1987 年一项关于克利夫兰地区虐待儿童情况的报道所披露的那样，即便同一
100 个机构（例如警方）内部的不同部门之间都未必总是乐于相互合作（Butler－Sloss，1988）。此外，截至目前，为使警方与皇家检察署之间共享信息而进行的技术开发工作进展相当有限。多机构联动工作需要制定若干共用标准，使参与联动的机构彼此可从对方那里获得服务。此类标准通常体现在《服务水平协议中》（*Service Level Agreements*，*SLAs*）。上述问题中有许多会在后文章节中进行更为详细的探讨。

5.4　预防犯罪（1）：1997 年以前的多机构联动举措

从 20 世纪 70 年代末开始，曾有人就采用多机构联动举措打击犯罪是否可取提出过多种建议。就打击犯罪这一目标而言，重中之重是预防

犯罪。预防犯罪已经成为了英国中央政府最为关心的事务之一，并为此于1983年成立了内政部犯罪预防司（the Home Office Crime Prevention）。

此前，曾有人推荐采用多机构联动的方式处理未成年人犯罪（Home Office，1978）。后来一份名为《8/84号政府通知》的文件（由内政部以及其他四个部门联合下发）承认，仅靠警方一己之力无法解决犯罪和破坏治安问题，因此该文件也鼓励实施多机构联动（Home Office，1984）。1986年的“五镇倡议行动”和“安全城市计划”（该计划第一期于1988年启动；该计划第二期转由环境部承担并于1992年启动）中也采用了多机构联动的做法。其中“安全城市计划”包含多种运用了情境化和社会化犯罪预防措施的举措。管理这些预防措施的是全国违法人员关怀与重新安置协会（National Association for the Care and Resettlement of Offenders，NACRO）以及“犯罪关注（Crime Concern）”组织，而不是当地政府。

1990年，内政部发布的一份文件表示，将在全国范围内推广精心计划、精心实施的机构间协作项目（Home Office，1990a：1）。随后，中央政府分别在1990年（Home Office，1990b）和1994年（Department of the Environment，1994）鼓励有关方面采用多机构联动的预防犯罪解决方案。其中，1990年下发的那份通知得到了十个政府部门的支持；1994年下发的那份通知则起到了广泛设立警方架构联络官（police architectural liaison officers）的作用（20世纪80年代末有些警队已经任命了警方架构联络官）。

5.4.1 《摩根报告》

促使警方更多地参与由地方政府主导的多机构联动预防犯罪举措的主要催化剂之一是1991年发表的、由詹姆士·摩根担任主席的内政部犯罪预防常务会议（The Home Office Standing Conference on Crime Prevention）所撰写的一份报告。

成立内政部犯罪预防常务会议的目的是为了监督“各地在依照44/90号文件随附的小册子中所规定的指南、通过多机构联动方式实施犯罪预防方面取得的进展”（Home Office Standing Conference on Crime Prevention，1991：10）。该报告提出了多项建议，主张在推动多机构联动预防犯罪方面，应当让地方政府起到主导作用。该报告表示，“在和警方联手对多种意在改善社区安全的活动进行协调时，地方政府理所当然地应该是中心”（Home Office Standing Conference on Crime Prevention，1991：19）。该报告提出，“由于缺少让地方政府在预防犯罪方面充分发挥作用的法定责任，严重影响了预防犯罪方面的进展”（Home Office Standing Conference on Crime Prevention，1991：20）。

《摩根报告》还引入了“社区安全”这一与预防犯罪相对的概念。该报告提出，“预防犯罪”一词暗含一层意思，即预防犯罪完全属于警方的责任。因此，各方协作被视为是未来政策发展的正确方向。“社区安全”这一新词强调社区应当在预防犯罪战略方面扮演重要的角色，并力图促使全体公众更多地参与到打击犯罪事务中来。对于警方传统上所专注的“减少犯罪机会”式的犯罪预防方法之外的做法，“社区安全”这一概念还能使之具有更重的分量，并且鼓励人们更为重视社会问题（Home Office，1991：13 and 20 - 21）。

5.4.2 阻碍多机构联动预防犯罪工作进展的问题

在1997年之前的一段时期，多机构联动预防犯罪工作中存在许多问题，其中尤为突出的是加强地方政府在多机构联动预防犯罪工作方面的作用。警方与地方政府之间的关系是阻碍多机构联动预防犯罪工作进步的障碍之一；工党在1979年大选中落败后，“城市左派”在几个地方政务委员会中崛起，从而使这一问题变得更加严峻。这些地方当局往往对警方抱有怀疑态度，并力图对警方的运作进行民主化改革，从而使警方工作的重点由当地民众而不是警长来决定。虽然有些警长（尤其引人注目的是德文郡和康沃尔郡警长约翰·奥尔德森（John Alderson）意识到有必要通过机构间协作来打击犯罪，工党政府控制的地方当局却经常对通过多机构协作打击犯罪的提议表示怀疑，认为机构间协作工作其实是警方企图接管地方政府职能的托词。

工党控制的一些地方政府对在多机构联动预防犯罪举措中与警方进行合作所持的负面态度反映在了1979年以后的保守党政府对地方政府

所表现的态度之中。在这种局面下，中央政府不太可能会支持地方政府像在《摩根报告》中所提出的那样，在协调各种多机构联动预防犯罪合作关系方面扮演主角。因此，中央政府没有为实施《摩根报告》中提出的任何一项建议提供任何经费（这一情况得到了 Home Office，1993 的证实）。 102

此外，20 世纪 90 年代初期曾有人试图将警务工作中的核心任务和辅助任务区分开来，并将前者定为重点；此举也阻碍了地方政府在参与到有关预防犯罪的多机构联动工作方面的进展。由于多机构联动预防犯罪工作被普遍视为警务工作中的辅助性任务，导致一些警队解散了它们的总部社区事务部（该机构通常都曾经有过与包括地方政府在内的其他机构紧密合作的历史）。

5.5 预防犯罪（2）：1997 年以后的伙伴关系工作

《1998 年犯罪与破坏治安法》规定，警方和地方当局（称为“责任机关”）在多机构联动组织中有与警察监管机构、卫生管理机关和缓刑委员会进行合作的法定责任。此类多机构联动组织被称为“减少犯罪与扰乱社会秩序行为合作伙伴关系”（crime and disorder reduction partnerships，CDRPs），不过这一称谓并未出现在该项立法中。在威尔士地区，“减少犯罪与扰乱社会秩序行为合作伙伴关系”组织被称为“社区安全伙伴关系”（community safety partnerships，CSUs）。此类伙伴关系组织的职责是在英格兰和威尔士各个地区和单一制地方政府辖区内制定并实施减少犯罪与破坏治安的策略。它们是社区安全倡议举措的火车头，为确保社区参与预防犯罪和违法秩序提供了一个新的机制。

5.5.1 减少犯罪与扰乱社会秩序行为合作伙伴关系组织的后续发展

《2002 年警察改革法》（*The 2002 Police Reform Act*）对《1998 年犯罪与破坏治安法》进行了修正。2003 年 4 月，警方与消防部门成为《1998 年犯罪与破坏治安法》所规定的责任机关；翌年，英格兰的初级卫生保健信托机构（Primary Care Trust）（以及威尔士地区的卫生机关）也加入了责任机关的行列。《2002 年警察改革法》要求各个减少犯罪与扰乱社会秩序行为合作伙伴关系组织与打击毒品行动小组在实施两级制地方政府结构的地区密切合作，并在2004年4月份之前在实施单一制政府结构的地区将其工作与打击毒品行动小组的工作融为一体。后者这一要求并未明确规定要将减少犯罪与扰乱社会秩序行为合作伙伴关系组织与打击毒品行动小组这两种机构合并起来，但是要求他们采取适当的安排，以实现二者之间的融合。

根据《2002年警察改革法》，在恰当可行的情况下，多个减少犯罪与扰乱社会秩序行为合作伙伴关系组织可以进行合并，以解决跨越若干个有关地方当局的辖区的问题。此类问题的实例之一是一名居住在某个减少犯罪与扰乱社会秩序行为合作伙伴关系组织的辖区内的违法人员在相邻的另外一个减少犯罪与扰乱社会秩序行为合作伙伴关系组织的辖区
103 内所从事的犯罪行为。这样一来，就可以跨越地方当局的辖区界限对预防犯罪措施进行协调了。

《2002年警察改革法》《2003年反社会行为法》《2006年警察与司法法》对减少犯罪与扰乱社会秩序行为合作伙伴关系组织在打击毒品滥用和反社会方面的权力进行了调整。其中最后一项立法扩展了减少犯罪与扰乱社会秩序行为合作伙伴关系组织的职责，使之除毒品之外，还涵盖了酒类和其他物质。2010年，依照《2009年警务与犯罪法》（*the 2009 Policing and Crime Act*），对减少犯罪与扰乱社会秩序行为合作伙伴关系组织的职责进行了扩展，将减少再犯包括在内；并将缓刑管理机构接纳为减少犯罪与扰乱社会秩序行为合作伙伴关系组织的法定成员。

5.5.2 减少犯罪与扰乱社会秩序行为合作伙伴关系组织的运作

各地减少犯罪与破坏治安的过程的起始点是编制一份本地犯罪情况审查报告（由当地政府进行），作为当地减少犯罪战略的根据。减少本地犯罪战略强调，减少犯罪与扰乱社会秩序行为合作伙伴关系组织应起到作用，将各有关机构统合到一起并与社区进行接触。减少本地犯罪战略要求所有本地服务提供方对犯罪进行记录，从而找出本地的犯罪“热点地区”。为此，地方当局开发了多种工具，包括地理信息系统（geographic information systems，GIS）。该系统存有与犯罪有关的数据，供日

后进行分析，并得出地图或者图表形式的结果。

在对犯罪情况进行审核时，还必须听取在地方政府辖区内生活和工作的公众对于犯罪与破坏治安的看法。要做到这一点，就必须缜密细致地广泛征询民众的意见，特别是那些被视为“难以触及”的群体。此举的目的之一是让普通公众也能有机会对决策议程施加影响。在广泛征询民众意见之后，由减少犯罪与扰乱社会秩序行为合作伙伴关系组织确定工作重点，并公布一项为期三年的打击犯罪与破坏治安的战略。

现在，当局要求减少犯罪与扰乱社会秩序行为合作伙伴关系组织在对犯罪情况进行审核评估的基础上，制定一份为期三年的滚动式伙伴关系计划（第一个此类计划适用于 2008 ~ 2011 年），不再要求它们制定三年战略。三年滚动式伙伴关系计划是在对犯罪与破坏治安情况进行战略性评估的基础上制定的。伙伴关系计划广泛运用了伙伴单位提供的数据，包含了需要达成的目标、实现这些目标的方法（特别是明确规定伙伴单位应当做出哪些贡献，以促成这些目标的实现）、对各单位在达成方面的表现如何进行评估，以及减少犯罪与扰乱社会秩序行为合作伙伴关系组织应当如何与下辖各个社区进行接触。实现计划中所列目标的进度要接受监督（通过每年编写战略评估报告这样一个机制），以便在必要的时候进行调整。

减少犯罪与扰乱社会秩序行为合作伙伴关系组织还为汇总减少犯罪与破坏治安进程的参与方所收集的信息、以及实施社区安全项目提供了一个机制。社区安全项目缺乏经费，多数都是在街区层面实施的固定期限项目。这些项目的经费来源包括内政部减少犯罪机会或者复兴计划（regeneration programmes）。

多数地方当局已经设立了社区安全部（community safety units, 104
CSUs）。社区安全部的主要职责是确保地方当局的一切行为均符合《1998 年犯罪与破坏治安法》第 17 条的规定（该条规定声称，地方当局以及警察管理机关在履行职责时，应在合理的前提下竭尽全力预防犯罪与破坏治安），并在地方当局与减少犯罪与扰乱社会秩序行为合作伙伴关系组织之间起到纽带作用。社区安全部还要在处理本地民众对犯罪和破坏治安问题的关切方面起到首当其冲的作用（前提是民众选择社区安全部而不是警方求助)，并且可以实施旨在预防犯罪的举措，包括整治反社会行为。社区安全部还为警方在对犯罪和反社会行为进行多机构联动反应时提供了一个联系地方政府的纽带。

减少犯罪与扰乱社会秩序行为合作伙伴关系组织的工作由九个地区政府办公室负责监督。这些办公室成立于1994年，其职能是对各地开展的行动进行协调，以达到这些行动的主导部门设定的目标。这些办公室由一名地区犯罪事务主任（regional crime director）负责，从2007年开始则由一名地区办公室次官（minister）负责。

这九个地区政府办公室均设有内政部减少犯罪小组。该小组负责与在当地工作的减少犯罪与扰乱社会秩序行为合作伙伴关系组织的联络工作。该办公室的工作包括向减少犯罪与扰乱社会秩序行为合作伙伴关系组织提供指导、支持和培训，监督由内政部出资的项目的成效，并确保所有有关减少犯罪的问题在该地区运作的政府机构的工作中均得到了重视。有关方面已经提议扩大英国内政部区域事务主任的反馈职责；职责扩大后，区域事务主任将会向减少犯罪与扰乱社会秩序行为合作伙伴关系组织提供信息，说明其工作成效与相邻地区减少犯罪与扰乱社会秩序行为合作伙伴关系组织相比如何（National Audit Office，2004：7)。

内政部也在威尔士议会的机制内设有一个减少犯罪小组。该小组的职责是为威尔士地区的社区安全伙伴关系组织提供支持（特别是确保这些组织达到威尔士议会以及内政部所设定的成效目标)。此外，该小组还要确保社区安全问题在威尔士议会的工作的其他方面也得到足够的重视。在威尔士地区，减少犯罪与破坏治安这项工作由威尔士议会负责监督。威尔士议会的社会公正与复兴部长（Minister for Social Justice and Regeneration）负责管控一个打击犯罪基金，为社区安全建设项目提供经费。

在苏格兰和北爱尔兰，维护社区安全并不是地方政府必须履行的法定职责。不过，此类工作由苏格兰各地的政务委员会（Scottish Councils）以及北爱尔兰的志愿和法定机构承担。

5.5.3 问题解决与评估

确定本地犯罪与破坏治安问题、为这些问题制定解决方案、并监督这些解决方案的成效是犯罪与破坏治安伙伴关系组织的主要职能。

解决问题是一项复杂的工作，涉及明确问题、了解问题的成因、设计解决问题的方案、并对所用的解决措施的成效进行评估，以便在解决措施成效不佳的时候进行调整。其中，最后一个方面相当重要，因为 105
“如果不能弄清干预措施的效果，减少犯罪与扰乱社会秩序行为合作伙伴关系组织发扬成功经验或者改进工作成效的能力就会大打折扣”（Home Office，2007a：85）。

对于解决问题的程序，法律并没有针对减少犯罪与扰乱社会秩序行为合作伙伴关系组织设定任何法定要求，不过倒是有若干种模式可供它们用来指导工作流程。这些模式包括“SARA 模式”（即扫描、分析、响应和评估；该方法在警方内部运用得相对较广）和“PROCTOR 模式”（即问题、成因、策略/处理、输出、结果）。

评估不应当仅仅局限于评判各个问题的解决程度如何，还应当包括对减少犯罪与扰乱社会秩序行为合作伙伴关系组织的总体工作进行分析。对某个减少犯罪与扰乱社会秩序行为合作伙伴关系组织的工作有效性高低进行评估的重要流程之一是工作成效管理。工作成效管理要求收集关于该减少犯罪与扰乱社会秩序行为合作伙伴关系组织工作成效的数据，并利用这些数据来评价该组织完成的工作是否成功。

起初，减少犯罪与扰乱社会秩序行为合作伙伴关系组织的工作成效是通过若干机制进行评估的，包括警务工作成效评估框架。2008 年，“警务与社区安全评估”（Policing and Community Safety，APACS）机制取代了警务工作成效评估框架。这些机制使评估参与伙伴关系组织的各个机构的工作成效变得更为简便，因为这些机制拉通了相互独立的伙伴机构各自采用的指标，从而为“描述工作成效提供了共同的语言”（Home Office，2007a：17）。

5.5.4 减少犯罪与扰乱社会秩序行为合作伙伴关系组织的运作所带来的问题

减少犯罪与扰乱社会秩序行为合作伙伴关系组织要想有效运作，必须首先解决若干问题。这些问题对合作伙伴关系进程的所有参与方的运作都具有影响。

在合作伙伴关系组织背景下的领导问题

“在解决社区问题方面，对减少犯罪与扰乱社会秩序行为合作伙伴关系组织的领导是至关重要的”，特别是在为伙伴关系组织制定战略远景、确定工作重点、总体确定完成工作重点的手段、并评估工作成效方面的领导（Home Office，2007a：22）。但是，减少犯罪与扰乱社会秩序行为合作伙伴关系组织在领导方面必须克服一些难题，其中主要难题之一是领导结构分散，可能因此导致它们为达成目标而做出的种种努力落空。

在多机构联动的背景下，领导的形成可能是难以实现的，有可能会导致某一个伙伴机构一家独大。这种情况有可能会导致其他伙伴单位心
106 生不满，并因此实质上退出伙伴关系进程。由于各个伙伴机构视角不同、彼此之间的权力关系存在差异以及它们是否能够成功地为实现共同的目标和目的而携手合作，它们之间还会因此产生其他的难题。

曾经有人提出，减少犯罪的成败取决于伙伴关系各方之间是否能够形成“合力”，并共同致力于打击那些在治理当地真正关心的问题时最有可能出现的犯罪。不过，警方的部门领导和减少犯罪与扰乱社会秩序行为合作伙伴关系组织的负责人在评价当地缓刑管理机构和卫生机构时，通常认为，由于资源方面的制约以及工作重点之间存在竞争，这些机构不如其他法定伙伴机构积极（National Audit Office，2004：3）。

《2006 年警察与司法法》制定之后，对各减少犯罪与扰乱社会秩序行为合作伙伴关系组织的治理结构进行了重大的变动，要求它们分别成立一个“战略小组”，对伙伴关系组织的计划的实施承担最终责任。责任机关必须向该小组派驻一名高级官员担任代表（例如警务基本指挥控制单元的长官），其主要职责是制定并实施战略性评估和伙伴关系计划。在实施两级制的地区，“郡战略小组”（the County Strategy Group）的职责是协调辖区内各个减少犯罪与扰乱社会秩序行为合作伙伴关系组织的活动，并且该小组的成员中必须包括每个区战略小组（the District Strategy Groups）的主任。

运作自主权

虽然减少犯罪与扰乱社会秩序行为合作伙伴关系组织运作要根据

“实施三年一期的审核并制订三年战略”这一要求以及“每年向大臣进行报告”这项职责接受审核的，它们起初却很少收到中央政府有关应当如何履行职责的指导。直到《2006 年警察与司法法》制定之后，才引入了国家标准（以“有效合作伙伴关系组织标志”的形式）作为最低法定要求，反映的是那些自从 1998 年伙伴关系组织成立以来所认定的良好做法（Home Office，2007a：4）。后来又颁布了一些法规，作为这些标准的增补。

机构间信息共享

实现机构间合作并非总是轻而易举的，这方面一个格外突出的问题是信息共享。信息共享是确定工作重点并实施社区安全举措的重要方面之一，并且在战略评估进程中起着核心作用。不过，尽管《1998 年犯罪与破坏治安法》允许伙伴机构共享私人和非私人信息，后来有人指出，信息共享进程经常“时断时续”（Home Office，2007a：36）。《2006 年警察与司法法》为参与伙伴关系的机构引入了一个职责，即向其他伙伴机构披露某些种类的非个人信息（但是不包括个人数据）。有人提出，作为实现有效信息共享的第一步，需要确立一个信息共享协议并指定联络人员，以促进信息的共享（Home Office，2007a：36）。

地方分权制与中央集权制 107

内政部在减少犯罪与扰乱社会秩序行为合作伙伴关系组织的运作和成效考核中的参与有所增加后，对《1998 年犯罪与破坏治安法》规定的“自下而上”式的目标设定制度带来了威胁。这一点从为减少犯罪与扰乱社会秩序行为合作伙伴关系组织在打击车辆犯罪、入室盗窃和抢劫方面设定的目标以及为减少犯罪与扰乱社会秩序行为合作伙伴关系组织引入工作成效指标（此举势必将地方预防犯罪议程的重心转移到可以测算的产出上来）就可见一斑。

英国内政部对某些方面的重视，往往还会把减少犯罪与扰乱社会秩序行为合作伙伴关系组织的工作引向犯罪治理活动，从而影响到那些旨在治理犯罪成因的措施。减少犯罪与扰乱社会秩序行为合作伙伴关系组织的工作成效由内政部负责监督；此外，从 2003 ~ 2004 年度开始，当局还要求减少犯罪与扰乱社会秩序行为合作伙伴关系组织每年就它们减少犯罪与破坏治安战略的执行情况撰写一份报告。前文已经提到，在2000年，英国内政部分别为九个地区政府办公室任命了一名地区犯罪事务主任，负责提高犯罪预防工作的总体效果。内政部藉此增强了对减少犯罪与扰乱社会秩序行为合作伙伴关系组织的控制。

前文所述做法彰显了走向中央集权的趋势，因为"要求减少犯罪与扰乱社会秩序行为合作伙伴关系组织承受的、要求它们服从全国警察议程的压力越来越大"（Loveday，2005：81）。《2008～2011年打击犯罪战略》曾提出要改变这种局面。这一提议中承诺要减少各项社区安全《公共服务协议》（见该文件112页）中为减少犯罪与扰乱社会秩序行为合作伙伴关系组织设定的具体目标，取消其中多个具体目标，并用增加公众对有关机构的信任这一目标取而代之。这种做法将确保有关机构把实现本地社区认为重要的目标视为重中之重（Home Office，2007 b：43）。

5.5.5 伙伴关系工作与具体犯罪类型

除了开展伙伴关系工作来预防多种犯罪和破坏治安行为之外，当局还建立了协作应对机制来专门应对某些形式的犯罪行为。这些犯罪行为包括仇恨犯罪（hate crime）、虐待儿童。在此类犯罪中，当局出手干预的依据是对受害者的关切。

仇恨犯罪

英国内政部2000年发布的一项《行为准则》中规定了报告和记录种族主义事件的程序。该《行为准则》适用于警方以及其他所有负责记录此类事件的法定或者志愿团体。警方之外的机构参与记录种族主义事件，推动了负责制定打击种族主义战略的多机构小组的出现。这些多机构小组会由来自地方政府机构、警方、缓刑管理组织、皇家检察署以及公民咨询局（Citizen's Advice Bureau）以及受害者扶助组织（Victim Support）等志愿性和社区性组织的代表共同组成。英格兰和威尔士各地的此类小组在结构和组织方面存在区别，在运作方面也存在一些问题，诸如警方一家独大、参与机构之间缺乏数据分享和协调（Docking and

Tuffin，2005：29－31）。

虐待儿童

有关方面要求警方采取主动出击、多部门联动的途径来预防和减少对儿童的虐待和忽视并保护儿童的安全（ACPO/NPIA，2009：9）。这种方法包含几个方面。

多机构风险评估会议（Multi－Agency Risk Assessment Conferences，MARACs）就是其中一个旨在保护儿童权益的多机构联动举措。虽然这一机制的工作重点是为面对反复遭受家庭暴力风险的人士提供辅助，该机构同时也能够起到揭露虐待儿童行为的作用。

制订有关儿童保护事务的地方多机构政策是地方保护儿童委员会（Local Safeguarding Children Boards，LSCBs）的职责。该机构所需经费由包括警方在内的各个伙伴机构提供，并向它们负责（ACPO/NPIA，2009：58－59）。地方保护儿童委员会的职责是将警方、地方机关和其他地方伙伴机构统合到一起来保护儿童并促进儿童的福祉。地方保护儿童委员会和其他伙伴关系机制（例如多机构公众保护安排组织，MAPPAs，多机构风险评估会议）之间通常会建立联系（Home Office，2009b：94）。

社会看护机构是警方在应对关于儿童的担心以及对虐待儿童的举报方面的主要合作伙伴机构。警方与各个儿童社会看护机构（Children's Social Care）可以联合派员到某个儿童的家中访问，以确保他或者她的福祉得到保护。如果有合理理由怀疑某个儿童已经在遭受重大伤害（或者存在遭受重大伤害的严重风险），就应当召开策略会议，参会的相关机构人员（包括卫生专业人士以及校方人员）就此事提供信息，并据此做出未来应当采取何种干预措施的决定，其中包括召开儿童保护会议以及儿童保护审议会议（ACPO/NPIA，2009：96）。

5.5.6 关于伙伴关系工作的结论

伙伴关系工作的发展改变了当代警务工作的实施方式。《1998 年犯罪与破坏治安法》使伙伴关系工作在英格兰和威尔士全境有了法定地位。之后，伙伴关系工作日臻成熟，因而“很多致力于提高我们社区的安全性人士已经对机构间协作习以为常了。”伙伴关系工作“是在打击犯罪方面得以取得重大和持久进步的重要因素之一”（Coaker，2007：3），并且在实施政府《2007 年打击犯罪战略》（*2007 Crime Strategy*）方面发挥了重要作用。有人提出，警方参与打击犯罪伙伴关系组织“有助于我们的社区建设，使本地民众在打击犯罪和反社会行为方面具有发言
109 权，亲眼看到并切身体会到一线机构所带来的变化”（Home Office 2009b：93）。

5.6 伙伴关系工作与违法人员的管理

除了上述事务之外，警方还和其他刑事司法机关一起从事对违法人员的管理工作。警方的这一职责有几个层面，下文将举例对此进行说明。

5.6.1 青少年违法工作组

根据《1998 年犯罪与破坏治安法》成立了青少年违法工作组（Youth Offending Teams，YOTs）。青少年违法工作组是一个致力于解决青少年违法问题的多机构联动措施，涉及地方政府中的教育与社会服务部门、缓刑管理机构、卫生部门以及警方。不过在这项法律制定之前，警方已经在青少年犯罪方面和其他机构开展协作了。当时，警方就未成年人犯罪问题与外部机构进行联络并不鲜见。对那些引起警方注意（例如警方接到举报去处理家庭纠纷时）、并且警方认为面临成为家庭内犯罪行为受害者的风险青少年，经常会在警方儿童保护部门协调下采取某种多机构联动干预措施。

青少年违法工作组要履行多项针对年龄在 10～17 岁之间的青少年违法人员的职责，包括确定是否有必要采取干预措施（有可能需要召开家庭小组会议）来支持新近引进的警方最后警告计划（其目的是预防再犯）。青少年违法工作组还负责协调多机构应对措施，制订干预计划并监督其实施。它们要准备判决前调查报告以及法院在未成年人刑事诉讼中要求的其他文件，与受害人进行联络，并在法院判处社区刑罚后负责监督实施。此外，警务工作实务中以打击青少年违法为目的的内容（例

如访问学校）也经常是与青少年犯罪工作组联合开展的。

尽管如此，为青少年违法工作组配备的警员人数却相对较少。

警方与青少年犯罪工作组之间的信息共享是伙伴关系工作的一个重要环节。警方之所以能够采取这种合作方式，得益于近年来出现的一些发展变化。其中之一是“警方电子通知青少年违法工作组”工程（Police Electronic Notification to YOTs，PENY）。该工程于 2008 年启动，旨在向青少年违法工作组提供关于申斥、最后警告、定额罚款通知以及指控等处罚的信息，使青少年违法工作组在决定如何处理那些提交给它们的青少年时，能够按图索骥、有章可循。

针对被判犯有严重罪行的未成年人，《2000 年刑事司法与法院服务 110
法》提出了进一步的法定要求，规定青少年违法工作组要和警方以及缓刑管理机构进行合作。后来，《2003 年刑事司法法》又对该要求进行了补充。

除了和青少年违法工作组进行协作之外，警方还可以和其他旨在事先发现存在违法风险的少年儿童的多机构组织进行合作。合作内容可以包括和其他组织在诸如“青少年包容与扶助小组”（Youth Inclusion and Support Panels，YISPs）等干预机构的框架内共享信息。这些干预机构属于多机构联动团体，自愿为那些经认定存在从事犯罪以及反社会行为的高度风险的 8～13 岁的少年儿童及其家人提供扶助。

5.6.2 多机构公众保护安排

近年来，合作伙伴关系工作尤其注重社区中那些多次违法、危害最大的违法人员（Home Office，2009b：29）。要对这样的人采取跨机构行动，就必须明确他们的身份、对其进行监督、对其提供改过自新的机会并在他们再次违法的时候对其从快处罚。在这方面工作中，多机构公众保护安排（Multi－Agency Public Protection Arrangements，MAPPAs）构成了重要的一环。有了多机构公众保护安排，各有关机构就能够相互协作，针对暴力、危险或者性犯罪分子在得到释放并重返社区之后所带来的风险制订评估和管理政策。

多机构公众保护安排过程包含四个阶段：（1）明确违法人员的身份；（2）各机构之间共享信息；（3）（使用违法人员评估系统［OASYs］等工

具）评估风险；以及（4）管理风险。

1997 年，《1997 年性犯罪分子法》（*the 1997 Sex Offenders Act*）颁布，要求被判有罪的性犯罪分子必须到警方那里登记。在该法律制定之后，当局成立了公众保护小组，以促进有关机构之间的信息共享，并藉此对此类犯罪分子所带来的风险进行评估和管理。《2000 年刑事司法与法院服务法》也要求警方和缓刑管理机构（称为“责任机关”）相互合作，确定安排架构，用来评估和管理性犯罪分子、暴力犯罪分子、以及其他安置到社区中后会给公众带来风险的人员所构成的风险。《2003 年刑事司法法》将监狱管理机构也纳入责任机关的行列，并规定监狱管理机构有责任和其他多个法定和社会看护机构（包括青少年违法工作组、以及当地社会服务机构、教育管理机关以及住房管理机关）进行合作。

有三类违法分子要接受多机构公众保护安排架构的监管。第一类是已经登记的、自 1997 年 9 月以来曾经被判有罪或者遭到告诫的性犯罪分子。警方有责任明确属于这一类别的犯罪分子的身份。第二个类别由暴
111 力犯罪分子以及其他性犯罪分子组成。此类犯罪分子 2001 年 4 月以来曾经被判处 12 个月或者更长的监禁、收到强制入院令或者监护令、或者被剥夺从事与儿童有关工作的资格。属于这一类别的犯罪分子要接受全国缓刑管理机构（National Probation Service）的监督，因而他们的身份应由该机构负责确定。第三类由其他被“责任机关”认定对普通公众具有严重伤害风险的违法人员构成。这一类违法人员的身份由有关责任机关确定。

风险评估有三个层级：层级一适用于构成低级或者中级风险、并且首先确认其身份的机构能够对其进行管理的违法人员；层级二适用于风险级别更高的违法人员。这些违法人员所构成的风险需要一个以上的机构来共同制定管理计划，但是经认定尚未达到更高层级；层级三适用于构成高风险或者需要动用一个以上的伙伴关系参与机构的资源才能对其进行管理的违法人员。

针对高风险违法分子的风险管理由多机构公众保护小组（由参与机构的高级管理人员组成）负责实施和监督。更为常规的案例则由一个层级较低、更为本地化的、叫做“多机构风险评估会议”的委员会负责监督（Tilley，2005：542）。从 2003 年开始，对多机构公众保护安排工作

的总体监管职责由责任机关建立的战略管理委员会（strategic management boards，SMBs）承担，负责对机构公众保护安排的成效进行评议和监督。在2003到2004年度，多机构公众保护安排共管理了39429名违法人员。其中62%为登记在册的性犯罪人员（第一类），32%属于第二类违法分子，另有6%属于第三类违法分子（Kemshall et al.，2005：3）。用于风险管理的措施多种多样，包括添加标牌（tagging）、监视居住以及认证计划等。

5.6.3 违法人员综合管理

有若干个其他项目也采用了多机构公众保护安排中所体现的方法。这些项目包括“累犯与其他重点违法人员”项目。该项目于2004年启动，是一项多机构联动反应行动，由减少犯罪与扰乱社会秩序行为合作伙伴关系组织主导，旨在对那些在各自社区中犯罪数量格外多、情节严重的违法人员进行遏制、逮捕、定罪、改造以及安置。另一个项目，“毒品干预项目”（the Drug Intervention Programme，DIP）则力求通过多家机构携手治理存在犯罪行为的吸毒人员来减少涉毒犯罪。这些项目是作为“违法人员综合管理”（the Integrated Offender Management，IOM）倡议行动的一部分立项的。“违法人员综合管理”倡议行动于2008年首先在5个地区试点，旨在为对多种类别的18岁以及18岁以上的屡次犯 112
罪人员（无论是否依法接受社区监视）的管理工作提供一个连贯的架构。违法人员综合管理以多机构协作解决问题为基础，涵盖发现问题、评估问题、管理问题和执行决定等环节。这一方法的至关重要的支撑因素是机构间的信息与情报共享。信息与情报共享的目的是确保有关机构能够形成“对那些风险最大的人员进行评估与管理的共用方法，并保证有关机构能够协调有序使用相关资源，帮助违法人员改过自新、弃暗投明”（Ministry of Justice，2008：13）。

5.7 联动治理

近年来出现了多种发展变化，意在为刑事司法政策提供一个“联动治理”途径。这些发展变化推动了警方更多地参与到刑事司法系统的事务之中。这指的是1997年后工党政府为加强对那些对打击犯罪有所贡献的公立机构的协调所采取的种种措施。这些机构可以是主流刑事司法机构（例如警方和缓刑管理机构），也可以是诸如教育和社会服务等传统上并未将打击犯罪视为自身职责之一的机构。

起初，为在刑事司法政策方面采取联动途径而进行的各项改革是建立在多机构联动法或者伙伴关系法的基础之上的。在青少年司法以及社区安全方面，这两种方法已经通过青少年违法工作组以及减少犯罪与扰乱社会秩序行为合作伙伴关系组织的形式正式得到确立。联动治理途径的发展也得益于其他一些倡议举措，包括多机构绩效目标等。这方面的一个早期实例是《1998年综合开支审查》中引入的公共服务协议（Public Service Agreements，PSAs）。公共服务协议旨在对具备共同主题（即“公共服务协议”）的政府机关的工作进行协调，并采用一系列绩效指标评判该共同主题是否得到实现。该主题涵盖的政府行为多种多样，范围广泛，包括刑事司法事务在内。

另一项为在全国范围内推广联动法而推行的重要改革是成立了一个涵盖了三个刑事司法机关的刑事司法改革办公室（the Office for Criminal Justice Reform，OCJR）。刑事司法改革办公室由一个以协助刑事司法机构相互协作为宗旨的跨部门团队组成。刑事司法改革办公室对内政大臣、大法官（Lord Chancellor）/司法部大臣（Secretary of State for Justice）以及总检察长负责。该机构设于司法部刑事司法事务集团（Criminal Justice Business Group）之下。刑事司法改革办公室实现联动治理的机制之一是制订战略计划来规划刑事司法机构未来的运作，并将政府各部门单独制定的战略计划纳入其中。

例如，该办公室为英格兰与威尔士的刑事司法系统制定了一份名为《齐心协力，相互配合，减少犯罪，伸张正义》战略计划（Office for Criminal Justice Reform，2007）。该计划规定，各主要刑事司法机构（警方、检察机关、缓刑管理机关、监狱、和青少年司法系统）应相互协
113 作，采用这种方法可以更有成效地打击犯罪，将更多的违法分子绳之以法，而且有助于治理犯罪行为、降低再犯罪的概率。该战略计划中所列

目标与《内政部2008年至2011年减少犯罪战略》（*the Home Office Crime Reduction Strategy for 2008 – 11*）紧密结合，列明了应当集中整治的主要领域（严重暴力、反社会行为、青少年、通过设计杜绝犯罪、减少重新犯罪、伙伴关系以及增强公众信心）（Home Office，2007a：3 –5）。

战略性和全国性政策文件中所包含的宏观目标由国家刑事司法委员会（the National Criminal Justice Board，NCJB）负责转化为更加具体而微的目标和目的。国家刑事司法委员会的职责是明确“高层政策框架的远景与目标”，作为刑事司法系统运作的依据（Office for Criminal Justice Reform，2007：49）。国家刑事司法委员会与刑事司法改革办公室、国家减少犯罪委员会（National Crime Reduction Board）以及国家警务委员会（the National Policing Board）紧密合作，并向内阁刑事司法系统委员会（the Criminal Justice System Cabinet Committee）汇报工作。内阁刑事司法系统委员会除负责监管国家刑事司法委员会外，还负责监督刑事司法系统《公共服务协议》各项目标的实现情况。

国家刑事司法委员会提出的各项目标由地方刑事司法委员会（the Local Criminal Justice Boards）负责纳入地方规划之中。地方刑事司法委员会是实现国家刑事司法委员会所设定战略目标得以实现的重要机制之一。地方刑事司法委员会成立于2003年，现有42个，由各刑事司法机构的长官组成。它们存在的意义是确保在地方层面上，警方、皇家检察署、缓刑管理机构、监狱机构以及青年服务机构能够彼此紧密合作，并保证上述机构能够有效协作。近年来，它们在提供服务方面的职权得到了强化，并获准结合本地的需要和重点对服务进行改进（Office for Criminal Justice Reform，2007：17 and 49）。

地方刑事司法委员会致力于协调地方刑事司法机构的运作。但是，联动治理却力图将刑事司法部门之外的其他机构（其中有些在诸如减少犯罪与扰乱社会秩序行为合作伙伴关系组织等其他伙伴关系组织中进行合作）也纳入打击犯罪工作中。联动治理通过社区战略这一机制，将数量众多、范围广泛的伙伴关系机构所从事的工作结合到一起。政府未来的政策有意将地方刑事司法委员会和减少犯罪与扰乱社会秩序行为合作伙伴关系组织在包括“统合计划、分析共享、联合通信、简化伙伴关系会议以及治理资源”方面的工作合并起来（Home Office，2009b：100）。

《2000年地方政府法》规定，地方当局应承担制定社区战略的法定义务，并成立了地方战略合作伙伴关系组织（Local Strategic Partnerships，LSPs）来推动这些战略的实施。《2007年地方政府与公众参与卫生法》进一步发展了这种做法。该项法律规定，地方战略伙伴关系组织应成为推行政府可持续发展社区战略的主力军。

地方战略伙伴关系组织属于非法定、多机构、非执行性质的机构，其辖区界限与地方政府（区或者郡政务委员会或者不设区地方政府）辖区边界相互吻合。它们的职责是统和公立、私立、志愿和社区等方面的
114 力量，解决犯罪等需要多家机构协同应对的问题。它们并不是独立组织，“而是多个伙伴关系组织以及/或者具有不同主题的次级团体组成的‘大家庭’”（Home Office，2007b：130）。通常情况下，地方战略伙伴关系组织会制定各种主题，推动地方政府社区战略的实施。负责贯彻这些主题的机制是诸如减少犯罪与扰乱社会秩序行为合作伙伴关系组织等多机构联动组织。

地方区域协议（Local Area Agreements，LAAs）将地方战略规划与全国性目标联系在一起，其内容源自《公共服务协议》和减少犯罪与扰乱社会秩序行为合作伙伴关系组织的伙伴关系计划中所列的各项重点任务。地方战略伙伴关系组织负责商定并实施《地方区域协议》。经中央政府、地方政府、地方战略合作伙伴关系组织以及其他地方伙伴机构协商一致后，由《地方区域协议》为各地确定当地重点任务，《地方区域协议》的目的是统和地方公共服务（需要共享信息、集中资源），并借此根据地方实际需要有的放矢地提供各项服务。

《地方区域协议》是围绕四个政策领域构建的：（1）儿童与青少年；（2）改善社区安全、增强社区力量；（3）推进社区卫生事业，延长居民寿命；以及（4）经济发展与环境。《地方区域协议》的运作以三年为一个周期。在实施两级制的地区，《地方区域协议》是在郡级层面上议定的，但是所在郡下辖的地区也参与《地方区域协议》的制定工作。

现在，联动治理制度在地方层面上的实施情况要接受一项名为“综合区域评估”（the Comprehensive Area Assessment，CAA）的年审（Audit

Commission, 2009)。综合区域评估由六个监察机构（审计委员会、教育标准办公室、护理质量委员会（the Care Quality Commission）、皇家警察监督局、皇家缓刑督察局（Her Majesty's Inspectorate of Probation）以及皇家监狱督察局（Her Majesty's Inspectorate of Prisons））共同实施，内容是对地方战略合作伙伴关系的运作情况、社区战略的贯彻实施情况、以及地方区域协议等进行审查。

综合区域评估包含两个主要成分：其一是区域评估，即审查本地公共服务在卫生、经济前景、犯罪和治安等重点领域的进步情况，及其未来得到改善的可能性高低。另一个成分则是对各公立机构的组织评估，包括根据既定目标对其工作成效进行的评估以及资源利用情况评估。新的综合区域评估框架于 2009 年启用，可用来对各伙伴机构在改进工作成果、改善本地社区居民生活质量方面所做的工作进行独立评估。

思考题

对 1997 年来伙伴关系工作在警务方面所起的作用进行分析。

要回答这一问题，你应当：

- 讨论你对“伙伴关系工作”一词的理解；
- 探讨 1997 年以来伙伴关系得以发展的原因；
- 对那些使伙伴关系得以发展的各种机制——特别是减少犯罪与扰 115
乱社会秩序行为合作伙伴关系组织——进行说明；
- 分析伙伴关系工作是以何种方式影响当代警务工作的运行，并找出这种方式的主要优点与不足；
- 提出结论，依据此前提出的观点，展望伙伴关系工作未来可能的发展趋势。

参考文献

[1] ACPO/NPIA (2009) *Guidance on Investigating Child Abuse and Safeguarding Children* (2nd edition). London: National Police Improvements Agency.

[2] Audit Commission (2009) *What is CAA?* [Online] www. Audit - commission. Gov. Uk/Iocalgov/audit/caa/pages/whatiscaa. Aspx [accessed 1 November 2009].

[3] BBC (2009) *Panorama: Assault on Justice.* Screened on BBC One, 9 November.

[4] Burrows, J., Tarling. R., Mackie, A., Lewis, R. And Taylor, G. (2000) *Review of Police Forces'Crime Recording Practices.* Research Study 204. London: Home Office Research and Statistics Directorate.

[5] Butler - Sloss, E. (1988) *Report of the Inquiry into Child Abuse in Cleveland 1987.* Cm 412. London: HMSO.

[6] Coaker, V. (2007) *Delivering Safer Communities: A Guide to Effective Partnership Vorking: Guidance for Crime and Disorder Reduction Partnerships and Community Safety Partnerships.* London: Home Office, Police and Crime Standards Directorate.

[7] Crawford, (1998) 'Community Safety Partnerships', *Criminal Justice Matters*, 33 (Autumn): 4 - 5.

[8] Department of the Environment (1994) *planning Out Crime.* Circular 5/94. London: Department of the Environment.

[9] Docking. N. And Tuffin, R. (2005) *RacistIncidents: Progress since the Lawrence Inquiry.* Home Office Online Report 42/05. London: Home Office.

[10] Flanagan, Sir R. (2008) *The Review of Policing Final Report.* London: Review of Policing.

[11] Glidewell, Sir I. (1998) *Review of the Crown Prosecution Service: A Report.* Cm 3960. London: TSO.

[12] Her Majesty's Inspectorate of Constabulary (2009) *Crime Counts: A Review of Data Quality for Offences of the Most Serious Violence.* London: HMIC.

[13] Home Office (1978) *Juveniles: Cooperation between the Poice and Other Agencies.* Circular 211/78. London: Home Office.

[14] Home Office (1984) *Crime Prevention.* Circular 8/84. London: Home Office.

[15] Home Office (1990a) *Partnership in Crime Prevention.* London: Home Office.

[16] Home Office (1990b) *Crime Prevention: The Success of the Partnership Approach.* Circular 44/90. London: Home Office.

[17] Home Office (1991) *Criminal Statistics. Vol. IV: Annual & Miscellaneous Returns*. London: Home Office.

[18] Home Office (1993) *A Practical Guide to Crime Prevention for Local Partnerships*. London: HMSO.

[19] Home Office (2007a) *Cutting Crime: A New Partnership 2008 – 2011*. London: Home Office.

[20] Home Office (2007b) *Delivering Safer Communities: A Guide to Effective Partnership Working: Guidance for Crime and Disorder Reduction Partnerships and Community Safety Partnerships*. London: Home Office, Police and Crime Standards Directorate. 116

[21] Home Office (2009a) *Cutting Crime Two Years On: An Update to the 2008 – 2011 Crime Strategy*. London: Home Office.

[22] Home Office (2009b) *Protecting the Public: Supporting the Police to Succeed*. Cm 7749. London: TSO.

[23] Home Office Standing Conference on Crime Prevention (1991) *Safer Communities: The Local Delivery of Crime Prevention through the Partnership Approach*. London: Home Office.

[24] Justice Committee (2009) *The Crown Prosecution Service: Gatekeeper of the Criminal Justice System*. Ninth Report Session 2008/9 House of Commons Paper 186. London: TSO.

[25] Kemshall, H., Mackenzie, G., Wood, J., Bailey, R. And Yates, J. (2005) *Strengthening Multi – Agency Public Protection Arrangements*. Home Office Development and Practice Report 45. London: Home Office.

[26] Loveday, B. (2005) 'Police and Community Justice in Partnership', in J. Winstone and F. Pakes (eds), *Community Justice: Issues for Probation and Criminal Justice*. Cullompton, Devon: Willan Publishing.

[27] Ministry of Justice (2008) *Punishment and Reform: Our Approach to Managing Offenders – A Summary*. London: Ministry of Justice.

[28] Moore, C. And Brown, J. (1981) *Community Versus Crime*. London: Bedford Square Press.

[29] Morgan, R. (2008) *Summary Justice Fast – but is it Fair?* London: Centre for Crime and Justice Studies.

[30] National Audit Office (2004) *Reducing Crime: The Home Office Working with Crime and Disorder Reduction Partnerships*. Value for Money Reports. London: National Audit Office.

[31] Office for Criminal Justice Reform (2007) *Working Together To Cut Crime and Deliver Justice: A Strategic Plan for 2008 - 2011*. C. 7247. London: TSO.

[32] Sergeant, H. (2008) *The Public and the Police*. London: Civitas.

[33] Tilley, N. (ed.) (2005) *Handbook of Crime Prevention and Community Safety*. Cullompton, Devon: Willan Publishing.

6

对警务部门的监管与问责

本章目标

本章的目标是：

- 讨论《1964年警察法》在英格兰和威尔士设立的警察工作责任三分制；
- 探讨1979～1997年，英国保守党政府在对警方进行管控与问责方面所采取的各项举措，并分析这一时期新公共管理对警方带来的影响；
- 分析1997年后英国工党政府在对警方进行管控与问责方面所采取的政策；
- 评估1979年后历届政府所实施的各项改革在多大程度上导致了警方的中央化；
- 评估赋权议程对于警方未来发展方向的影响。

6.1 《1964年警察法》 117

二十世纪中期之前，警务工作由地方政府、中央政府和警长共同负责。不过，警务工作的责任划分并不明确。1958年诺丁汉等地发生了警长与公安委员会之间的纠纷（Jefferson & Grimshaw，1984：40－41），证明有必要在这三个机构之间——特别是在警长与警察监管机构之间——更加精确地划分责任，因为精准的责任划分对警察独立这一理念而言是至关重要的。《1964年警察法》的初衷就是为了实现精确划分责任这一目标。下文是对这一立法的概要介绍。

6.1.1 地方政府

《1964年警察法》结束了此前伦敦外的地区地方政府对本地区警务 118
工作的直接控制。自此之后，地方对警务工作的管理职责改由警察委员会（后改称警察监管机构）负责履行。虽然警察委员会依附于地方政府架构（郡级）之上，从属于（郡级上的）地方政府，其权力却并非来自地方政务委员会的授权（不过，此前警察监管机构的权力的确是源于地方政府的授权），而是直接来源于《1964年警察法》。这就使警察委员会或警察监管机构在很大程度上独立于地方政府。地方政府的主要职责（除非警察委员会管理的辖区不止一个郡）就只限于审批警察监管机构编制的警队经费预算了。

警察委员会的成员中，三分之二是政务委员会成员，其余三分之一则为在相应警队的辖区内履职的治安法官。警察委员会的职责是"为辖区维系一支人数充足、精干高效的警察部队"。要履行这一职责，就需要具体设定警队所需的权力。此外，警察委员会想要了解警长是如何处理公众对警察所做投诉的，同样也离不开这一权力。

为确保各警察监管机构能够履行这些职责，当局赋予了它们多项权力，其中包括高级警官的任免以及提供与维护房屋、车辆、服装和其他设备。此外，警察委员会还可作为警长、副警长以及助理警长的纪律检查机关，有权要求警长就辖区内警务工作情况提交书面报告。

6.1.2 警长

《1964年警察法》规定，各个警队在行动中必须接受警长的“指导与管控”。警长的首要职责是执行法律并维护公共治安。这项立法赋予警长多项与警队日常管理有关的职能，包括任免警监（chief superintendent）以下级别的警官、调查民众对任何下级警官所做一切投诉等。

6.1.3 中央政府

内政大臣负责行使维护法律与秩序的特别职权。

《1964年警察法》授予内政大臣多项旨在提高警方的整体工作效率、推进对警方的管控和问责的战略性和战术性职责。

119 这些职责（改编自Spencer，1985：37－38）包括下列权力：

- 向特定警察监管机构发放或者扣发政府拨款；
- 要求警察机构勒令其最高长官辞职；
- 制订与“警方的管理、治理和工作条件有关”的法规；
- 任命警方督察员，并指示他们履行旨在提高警方效率的职责；
- 管控警队所用装备的标准；
- 提供并维系若干供全体警察使用的服务；
- 要求警长就某一地区的警务工作情况提交报告，并命令就任何涉警事务开展调查；
- 指令警长根据互助程序向其他警队提供警员；
- 管控警队之间的合并；
- 充当被判定违反纪律的警员的上诉机构。

6.1.4 对《1964年警察法》的评价

《1964年警察法》颁行后引发了若干问题。

对警方职责的管控

《1964年警察法》中有关警察管理职责划分的规定，用语含糊不清。这就导致出现了若干灰色区域，可能成为一个战场，上演究竟谁有权决定某项活动的纷争。这种局面正是大曼彻斯特地区和默西塞德郡警长与这两地警察监管机构之间矛盾（其焦点是究竟应当由谁负责确定警方的工作重点）的背景。

警方管控与问责的三方分立系统

在19世纪的大多数时期内，对警方的问责机制一直都是简单明了的。在伦敦之外的地区，警务工作由地方政府负责掌控，警方应就自己的行为接受地方政府的问责。但是，中央政府和警长也参与到了警察事务之中，导致这种旧有的问责形式变得复杂化了。警方问责制度变得尾大不掉，因为内政部、警长或者警察委员会中任意一方所采取的行动可能遭到另外一方或者两方的否决。例如，某个警察监管机构获得授权，要求某位警长出具一份关于警方活动的报告。但是，该警长可以通过向内政申诉，促使警察监管机构撤回这项要求。这一制衡体系导致各项职责“彼此纠缠不清”，从而导致问责路径不明，并“难以找到充分的依据来对任何一方进行问责”（Home Office，1993a：7）。

《1964年警察法》规定的这一问责制度还存在一个难题，那就是可 120
供内政部、警长和警察管理机构三方对它们中某一方采取的制裁措施力度不足。例如，如果内政部认定某个警队运作效率低下，可以扣发拨付给该警队的政府经费。但是在现实中，却是无论如何也是不会让警队破产的，这也就意味着扣发经费这种处罚措施根本没法适用，哪怕是在有理由采用这一处罚措施的情况下也是如此。

6.2 影响警察治理的保守党立法（1979～1997）

1979～1997年，英国保守党政府制定了一系列涉及警察治理工作的措施。下文将会对这些措施进行讨论。

6.2.1 《1984年警察与刑事证据法》

《1964年警察法》颁行后对警队进行了一系列合并，将警队的数量从1968年的126支减少到了1974年的43支（Loveday and Reid，2003：12）。建立规模更大、运行区域更广的警队，往往会导致警察与公众之间产生一种距离感。

制定《1984年警察与刑事证据法》的直接动因来自斯卡曼勋爵（Home Office，1981）以及皇家刑事程序委员会（the Royal Commission on Criminal Procedure）（1981）的报告。1984年这项立法的目的不是为了创立新的问责机制并借此让警方更好地就自身的行为向公众负责，而是在那些公众普遍对警方感到不满的领域内重新赢得公众的赞同。

该项立法对警方的管控与问责的唯一一项改变是在第106条中规定，警方必须定期与辖区当地社区进行磋商。不过，磋商并未改变警方与公众之间既有的权力关系。它仅仅是要求警方听取辖区内民众对警务的意见，并未要求警方根据听到的意见采取行动。

6.2.2 《1985年地方政府法》

《1985年地方政府法》废除了大伦敦政务委员会（the Greater London Council）（该机构并不履行任何警务工作方面的职责）以及六个大都会郡政务委员会。此后，原来由大都会郡警察委员会履行的职责转而由治安法官以及大都会郡下辖各区政务会代表组成的联合委员会负责履
121 行。《1985年地方政府法》第85条大大强化了联合委员会成立后三年内中央政府在主要工作领域中对联合委员会的控制。不过，被任命为联合委员会委员的市政会成员由于缺乏经验，更倾向于接受警长对他们职责的划定（Loveday，1987：14－15）。

6.2.3 《1992年地方政府法》

这项立法建立了单级制地方政府。这项改革对于警方管理方面的主要意义在于增加了警察监管机构所辖区域的数量涵盖了多个地方政府辖区的地区。

6.2.4 《1994年警察与治安法官法院法》

在20世纪80年代早期，警方和保守党政府之间的关系曾经一度非

常融洽。好景不长，后来政府内部产生了一种看法，认为花在警方身上的钱并没有能够把犯罪率降来，也没有减少破坏治安的行为。这就导致政府的导向发生了变化，并催生了一大批针对警方工作习惯（特别是绩效文化）的改革。这些改革以新公共管理的原则为基础，并力图“通过对警方适用市场化纪律，以提高成本效率和工作成效”（Jones，2003：615）（参见专栏 6.1）。本部分将对新公共管理这一概念进行详细分析，并探讨为在警方内部推行新型公共管理这一原则而推行的各种举措（其集大成者为《1994 年警察与治安法官法院法》）。

专栏 6.1

新公共管理的主要原则

有人将新公共管理描述为“一种对公共部门机构进行重组、使其管理和工作汇报更加接近业务管理中某些特定理念的方法”（Dunleavy & Hood，1994：9）。因此，一些传统上私立部门独有的管理方法（诸如绩效指标、业务计划以及对所有活动均实行成本计算和市场测试等）得到了大力发展，用来解决据称公共部门机构在组织机构方面所存在的效率低下这一问题，并使投入的资金能够产出更多的价值。新公共管理具有如下特点：

- 强调公共服务必须关注效率、资金价值和服务质量，并以此为动力。为保证做到这一点而采用的方法包括采用私营部门独有的绩效管理手段，例如设定目标以及绩效指标等。
- 力图坚持以消费者为导向来提供公共服务，且消费者权力所依托的基础不是政府支持的问责，而是消费者能够货比三家，如果某项服务供应效率低下，能够另寻它处。
- 要求中央政府一方面设定组织目标，另一方面又要在如何实现这些目标方面授予各机构负责人相当高的自由度。这一方法有时候被比拟为“掌舵领航或者举桨划船”。
- 使公共政策不再是承担国家职能机关的禁脔，而是改由多种机构联合实施。这一目标是通过多项进程得以实现的，其中包括“分离”和强制性竞标。

122 新公共管理的实施

新公共管理的各项原则是通过一份政府通知（Home Office，1983）引入警察系统的。该通知要求在提供警务服务方面适用1982年财政管理倡议之举措。之后政府又发布了若干通知（例如Home Office，1988a），使为组织工作效果提供可量化的证据变得更为迫切，并催生了多项关联变化，包括扩大皇家警察监督局的职权、确保各警队“用目标来说话，追求可证明的成就”（Weatheritt，1986）。

1983年后，根据新公共管理提出了多项倡议举措，其中包括目标式警务以及文职化等。不过，在20世纪80年代，这些举措对警方的工作方法产生的作用相对有限；有鉴于此，有关方面在90年代加大了推行新公共管理原则的力度。下文将对这方面的主要进展进行论述。

绩效指标 为强化警方工作绩效和效率而采用的一项重要举措是引入了多种由中央统一确定的绩效指标。这些绩效指标针对的是警务工作最容易汇编及可量化数据的领域，尤其是控制犯罪这一目标（Martin，2003：161）。

前述举措中采用的绩效指标在本质上是产出控制，最初是由多个机构设计的（包括内政部、审计委员会、英国皇家警察监督局和英国警长协会）；不过，在《1992年地方政府法》制定之后，改由审计委员会负
123 责设计。强调可量化数据就意味着各警队生成的犯罪统计数据变成了警方工作效率的重要计量指标之一。内政部下发的一项通知中规定了一整套应当纳入警长年度报告中的核心统计数据（Home Office，1995b）；另外，审计委员会1995年开始发布英格兰与威尔士各地43支警察队的“积分榜”，内容是各警队在犯罪率、警员人均破案率、各种犯罪的结案率等方面的排行情况。

这样一来，政治人物和公众就可以了解警方的工作成效，并明确拨付给警方的经费是否用到了实处（Audit Commission，1990a）。

核心职能与辅助职能 英国警察所履行的各项职责并不是有组织、成系统地形成的；相反，警察职责的形成很多时候倒是归功于警察局每天二十四小时不间断上班，引得公众和其他机构纷纷前来求助，结果警察到头来急人所急，“向需要帮助的人士提供多种便民协助服务”（Reiner，1994：13）。如此一来，有关方面之所以要改善警方的工作绩效，是为了明确警务工作中的主要任务，从而废止那些对警方的核心职责来说无足轻重的活动。

1993年，内政部的一个审议小组受命对警方的核心职能与边缘性（或辅助性）职能进行区分，并借此判定警方可以停止（又叫做“分离”）哪些活动。该小组的职责是对警方提供的各项服务进行审查，推荐成本效益最佳的方式来提供核心警察服务，并评定应当放弃的辅助工作。精简警方精力后，该小组共确定了26个可以节省时间与资金的领域，并建议警方放弃这些领域中的各项事务，并将其转交给商业性或者志愿性提供商，或者对这些事务实施强制性竞标（《1988年地方政府法》已经引入了强制性竞标）（Home Office，1995a）。

不过，事实证明，要在警方内部就何为核心职能、何为辅助职能达成一致并非易事。最后，政府制定了《1994年警察与治安法官法院法》，准许内政部长确定警方的工作重点，算是对这一难题盖棺定论。

消费主义 为改革警方的绩效文化所做的种种努力与消费主义存在关联。消费主义的主要依据之一是《公民宪章》（*the Citizens' Charter*）。《公民宪章》发布于1991年，旨在明确公众对公共服务的期望，确保公共服务的有效提供，并藉此改进公共服务的可选性、质量、费用效益和问责。消费主义的宗旨是通过市场选择，而不是通过政治问责架构来强化普通公民的权利和责任（Brake & Hale，1992：37），这举措对包括服务质量改革在内的多项发展变化有促进作用。 124

提高服务质量是警方推出的多项举措的目标。这些举措包括质量意识计划、绩效指标、对公众的问卷调查以及行动分析等程序（其设计宗旨是为了使警察的在岗时间能够得到最大限度的有效利用）。这些举措意在确保警务工作实施方式能够得到公众的首肯。它们从企业运用的方法演化而来，特别是日本企业所采用的“全面质量管理”（Total Quality Management）（全面质量管理强调行业上下各个层面都要重视质量）。在英国，警务服务质量是通过BS5750（英国标准5750）认证程序来进行评估的。

提高服务质量的重要推动因素之一是，有关方面认为公众对警方工作的认可率正在下降（Home Office，1988b）。这一局面促使英国警长协会启动了“警务实务审查”。该审查根据联合协商委员会（the Joint Consultative Committee）（由英国警长协会、英国警司协会以及警察联合会的官员组成）的有关规定开展，旨在评估仅对内部发起的各项改革对于警员和公众所带来的影响，特别是评估公众对于警务工作的期待以及应当如何应对这些期待。

根据该项审查的发现，英国警长协会发表了一份战略文件，通过了警方共有目标与价值观声明，以期为警方树立一个共同的形象。该文件强调警方必须“有同情心、讲究礼貌、富有耐心”，在面对他人权力方面，必须既无所畏惧又不偏不倚，在面对暴力时要表现得“专业、镇定和克制”，在使用武力时以达成任务为限。警方要承担减轻公众的恐惧感并在力所能及的情况下保证前述工作重点体现在自己的行动中。该文件还敦促警方以积极变革来回应有理有据的批评。

英国警长协会的这份文件还针对警察个人的行为提出了若干项建议。这些建议包括各位警长都应该就服务质量拟定一份政策声明，为警方管理层的各个级别分配责任执行该声明。该文件强调，提供公平公正、文明礼貌和一视同仁的服务是每一位警员的中心职责。该文件提议，可以用包括问卷调查在内的协商与沟通程序来核实客户满意度。警长有责任根据公众的评价来监督警方所提供的服务（ACPO，1990）。

125 警队以自己的措施回应了英国警长协会的这份文件。这些措施包括根据工作小组的报告制定政策声明、成立部门负责在整个警队范围内提出质量举措等。不过，服务质量举措存在一个重大问题，那就是它们究竟能在多大程度上对警员个人的行动产生积极的影响。必须在警方组织内部对服务质量举措进行有效的宣传，解释它们的基本原则，以及警员个人应该怎样为实施这些举措做出贡献。否则，警察文化对这些举措的抗拒以及官僚机构或者个人的惰性会导致强化服务质量这一目标无法实现。

希依调查 新公共管理的目标是提高警方的资金效益与工作效益。为实现这一目标，政府对对警方的内部管理机构进行了审查。该审查于1992年启动。英国内政大臣肯尼斯·克拉克（Kenneth Clarke）任命了一个以帕特里克·希依爵士为首的调查组，负责对“警方的警衔结构、薪酬和服务状况”进行独立调查。不过，对于该小组给出的多数建议，警方均颇为抵触。这样一来，英国政府（在内政大臣发生更迭之后）也就没能将该小组有关改革警衔结构或者引入绩效工资的建议付诸实施。另一项建议，即采用固定期限合同，实施后适用范围也仅限于英国警长协会中职级最高的警务人员。

《1994 年警察与治安法官法院法》主要规定

为改革警方服务的绩效文化，政府先后采取了多项举措，最终实现了警方治理的发展变化。这些发展变化后来被收纳到《1994 年警察与治安法官法院法》中。《1994 年警察与治安法官法院法》被描绘为在提高资金价值效益、设定工作重点、自助、消费主义以及透明监管制度基础上的保守政策的结晶（Morgan，1989）。

《1994 年警察与治安法官法院法》在警方的治理工作方面引入了下列创新：

- 设定全国性目标：《1994 年警察与治安法官法院法》授权内政大臣为警方设定全国性目标（后来改称“部级重点”，现在叫做“部级目标”），此举产生了实际效果，即从那以后，警方的工作重点是由内政大臣，而不是警长来设定，从而动摇了警察独立这一历史悠久的理念。
- 绩效指标：《1994 年警察与治安法官法院法》设定了若干个绩效指标，用于评估警方是否达到了内政大臣所规定的目标。
- 现金限额：在《1994 年警察与治安法官法院法》制定之前，曾经有人指出，中央政府向各警队拨付的经费“并非是根据……明确无误的需求评估来分配的”。并且与公共开支中的多数其他领域不同的是，向警方拨付的经费并没有设定现金限额—— 126
“今后，无论各警队的净支出金额是多少，内政部都将只承担其中的 51%”（Audit Commission，1990b：2）。该项法律还引入了现金限额预算（cash - limited budgets），借此强化了政府对经费支出的控制。

- 合并警队：《1994年警察与治安法官法院法》为警队合并引入了简化程序。此举的理由是英格兰和威尔士存在43支独立警队，无法最大效度地发挥警务资源的作用（Home Office，1993a：41－42）。
- 对警察监管机构的地位与职责的改革：警察监管机构的主要职责是制订年度警务工作计划。该工作计划应对相关费用进行估价，并应包含一个关于全国性和地方性工作目标、绩效指标以及可用经费等的陈述书。改革后，警察监管机构是独立机关，与地方政府架构脱离了关系。内政部将中央政府划拨给地方警务工作的款项直接支付给警察监管机构。
- 对警察监管机构的组成所做的改革：《1994年警察与治安法官法院法》对警察监管机构的构成也做了调整，调整后的警察监管机构通常由17名成员组成：9名成员为政务委员会委员（由地方政府在警察监管机构辖区内遴选，并根据各政党所得选票比例从这些政党中选任），3名为治安法官（由治安法官法院遴选小组选任），其余5人为独立成员，人选由当地遴选小组和内政大臣确定。

警方的治理

《1994年警察与治安法官法院法》对分担警察事务管理职责的三方的角色与职责都产生了影响。

警察监管机构　公布工作目标这一做法增强了警察监管机构就本地警务工作的实施情况对警长进行问责的能力。按照规定，在每个财政年度结束时，警长必须撰写一份综合报告，使警察监管机构得以将工作目标与工作绩效进行比对，从而确保能够对警长进行问责。曾经有人指出，起初很多警察监管机构仅仅满足于在确定工作目标与指标和制订警务工作计划方面充当配角，不过后来，它们转而“在制订警务工作计划的过程中扮演了更为积极的角色，并且［认识到了］自己在监督警方工作绩效、确保警长尽职尽责方面所起到的作用是至关重要的”（Henig，1998：8）。

还有人提出，改革后的警察监管机构中有了独立成员，使其比改革前的警察监管机构更为咄咄逼人，并提高了地方事务在地方警务工作计划中的重要性（Savage，1998：4）。最后，1997 年，警察监管机构协会（the Association of Police Authorities，APA）（该协会代表的是英格兰、威尔士和苏格兰地区的警察监管机构）成立，其宗旨是增强各警察监管机构作为一个整体在警察事务方面的发言权，并防止警察监管机构遭到分化孤立（参见专栏 6.2）。

专栏 6.2 127

警察监管机构的嬗变

警察监管机构的职责源自《1964 年警察法》，现在包括下列内容：

- 为各警队设定战略方向［包含在为期三年的战略计划中（须经内政大臣批准）］。其中包括内政大臣的国家指标以及公共服务协议对警队提出的要求。
- 发布年度地方警务工作计划，以及最佳价值绩效计划。该计划应确定警务工作的重点、绩效指标以及资源的分配。
- 代表当地社区对警长进行问责，通过发布年度报告的形式就警方前一年度的工作成效向社区民众进行汇报。
- 确定预算（这项工作是在与警队的“警长团队”进行联络的基础上完成的）并决定应征收多少市政税用于警务工作。
- 任命警长和高级警官（须报请内政大臣批准）并勒令（经内政大臣同意）警长退职；《2009 年警务与犯罪法》为高级警官的任命规定了新的安排架构。从该项法律生效开始，高级警官的任命改由警方高级人员任命事务专门小组负责任命。该小组由内政大臣、警长协会和警察监管机构协会任命的成员组成。曾经有人提出，此举将会增强警长协会作为一个“自我延续的寡头机构”存在下去的能力。
- 与当地民众就辖区内警务工作情况以及民众认为应当成为警方工作重点的内容进行协商。

- 根据警务工作计划中所列的绩效指标对警队的工作成效进行监督。
- 对警方活动进行仔细审核，提出可行的改进，借此确保警队实现最佳价值。

（依据：Docking，2003；Home Affairs Committee，2008：para 232）

警长 《1994 年警察与治安法官法院法》引入的新管控措施具有战略性。它们取代了此前内政部对警方在人员与财政事务方面的管控措施，在各自范围内给了警长更大的自主权。例如，体现这一作用的实例之一是从那时候起，由警长决定应当雇用多少名警员，而不是内政部说了算。此外，《1994 年警察与治安法官法院法》授予警长对所有警方人
128 员的全面管理责任以及依照事务计划（根据所在地警务工作计划以及现金限额预算制订）指导当地警务工作的行动管控权。此外，警长还在为当地警察监管机构草拟警务工作计划方面起着举足轻重的作用。

内政部 一项对《1994 年警察与治安法官法院法》的评估大书特书了该法在很大程度上强化了中央政府对英格兰与威尔士全境警方的管控。前述管控由内政部实施，通过诸如“设定详细的目标、制定警务工作战略、审查工作绩效并要求执行详细的行动计划”等手段实现。

这种观点认为，警长的地位遭到了削弱，要受到中央政府更多的控制，中央政府以此为契机将警方的力量指派到内政大臣设定的全国目标中所规定的领域内，通过新设立的内政部警方绩效处（负责对绩效指标进行监控）对警方进行评估，并将警方的作用降格为提供当地警察监管机构在其本地工作计划中所确定的各项服务。这种观点还认为，就连警察监管机构本身也免不了要接受中央政府更多的控制。该控制由内政部实施，实质上是将警察监管机构变成了中央政府的中间人和内政部的直接代理人（Loveday，1994：232）。因此，这种观点认为《1994 年警察与治安法官法院法》企图不宣而战地建立一支国家掌控的警察部队（Anderson，1994），具有将警察从地方服务机构转变成国家警察的效果（Loveday，1995：156），因而对这项法律大加挞伐。

引入中央政府强加的工作目标，使中央政府得以将警方的资源引向

中央政府决定的工作领域，势必会影响到地方需求和地方关心的问题，因而激起了相当强烈的反响。但是，截至目前为止，中央政府设定警务工作目标这一权力并未得到充分运用。早期进行的分析显示："并没有确切的证据表明……国家层面的考虑压制了地方层面的考虑"（Jones & Newburn，1997：47）。此外，目前为止，全国性工作目标通常情况下并不具有争议性，并且是通过有英国警长协会等主要机构参与的协商过程制定的（Jones & Newburn，1997：36）。无独有偶，绩效指标也是通过协商设定的，兼顾到了警察监督局的建议。

6.2.5 《1996年警察法》

这项立法统合了此前警务工作治理方面所进行的多项改革。因此，《1984年警察与刑事证据法》第106条引入的协商制度改由《1996年警察法》第96条调整；由《1994年警察与治安法官法院法》引入的、内政大臣发布部级工作目标与绩效指标的权力，现在改由《1996年警察法》第37条和第38条调整。 129

此外，《1996年警察法》还发展完善了此前的立法，对此前已经引入的多项变革进行了渐增式的调整。该立法重新定义了警察监管机构的职责，规定警察监管机构应负责"为辖区维持一支人数充足、工作高效的警队"。该立法要求警察监管机构在设定辖区警务工作目标时，要考虑到根据该立法第96条建立的协商安排机构征集到的意见。

《1996年警察法》进一步强化了内政大臣的权力，使之涵盖了推动警方提高工作效率与工作成效、确定警察监管机构的工作目标、为警察管理机构颁布行为守则、为警察监管机构设定最低预算、要求警察监管机构撰写报告、向那些经检查发现工作效率低下或者工作成效不佳的警察监管机构发布指令、要求警察监管机构勒令警长去职以维护警队的利益（Loveday et al.，2007：12）。

6.3 工党政府对警务工作的改革：1997～2005

1997年后的工党政府在警务工作方面实施了多项改革。其中有很多建立在此前保守计划上，这些计划是在新公共管理议程基础上提出的举措，不过有人提出，工党政府的改革建议已经超出了管理主义的范围，涵盖了现代化这一目标。现代化重视犯罪对社会的影响，力求通过包括当地民众与社区的参与在内的多种措施来解决犯罪的深层次成因（Martin，2003：166－167）。专栏6.3中是对涉及警方治理工作的主要改革的总结。

130

专栏6.3

工党政府对警务工作的改革

工党政府所推行的各项改革的主要特点（例如，Newman，2000年曾对此进行过讨论）是：

- 保留绩效目标与指标：绩效指标与目标除内政部外还涉及了若干个其他政府部门（例如社区与地方政府部），并使中央政府对警务工作的控制有了相当程度的增加。
- 推崇长远的、战略性规划而不是囿于短期目标：要做到这一点，离不开实现包括引入国家警务工作计划在内的发展变化。
- 引入最佳价值作为绩效管理的主要机制：最佳价值取代了此前保守党政府通过强制性竞标程序来创建内部市场的种种努力，是1997～2001年这届工党政府所推行的主要改革之一。
- 推行联合政府：这种方法对此前多机构联动方面的多种举措进行了拓展，并对警方的自主权产生了相当大的影响。
- 延续了此前与“剥离”部分警方职能并转交给其他服务提供方有关的发展变化（以劳动力的现代化为名义），并与新引入的对公私合作伙伴关系与私人融资举措的重视相结合，共同提供服务：这些发展变化对当代警务工作格外重要，原因是民众要求更高层次的服务，而中央政府却无法相应地加大投入力度（Loveday et al.，2007：34－37）。
- 赋权议程的进展：赋权议程的目的是提高当地民众对自己所在社区的警务工作的参与程度。

6.3.1 《1998 年犯罪与破坏治安法》

《1998 年犯罪与破坏治安法》对警务工作产生了相当大的影响。预防犯罪与破坏治安工作不再是警方不容他人染指的禁脔；相反，警方不得不与社区和其他机构共同加入“联合工作与集体责任”安排架构来发现并应对犯罪与破坏治安问题（Newburn，2002：107）。这一点得以实现的机制是减少犯罪与扰乱社会秩序行为合作伙伴关系组织。该机制使伙伴关系工作有了法定地位，并对此后警方履行职责设置了正式的和非正式的约束。

《1998 年犯罪与破坏治安法》第 17 条还赋予地方政府与警察监管机构一项法定职责：在行使职能时，必须注意这些职能可能对辖区内预防犯罪和破坏治安产生的影响，并在合理的前提下尽力避免此类影响；由此，该项立法推动了协作过程的发展。多机构联动的青少年违法工作组的创建也推动了这一原则的发展。

这些发展变化近来又得到了包括地方战略合作伙伴关系组织和地方区域协议（参见第五章）等机制的推动，对现有的警察管理体制产生了影响。霍顿（2000）提出，地方政府在预防犯罪方面所扮演的新角色将警方管控与问责方面的三方体系变成了四方结构。《1998 年犯罪与破坏治安法》还影响到了警察监管机构与警长所承担的角色，因为如今有关 131
犯罪与破坏治安方面的政策，其主要内容是由涉及其他机构的伙伴关系安排架构实施的，因而警察监管机构对警长进行问责可能会变得更加困难。因此，有人就此得出结论说，责任的碎片化导致了问责的模糊化（Newburn，2002：109）。

6.3.2 《1999 年地方政府法》

鉴于用于警方的公共投入的金额十分巨大（2002～2003 年度总计达 91.17 亿英镑）（Home Office，2002：23），政府在多次对警方进行改革之余仍然对警方的效率与绩效放心不下是合情合理的。虽然对警方的投入确实取得了一些不错的成果（特别是总体犯罪率的下降），其他问题依然有待解决，特别是侦破率和定罪率的下降、英国国内各地警队的绩效标准不统一等（Home Affairs Committee，2005：1）。为进一步提高公共服务的效率，政府实施了一种新的绩效管理方式。这种新的绩效管理方式就是通过《1999年地方政府法》引入的最佳价值原则。

最佳价值原则要求地方政府机构、警察监管机构以及消防和救援服务机构（统称“最佳价值管理机构”）不断提高服务质量，达到该项立法中所规定的各项目标，也就是“集经济性、高效性和有效性于一身”。最佳价值原则所涵盖的很多理念都源自与新公共管理有关的改革，最佳价值原则这一方法有一点不同，那就是它背后有法律作为坚强后盾。斯波蒂斯伍德（2000：4）将最佳价值原则描绘为能够使效率变得可以计量，是“推动警方改善绩效的中心环节”。

最佳价值取代了此前的强制性竞标政策，成为公共部门赖以采购服务的主要机制。强制性竞标最看重的是得到价格最低的服务；与之相比，最佳价值原则的视野超越了成本，还涵盖了资金价值效益的其他方面，例如服务质量。它还为最佳价值机构规定了与利益相关方（包括服务使用人）进行协商的义务，从而能够根据当地人士的实际需要对服务进行量身定制。

最佳价值的目标是确保服务通过创新的方式完成，并且对消费者而言是物超所值的。它在实现目标的方式方面给公立机构带来了更大的自由度，并且鼓励公立机构采用创新方式来实现自己的目标。地方服务提供机构必须通过独立审计程序来展示它们提供的是最佳价值；就警方而言，应由审计委员会与皇家警察监管局进行独立审计。此外，地方服务
132 提供机构还应当进行协商，确保服务的提供符合当地的需求。正是从这个意义上讲，可以说最佳价值“为根据结合地方情况确定的目标提供质量上乘、体贴入微的服务带来了一个严格的制度”［内阁办公厅（Cabinet Office）[1]，1999］。

为评估是否实现了最佳价值，政府不仅规定了若干必须遵守的标准，而且还设定了多项可用来计量最佳价值实现情况的指标。后者被称为最佳价值绩效指标（best value performance indicators，BVPIs）。最佳价值固然增加了中央政府对警察的控制程度，同时，最佳价值绩效指

标的引入也强化了警察监管机构在实施服务方面的作用。从 2000 年 4 月 1 日开始，警察监管机构必须制订为期五年的滚动式服务考核计划，总结得失成败，并在年度绩效计划中总结它们的得失成败以及计划实施的改进行动（须配有措施和目标）（Spottiswoode，2000：9）。此举目的是为了确保警察监管机构就提供服务制订的标准能够不断得到改进。

为此，他们在服务考核中考虑到了“四个 C”：挑战（challenge，即询问某项服务是如何提供的以及为什么要提供这项服务）、比较（compare，即通过与其他服务提供方进行比较来评判警方的工作绩效，促使警方改进他们负责提供的各项服务）、竞争（compete，通过竞争确保警方所提供服务的效率）以及协商（consult；即征求当地纳税人、服务使用方以及工商界人士的观点）（Martin，2003：168）。后来，服务考核程序又吸收了第五个 C，即协作（collaboration）。

专栏 6.4

英国皇家警察监督局

保守党政府和工党政府所推行的与绩效计量有关的各项变革措施拓展了英国皇家警察监督局的传统角色，从而进一步增强了中央政府对于警察事务的影响力。

《1994 年警察与治安法官法院法》颁行之后，英国皇家警察监督局的职责得到了延伸，不仅包括警方的工作效率，而且还包括了警方的工作成效。为促进这些变革措施的实施，英国皇家警察监督局的职责后来（1994 年）被分解为三大职能：基本检查、绩效评估检查与专题检查（O'Dowd，1998：7）。

绩效考核检查采用的是皇家警察监督局指标矩阵（the HMIC Matrix of Indicators）的数据库，进一步强化了对生成与评估绩效数据的重视。该数据库用于对若干支警队的某项职能进行评估，通常情况下涉及通过多机构联动形式实施的业务领域。检查工作中可能会聘用诸如种族平等委员会/平等委员会以及皇家检察署等机构的人员。

续表

133 最佳价值法获得采纳后，要求皇家警察监督局转而承担“前瞻性认证职责，而在过去，认证工作原本属于事后审查”，此举对皇家警察监督局的职责带来了进一步的影响（O'Dowd，1998：7）。2004 年，皇家警察监督局发布了新的基线评估报告。这些评估报告为各项行为设定了警队在履职时必须遵守的基线，使皇家警察监督局能够重点关注警队内需要改进的领域（Home Office，2004：155）。 《2002 年警察改革法》进一步拓展了皇家警察监督局的职责，将对单个警务基本指挥控制单元的考核也纳入到皇家警察监督局的职权范围之内。此外，从长远来看，皇家警察监督局要履行认定绩效不佳以及推广良好做法方面的职责，就需要与警察标准处之间建立密切的工作关系。该机构的职责在接下来的专栏中有论述。

服务考核过程要遵循由审计委员会以及皇家警察监督局实施的独立审计制度。最佳价值法的重要目标之一是让服务提供方能够把自己的绩效与最佳服务提供方的绩效进行对比。因此，最佳价值法中包含了比较效率的计量。不过，内政部在 2003 年首次公布英格兰与威尔士各地警队的比较绩效数据时，曾经试图避免依照某一特定绩效计量标准把各个警队的绩效与全国平均绩效水平进行比较，而是从每支警队中选定若干对照组，借此确定“最为相似的警队”并进行绩效比较。后来，警察标准处推出了一个新的警务绩效评估框架（Policing Performance Assessment Framework，PPAF），用来评估英格兰和威尔士境内所有警队在全部职责方面的绩效（包括成本）（Martin，2003：173）。

为此，警察绩效评估框架把警务职责划分为六个成果领域（或者区域）：关心公民、提高安全与治安、资源利用、犯罪调查、减少犯罪和帮助公众。第七个领域，即对照本地重点来计量警队绩效，也包括在警察绩效评估框架之中。这些领域中的职责的完成情况是通过若干关键绩效指标计量的。从2004～2005 年度开始，最佳价值绩效指标并入警察绩效评估框架之中。

尽管全面评估时间表原计划要到 2005 年 4 月才能到位，全面评估法兼容配套的措施早在这一时间点之前就已经开始推行了。2003 年 4 月，所有警队均引入了基于活动的成本核算；另外，首批警察绩效评估框架绩效计量标准也于2004 年4 月开始实施。不过警察绩效评估框架所采用的方法存在一个难题，即这种方法未能考虑到警队所能利用的资源，从而导致比较各警队的绩效变得非常困难。不过，歪打正着的是，此举倒是有利于对某一警队历年的绩效进行比较。

《2007 年地方政府与公众参与卫生法》又为这一绩效管理体系引入了新的变化。这项立法取消了地方政府独立工作或者与其他机构联动工作的最佳价值绩效指标，用一个新的指标体系——国家指标集（National Indicator Set，NIS）——取而代之。国家指标集采用一个新的绩效框架——综合区域评估（Comprehensive Area Assessment）进行计量，是和一个新的警察绩效管理框架一起引入的。前述新的警察绩效管理框架叫 134
做“警务与社区安全评估”（Assessments of Policing and Community Safety，APACS），取代了先前的警察绩效评估框架。这一新的绩效管理机制的目的之一是在提供服务方面给地方提供更大范围的灵活度。地方当局与警察监管机构共有的指标被收录到了国家指标集和警务与社区安全评估之中。

警务基本指挥控制单元

绩效计量并不局限于对警方所从事的活动进行整体审核；它还包括对各个警务基本指挥控制单元的运转情况进行评估。为使有关方面能够对警务基本指挥控制单元的绩效进行审核，1999 年首次公布了有关警务基本指挥控制单元绩效的数据，并在 2001 年引入了可对警务基本指挥控制单元的绩效进行比较分析的计量方法。根据社会经济与人口特点，警务基本指挥控制单元被划分为 13 个“家族”。这样一来，就可以对具备可比性的区域内的警务基本指挥控制单元的工作绩效进行比较了。不过，如果对警队的绩效评估超出了它们运作活动的组织界限，这种划分方法可能会影响到警队与他们所在的警务基本指挥控制单元之间的关系。

6.3.3 《1999 年大伦敦议会法》

伦敦大都会警察适用的治理安排架构与其他警队不同。在该安排架构中，从 1829 年该警队创立起，英国内政大臣长期行使该警队的管理机构职责。这一局面一直延续到《1999 年大伦敦议会法》颁行之时为止。该立法建立了大伦敦议会以及一个名为大都会警察监管局的独立机构，负责监管伦敦的警务工作。大都会警察监管局现有 23 名成员组成，其中 12 名成员为大伦敦议会议员（包括伦敦市市长，曾于 2008 ~ 2010 年担任过该机构负责人）以及 11 名独立成员。这 11 名独立成员中，有 1 名由内政大臣任命，其余 10 名则通过公开招募活动遴选。

大都会警察监管局的职责与英格兰和威尔士其他地区的警察监管机构履行的职责类似，并融入了 1964 年以来实施的多项变革（下文有所论及）。大都会警察监管局负责为伦敦大区维系一支运作效率高、工作成效好的警队，确保在提供警务服务方面实现最佳价值，发布年度警务工作计划，设定政策目标，并根据这些目标监控警方的工作绩效，总而言之，负责对大都会警队的工作进行全面审查。

135 大都会警察监管局还承担职责对高级警官进行任命、纪律处分和免职。大都会警察监管局和伦敦市市长可以就大都会警队警长的任命事宜向内政大臣提出建议，不过鉴于大都会警队警长在打击恐怖主义方面的职责是全国性的，因此最终人选是由内政大臣选定的。不过，大都会警察监管局依然可以以非正式的形式施加压力。重要的例子是 2008 年 10 月厅长伊恩·布莱尔爵士在和伦敦市长鲍里斯·约翰逊会晤之后宣布辞职。大都会警察监管局还负责批准由伦敦市市长制定的警方预算（该预算不能与内政大臣根据其保留权力制定的最低预算相冲突）。大伦敦议会也在警务工作方面履行有限的职责，其主要权力为召唤大都会警察监管局成员接受质询。

不过，有人认为，大都会警察队仍要接受政出多头、颇为复杂的问责，内政大臣、内政部、大都会警察监管局和伦敦市市长都想要对该警队的活动施加影响。其他官员也可以对大都会警察队发号施令。这其中包括首相（在 2002 年为打击街头抢劫与抢夺而开展的“平安街道”行动中，首相扮演了重要的角色）。其结果是“大都会警察队穷于应付各方面的要求，陷于无所适从的局面……经常出现一事无成的情况”（Senior MPS officer，quoted in Loveday and Reid，2003：26）。

6.3.4 《2002 年警察改革法》

《2002 年警察改革法》包含了若干条有关警方绩效文化的重要规定。该法构成了人们所称的政府2001～2005 年改革议程的第一期，该议程进一步加强了中央政府对警方的控制。该项立法中还包括一项关于制定《全国警务工作计划》（*National Policing Plan*）的要求（Home Affairs Committee，2005：1）。

全国警务工作计划

《全国警务工作计划》采用了英国皇家警察监督局与警察标准处准备的数据，有人将其描绘为“对（警察）中央化政策最为明确的表达”（Bassett et al.，2009：14）。《全国警务工作计划》规定了政府在警务工作方面的三年战略重点以及实施这些战略重点的方法，具体表现为一大批目标、指标或者指令。《全国警务工作计划》的主要目标之一是“为提升各警队的绩效水平设定一个清晰的全国性框架”（Blunkett，2002：2）。

《全国警务工作计划》为各地的警察监管机构设定年度警务工作计划和本地三年战略计划（这是《2002 年警察改革法》引入的一个新生事物）提供了一个框架。这就意味着地方警务工作计划的内容从此要越来越多地受到来自中央政府的指令。首个《全国警务工作计划》共列出 **136**
了警长和警察监管机构在本地警务工作计划中应当加以考虑的 51 项事项。这些事项中有些还附有明确的目标，包括要求地方警务工作三年内必须减少车辆犯罪、入室盗窃和抢劫的目标（Home Office，2002：44－48）。警察监管机构根据这些指标设定本地目标。由此，《全国警务工作计划》就成为警长和警察监管机构制定本地改进警务工作标准、确保警队积极迅速回应辖区内社区民众所需所急的计划的基础。

在与出席全国警务工作论坛（the National Policing Forum）的主要利益相关方（包括英国警长协会与警察监管机构协会）的代表进行协商之后，政府公布了首个《全国警务工作计划》，适用于2003～2006 年。

这一计划的内容包括警务工作的部级目标以及绩效指标（根据《1996 年警察法》的规定以及警察监管机构的最佳价值绩效指标来衡量

部级目标的完成情况）。这一计划确立了四个全国性重点任务：（1）打击反社会行为；（2）降低犯罪数量，减少街头、涉毒、暴力与涉枪犯罪；（3）打击跨警队辖区的严重与有组织犯罪；以及（4）让更多的违法行为得到应有的处罚。这些重点任务与内政部的公共服务协议挂钩（Home Office，2002：3 and 6）。

专栏 6.5

中央政府对警方的控制机制

《2002 年警察改革法》赋予了内政大臣更大的权力；除此之外，政府 2001～2005 年警察改革议程又建立了更多的中央政府对警方的控制机制。这些机制包括警察标准处以及全国警务卓越中心（National Centre for Police Excellence）。

警察标准处是内政部的内设机构，成立于 2002 年 7 月。该机构向内政部汇报工作，并与英国皇家警察监督局一道，受命达成政府关于向警方灌输绩效文化并借此完善推行工作绩效标准与水准的目标（Home Affairs Committee，2005：2）。特别地，该机构要确定预防犯罪、侦破案件与逮捕罪犯方面的最佳做法，并重点关注此前发现存在标准不一致的领域。在该机构认为有必要采取补救行动的情况下，该机构还会为警务基本指挥控制单元和警队提供支持。该机构职责的重要方面之一是对评估警方绩效的新方法的研究开发实施监督，以缩小绩效最佳与绩效最差的警队之间在绩效方面的差距。前述方法包括警察绩效评估框架（参见前文）。

137 该机构的工作还包括制订《警察标准处管理指南》。《警察标准处管理指南》中规定了多项对完善组织以及推进并维系高绩效标准必不可少的标准（包括在绩效以及构建一个将绩效与总体规划、预算编制与资源管理彼此联系起来的框架方面，明确警察监管机构、警长以及各级管理人员的职权与责任）（Home Office，2004：155）。对于中央政府对警务工作行使控制权并由此架空警察监管机构以及警长所履行的责任而言，警察标准处所扮演的角色具有重要的影响（Loveday et al.，2007：13）。

续表

全国警务卓越中心成立于2003年，与英国警长协会、皇家警察监督局、警察标准处以及警察监管机构一道在警察系统内从事确定、开发和推广良好做法的工作。该机构由中央警察训练与发展监管局（the Central Policing Training and Development Authority，CENTREX）负责运作。该机构还在重案大案调查方面为各警队提供行动支持。一些良好做法，得到确定可通过《警察改革法》纳入警长的业务守则中。最先得到肯定的良好做法涉及的内容有枪械以及致命性较低的武器的使用，以及警方内部的卫生与安全管理（Home Office，2002：13）。

内政大臣与警察监管机构

《2002年警察改革法》再次赋予内政大臣多项管理警察监管机构的权力。如果皇家警察监督局检查后发现某支警队工作效率低下或者工作效果不佳，那么内政大臣可以指令警察监管机构实施补救措施。该项法律还授权内政大臣指令警察管理部门提交行动计划，并在计划中阐明如何解决警队工作效率不高、工作成效不佳的问题。该立法还授予内政大臣一项保留权力：强令警察监管机构要求下辖警长退休或者辞职，以维护警队的工作效率或者成效。

6.3.5　1997～2005年工党政府推行的警察改革：结论

工党政府在1997～2005年推行的各项改革导致警方在绩效与管理行为方面越来越多地受到政府的摆布。政府对警方的摆布是通过内政部推行的多项举措以及警方内部的若干机构（包括英国警长协会以及全国警务工作改进局）（参见下文）得以实现的。中央政府制定的目标已经成为一个重要的绩效管理工具，并构成了中央政府加强对警务工作控制的主要机制之一。这些目标在相当程度上是从《1994年警察与治安法官法院法》授权内政大臣为警方设定的重点任务演化而来的。近年来，警方必须接受内政部设定的、以法定绩效指标形式出现的多种目标。其中有34项目标是为2008～2009年度设定的（Home Office，2008a）。2004～

138 2008 年，警方在达成这些目标方面的表现由皇家警察监督局通过警方绩效评估框架进行衡量，后来则转而通过警务与社区安全评估进行衡量。除内政部之外，其他机构也给警方设定了目标。例如，1998 年开始推行《公共服务协议》，用来促进明晰化的服务提供。《公共服务协议》是作为《综合开支审核》的一部分发布的，目的是为特定事务领域设定绩效目标。《公共服务协议》由“财政部与单个政府部门签订的、行文明确的协定、目标和指标构成；后来为统和服务的提供，这些协议内容推广运用到了整个公立部门”（Micheli et al.，2006：1）。

《公共服务协议》对警务工作产生了相当大的影响。2002 年的各《公共服务协议》中，有三份（含十项指标）适用于警方。内政部将这些协议与指标转化为 49 个独立的指标，并在地方层面上进行了拓展，最后共确立了 78 项独立的指标（Micheli et al.，2006：4）。此外，中央政府机构中，社区与地方政府部也对警方设定了目标（目前是通过该部下属的全国地方政府与地方政府伙伴关系组织指标的形式设定的）。

中央政府为警方规定目标的做法招致了他人的非议。中央政府所设定的目标往往凌驾于地方的需求和愿望之上，并给地方社区对警方的问责产生了负面影响。此外，还有人指责中央政府设定的目标带来了事与愿违的结果：中央政府决定的目标“往往会打乱工作重点，诱使警察磨洋工或者干脆直接在绩效数字上做手脚”（Loveday & Reid，2003：19）。又有人指责中央政府确定的目标会导致警方内部产生一种“计较之风”，即“只做那些有指标衡量的事情”（Loveday & Reid，2003：22）。

警务基本指挥控制单元处理辖区内的需求及其解决重点问题的能力不足，此举带来的负面作用尤为严重。对地方警务负责人的一项调查显示，他们中的大部分人都感到，由中央政府主导的目标“降低了他们提供高质量警务服务的能力”（Loveday et al.，2007：5）。鉴于此，有人得出结论，应该采用自下而上的方式对绩效管理进行重构，将地方社区的需求纳入到绩效管理之中（Loveday et al.，2007：18）。这样一来，绩效目标就能够反映社区对安全问题的关注，包括公众的安全感的强度（Loveday et al.，2007：5）。

上述种种促使 2005～2010 年这届工党政府启动了进一步的警务改革。在这些改革中，地方主义被放到了突出的位置。

6.4 2005 ~2010 年工党政府对警务工作的改革

2005 ~2010 年这届政府对警务工作进行了进一步的改革。这些改革起初还带有前几届工党政府强化对警方控制（通过内政部或者在警方内部设立的机构）的倾向，不过后来这些改革就以赋权议程为依托，转而与先前政府的倾向分道扬镳了。 139

6.4.1 《2006 年警察与司法法》

该法对警务工作的治理做出了多项重大变动。该法改革了警察监管机构的组成。在其成员中，治安法官不再是一个独立的类别。不过《2008 年警察监管机构条例》还是规定，一个警察监管机构中应至少有一名治安法官担任独立成员。《2008 年警察监管机构条例》规定，多数警察监管机构应由 17 名成员组成（其中 9 人为政务委员会成员，8 人为独立成员）；另有 5 个警察监管机构分别由 19 名成员组成（其中 10 人为政务委员会成员，9 人为独立成员）。此外，《2006 年警察与司法法》还减少了中央政府对独立成员的任命的参与度。

《2006 年警察与司法法》扩大了警察监管机构的职责，使之突破了“维系一支运作效率高、工作成效好的警队效率”的藩篱，要求警察监管机构就警长自身及其手下警官与工作人员的履职情况对警长进行问责。该项立法还取消了对于警察监管机构实施最优价值评估（best value review）以及制定最优价值计划（best value plans）的要求，不过该法依然规定，警察监管机构的运作仍须符合各项最优价值标准。

《2006 年警察与司法法》扩大了信息来源，使得内政大臣在对警队提出工作效率低下或者工作效果不佳的指控时可以使用，从而对《2002 年警察改革法》中规定的内政大臣享有的干预权进行了调整。此外，根据该项立法，内政大臣还可以要求警察监管机构就辖区内警务工作情况出具报告。这项立法取消了要求内政大臣发布全国警务工作计划的规定，不过仍然要求内政大臣在与警察监管机构协会以及全国警长协会协商之后，确定并采用自己选定的形式公布英格兰与威尔士地区警队的战略重点。从这项立法起，开始使用《全国社区安全计划》（不具有法定地位）来发布关于警队工作战略重点的信息。

全国警务工作改进局

2001～2005年工党政府警察改革议程第1期中的各项改革存在一个难题，即多个中央政府机构奉命负责对警务工作的多个层面进行监督，导致一定程度的职责交叉重叠。为改变这一局面，《2006年警察与司法法》成立了一个叫作“全国警务工作改进局（National Policing Improvement Agency，NPIA）”的机构，负责对警方的运行进行持续不断的改革。全国警务工作改进局与英国警长协会和内政部保有密切的业务关系，在确保警方服从政府的计划与举措方面起着重要的作用。该机构与警察标准处与内政部协同办公。其他中央政府机构，例如，中央警察训练与发展管理局和警察信息技术组织（the Police Information Technology Organisation，PITO）已经由全国警务工作改进局取而代之。

140

根据设想，全国警务工作改进局的工作重点集中在三大领域：（1）制定良好的警务工作惯例；（2）履行支撑职能；（3）为操作性警务工作提供支撑。该机构还负责推动实施《全国警务工作计划》中确立的少数“对完成使命至关重要的重点任务”。

全国警务工作改进局担负的各项工作现已纳入新近制定（2009年）的《全国警务工作改进战略》（该战略为未来十年规划了多项重大战略）之中。此外，《警务工作绿皮书》（*Home Office*，*2008b*）（该绿皮书提出要重构警方的绩效与检查机制）将该机构最新的一项职责公诸于世。为帮助那些因工作不力而受到皇家警察监督局检查的警队，全国警务工作改进局已经担负起了一个新的支撑职能。

到目前为止，全国警务工作改进局已经完成了多项创新，其中包括新近成立的、用于促进警队之间通信的Airwave（英国警用数字集群无线通信系统）无线电台、IMPACT[2]信息共享计划以及全国警察数据库。全国警务工作改进局无权强令各警队服从自己推出的举措（Bassett et al.，2009：15），不过，由于该机构是归属于警方的（该机构由一名警长担任负责人），凭借这一点倒是有可能争取个别警队服从自己推出的举措。

国家警务委员会

国家警务委员会成立于2006年。其成员为主要利益相关方的代表，利益相关方包括全国警务工作改进局、英国警长协会、警察监管机构协会、皇家警察监督局、内政部以及大都会警察总监。国家警务委员会的主要职能（Home Office，2009a）是：

- 审核批准内政大臣为警务工作设定的年度全国战略重点以及为全国警务工作改进局设定的重点；
- 经协商同意，为警方改革计划设定重点；
- 准许部长、警方业务领导人以及警察监管机构对实施改革计划方面的进度进行监督并发现和克服推行改革的障碍；
- 为负责警务工作管理的三方提供一个论坛，就警务工作面临的机遇与挑战定期进行研讨和三方交流。

有人认为，国家警务委员会已经演变成了一个全国性论坛，供负责警务工作管理的三方探讨警务工作。就英格兰与威尔士各地的警务工作而言，它“拥有成为一个强大的领导机构联盟，有潜力帮助推动与提高绩效与能力”（Home Office，2008b：66）。 141

国家警务委员会的创立表明，政府有意采取协商一致的方法，而不再主要依赖中央政府各种形式的管控，作为未来警务工作发展的基础。此外，在赋权议程的作用下，还会出现一个新现象——对地方主义的强调，这也可以作为这种方法的补充。

对社区的赋权（Community empowerment）在二十一世纪初得到了相当大的关注，是“重塑政府议程”活动的主要层面之一（Osborne & Gaebler，1999）。在警务工作中，社区赋权原则是在让公众更多地参与到多种本地事务中来这一大背景下形成的。这一原则是由《2000年地方政府法》推行的，该项法律（《2007年可持续发展社区法》对这项法律进行了修订）拓展了地方政府的职权，准许它们通过可持续发展社区战略以及《2007年地方政府与公众参与卫生事业法》（该项立法引入了“让［本地民众］参与［重大决策事项］的责任”）来促进或者改善各自辖区的经济、社会或者环境福利。

6.4.2 社区赋权

赋权：与警务工作有关的主要倡议

根据萨金特（Sergeant）（2008：2，11）的观点，在英国，“公众……缺少获得符合自己意愿的警务服务的权力”。这就导致公众对警务服务的期待与他们实际得到的警务服务之间存在差距。而赋权则正是弥补这一缺陷的手段。下文讨论为实现这一目标而提出的主要倡议。

警务承诺 警务承诺是从2008年年底开始推行的，其目的是提高警方所提供的客户服务的水平。警务承诺为公众期望警方提供的服务设立了一套国家标准。这套国家标准的内容涵盖了诸如警方回应紧急呼叫以及非紧急呼叫所需的时长，以及向犯罪受害人提供案件办理进展情况等问题（Home Office，2008b：28－29）。

这些国家标准有一个作为补充内容的地方成分，其中含有多个共有元素，包括街区警务工作组人员的照片与详细联系方式，以及街区内需要解决的、在犯罪与反社会行为方面排名前三的工作重点。此举能够增进社区民众对本地警务工作安排的了解，并使他们能够对警方的行为施加更强的影响。

142 警务承诺存在的主要问题是它是被孤立地提出来的，反映的是内政部的“孤岛思维”。警方与其他机构联手服务当地社区需求，但是内政部在审视警方时，却将警方和这些机构孤立开来了。

街区式警务的发展 为推进社区赋权而提出的第二项建议是通过发展街区式警务来增进警方与辖区内社区的接触。街区式警务旨在通过让本地社区参与设定警方行动的重点来实现对本地社区的赋权。让社区民众参与设定警方行动的重点是通过多种方法实现的，包括召开公众会议、调查和互联网交流等。公众与街区警务工作组进行接触的前提条件之一是提供当地的犯罪信息。提供本地犯罪信息已经由全国犯罪制图部门完成，任何人输入自己所在区域的邮政编码后就可以获得关于自己所在地的犯罪信息、警方为打击犯罪所采取的行动以及对抓获的犯罪分子的处理情况等。

凯西（Casey，2008：22）建议以提高标准化程度为手段来改革街区式警务，确保所有43支警队在公众心目中的重大事项（如对999报警电话的回应时间以及提供警员的姓名和联系方式）方面的表现能够达到公众的预期。有人建议，各警队在街区警务工作中均应采取标准化方法，为该标准化工作方法统一命名，为就犯罪问题与地方公众举行的联系会议选定一个统一的名称，并就本地犯罪和街区问题提供“通用并具备可比性的”信息（Casey，2008：32）。

对街区式警务进行的第二项改革力图将街区式警务打造成一个范围更广的邻里管理架构，并由本地合作伙伴通过该架构解决多种涉及社区安全与生活质量的问题（Flanagan，2008：67）。这种多机构联动的方法的基础是社区参与确定工作重点，但是要做到这一点，就离不开凯西（2008：43）所提出的各个正式化架构。这些正式化架构包括为每个减少犯罪与破坏治安的伙伴关系组织所在辖区任命一名战略街区犯罪与司法协调员，并提名当地政府中的一名官员担任街区警务工作组联络人，这两人应齐心协力，共同解决街区警务工作中的问题并对公众进行反馈。

此外，每场伙伴关系与社区协力会（Partnerships and Communities Together，PACT）均应有地方政府官员出席，在会上，当地居民应当能够向社区警务工作组表达自己的关切。这样一来，伙伴关系与社区协力会就能够为多种问题的解决提供一个平台。

《2008年绿皮书》[3]（*Home Office*，*2008b*）肯定了弗拉纳根（Flana- 143
gan）对街区管理审查报告中所提出的各项建议，并建议街区架构的人员应由来自警方、当地政府以及其他机构的高级官员组成，由一名街区管理人员担任负责人，并以参与式预算为经费依托。这一架构称作社区安全伙伴关系（Community Safety Partnership，CSP），当时计划于2008年在若干个警队的辖区内先行试点，然后于2009年在全国范围内推广。

不过，街区管理工作的进展明显还面临着若干潜在障碍，必须加以解决。不能放任参与机构的中间管理人员从中作梗，阻碍街区层面上商定的目标的实现。此外，还必须对关键人员的工作习惯进行调整，例如，地方政府机关雇员的上班时间往往是朝九晚五，这样一来，当需要他们出力解决街区内问题的时候，他们却已经人去楼空了。

警察监管机构与地方问责 如果警察监管机构能够切实有效地起到传达当地民众对警务工作意见的传声筒作用，就能推动社区赋权工作的进展。不过，传声筒作用在实际工作中并不是那么容易实现，而且已经有人拿这一作用作为改革警察监管机构组成的理由。

已经有来自多个方面的人士表示，警察监管机构与普通公众非常疏远。一项研究曾得出结论，“警察监管机构难得一见且并不管事”（Loveday & Reid，2003：7），另一项研究则断言，在一项对警察监管机构所做的调查研究中，“绝大多数”参与人士“此前从未听说过警察监管机构。即便是那些少数听说过这些机构的人士也普遍不了解它们属于什么机构，也不明白它们的职责是什么”（Docking，2003）。在这种情况下，密切这些机构与辖区内社区之间的联系，并借此解决有人所称的“严重的权力失衡和缺乏问责”是合情合理的（Blunkett，2009：24）。

实施这项改革的方法之一是改革警察监管机构的人员构成，使它们更加民主、更能倾听和回应社区的呼声（Home Office，2008b：32）。2008 年，政府提出，警察监管机构的多数成员应当由直接选举产生的犯罪与警务工作代表担任。这些人员应在当地减少犯罪与破坏治安的伙伴关系组织/社区安全伙伴关系组织中任职（其中一人还应担任该组织的主任）。在直选市长的地区，应由市长担任犯罪与警务工作代表。不过，伦敦市的安排架构不受这些改革建议的影响。

内政事务委员会对于直接选举警察监管机构成员的提议持怀疑态度（Home Affairs Committee，2008：para 247）。2008 年 12 月，内政大臣宣布不会实施该项改革。对这项改革的顾虑之一是它可能会起到将警察政治化的作用。之后，《2009 年警务与犯罪法》用对《1996 年警察法》的一项修订替代了上述提议，规定警察监管机构必须考虑辖区内民众的意
144 见。此外，有关方面还提出了另一项建议（Home Office，2009b：9）：警察监管机构应当为每个警务基本指挥控制单元任命一名主任成员，并允许公众担任当地政府负责对减少犯罪与破坏治安的伙伴关系组织进行问责的委员会的成员。

推行新的地方问责架构 就强化本地民众影响警察事务的能力的建

议而言，其范围已经超出了对警察监管机构人员组成进行改革，并且已经指向在更加本地化的层面上解决“民主赤字”问题。通过诸如减少犯罪与破坏治安的伙伴关系组织和局部区域协议等机制，一种新型关系已经在警务基本指挥控制单元与地方政府之间建立起来。在强化地方社区就警方行动对警方进行的问责方面，还可以进一步进行改革，那就是提高警务基本指挥控制单元的界限与减少犯罪与破坏治安的伙伴关系组织/地方政府辖区边界的重合度，此举将大大密切警务基本指挥控制单元负责人与和他们协作的地方政府之间的关系（Local Government Association，2008：23）。

《2006年警察与司法法》规定减少犯罪与破坏治安的伙伴关系组织应接受有关地方政府的监督与审查委员会的监督。这些委员会对减少犯罪与破坏治安的伙伴关系组织的负责机构的运作进行审查，并借此强化地方社区对警务基本指挥控制单元负责人的问责。由于地方政府传统上履行审查职能的方法多种多样，并且这些委员会在地方政府中的地位不高，导致这一审查程序的效果受到影响，但如果允许这些委员会对本地警察事务进行理性检查，这种方法还是可以有所作为的。不过，由于警方担心此举会导致自己受到政治上的桎梏，因而此举势必招致警方的抗拒。

如果在警务基本指挥控制单元负责人的任命以及绩效评估方面能够给予地方政府一定的职权（由行政长官或者政务委员会负责人行使），那么地方政府对警务基本指挥控制单元负责人的问责还可以得到进一步的加强。地方政府协会（The Local Government Association）（2008：23）曾提议，如果某个警务基本指挥控制单元的负责人业绩不佳，那么政务委员会有权就该负责人通过一项不信任投票；在此情形之下，警长必须审查该负责人是否胜任自己的职位。

最后一项涉及地方问责的改革是在街区层面上解决现有的民主赤字问题，并建立若干机制，供“当地社区……为本地警察设定工作重点，设定治理犯罪的目标，并在这些重点和目标没有得到实现时对警长进行问责”（Local Government Association，2008：10）。实现这一改革的方法有多种。例如，北爱尔兰成立了多个地区警务伙伴关系组织（District

Policing Partnerships)，用来辅助街区警务工作。地区警务伙伴关系组织现有 29 个，它们在地区政务委员会、政务委员以及当地社区代表之间起着纽带作用，并使当地民众能够对自己所在社区的警务工作方式施加影响。

推动社区积极参与 地方社区赋权带来的重要结果之一就是地方社
145 区积极参与到了与警察有关的活动中来。地方社区积极参与涉警活动这种方法采用了“责任化战略”。责任化战略鼓励民众广泛参与到打击犯罪工作中来（Garland，1996：445；Hughes，1998：128）。这种方法与人们所说的“自我警务型社会”相互兼容。自我警务型社会要求将“国家与个人之间的中间机构”纳入到打击本地犯罪与破坏治安行为的工作中（Leadbeateter，1996：34）。

志愿行动是社区参与此类事务的基础。凯西（2008：72）曾经论及英国志愿服务的传统非常强，这一点在特别后备警察和邻里联防等面向社区的倡议举措中表现得非常明显。不过，她指出，有关方面提供的从事志愿服务的机会太少；此外，在有些情形下，这些倡议举措由于健康和安全方面的顾虑而遭到扼杀（Casey，2008：77）。

为激发人们从事志愿工作的热情，有人提议（Home Office，2008b）成立一个社区打击犯罪基金（Community Crime Fighting Fund），使社区团体在打击犯罪方面能够起到更大的作用。此举将会使某些已经存在的面向社区的团体（如邻里联防组织）知名度更高，工作效果更好，并促使公民参与到新的领域中去。这个项目将由街区犯罪与司法顾问负责推进。

扭转中央化趋势 前文曾经论及，在很多由警方实施的行动中，目标已然成了背后的推动力。这一局面削弱了警察监管机构所扮演的角色，导致它们“在很大程度上成了警务管理三方中最薄弱的一环……在《警察法》通过以来的四十年里，警察监管机构的职权每况愈下，其后果之一就是严重削弱了警方与辖区内社区的联系”（Local Government Association，2008：6）。

为了改变这种状况，有关方面针对现有绩效计算制度提出了多项变革建议：以后应当减少对自上而下设定的目标的依赖，扩大当地民众与警察监管机构的职权，皇家警察监督局的作风要更加犀利，内政部要起到更具战略性的作用（Home Office，2008b）。此外，应当减少中心从警队那里收集的数据——提出的削减目标为50%。

为实施《绿皮书》所提出的上述建议，内政大臣雅基·史密斯（Jacqui Smith）于2008年12月8日宣布，她为2009~2010年度设定的警方战略重点是推动英格兰与威尔士的警队采用单一的、自上而下设定的数字目标，并取消所有其他由中央政府设定的目标。这一新目标要求各警队将重点放在自己在发现并解决那些对辖区内社区而言最为重要的犯罪与反社会行为问题方面是否赢得了公众的信任（Smith，2008）。这 146
就意味着要从根本上对政府与警方之间的关系进行再平衡（Home Office，2009b：8）。《数据负担审查》（*Normington*，*2009*）中也提出了相关的建议，这些建议“大大减少了”内政部要求警队提供的信息。

此外，2008~2011年新《公共服务协议》（意在确保多个公共机构相互协作，取得指定的战略成果）为警方提供了更多的空间来把工作重心放在严重暴力犯罪以及地方重点事务上（Home Office，2008b：para 7.5）。此外，警方绩效管理制度将进行重构，使之能够反映新《公共服务协议》所体现的方法，并向自我改进能力更强的制度迈进。中央政府指定的目标此前在警方绩效管理方面所起的作用，将由对地方主义的强调以及皇家警察监督局新增的职能取代。

思考题

当代警务工作在多大程度上受到中央政府的掌控？

这一问题的答案包含在本章以及第十章。请查阅参考书目中所列的资料。为回答本问题，应该做到如下几点：

- 以《1964年警察法》为背景，简要论述该法所规定的对警察事务管理责任的三方划分这一概念；
- 分析强化中央政府对警务工作的控制依据；
- 评估中央政府控制警务工作的手段：你应当对《1994年警察与治安法官法院法》进行探讨，并以此作为一个重要的出发点，讨论与内政部和其他中央政府机构对警务工作的控制有关的事态发展，尤其是与目标有关的控制；

- 得出结论，并对你就中央政府对警务工作的控制而提出的观点进行评估，分析警察监管机构、警长和警务基本指挥控制单元负责人在确保本地民众关心的问题能够影响本地警务工作议程方面的能力。

译者注

1. 内阁办公厅（Cabinet Office），英国政府部门，负责内阁和文职部门的工作。1916年以前，内阁会议没有系统的组织工作，内阁成员对内阁的决定自作记录，首相也要自己准备向英王汇报的记录。1916年，为使战时的内阁工作更有效率，在内阁设立了内阁秘书处，负责准备内阁会议议程，记录内阁和内阁委员会的决定。内阁办公厅正是由内阁秘书处演变发展而来。英国内阁办公厅下设内阁秘书处、中央统计局、史料组、政府主管科学的官员、管理和人事局。

2. IMPACT，计划执行与控制技术，全称 Information Management，Prioritization，Analysis，Coordination and Tasking，即信息管理、优先级排序、分析、协调与任务安排。

3. 绿皮书（Green Paper），英国供民众讨论的政府提案文件。“皮书”是政府、议会等公开发表的有关政治、经济、外交等重大问题的文件，绿皮书是关于乐观前景的研究报告。绿皮书是政府就某一重要政策或议题而正式发表的咨询文件，起源于英美政府。因为报告书的封面是绿色，所以被称为绿皮书。绿皮书被视为政府向国民征询意见的一种手段。在英联邦国家或曾被英国统治的地方（例如香港），政府在准备推行重要政策前通常会先发表绿皮书收集市民意见，经过修订后再发表白皮书做出最后公布。

参考文献

[1] Alderson, J. (1994) 'Hark the Minister of Police Approaches', The Independent, 19 January. Association of Chief Police Officers (ACPO) (1990) *Strategic Policy Document. Setiingthe Standards for Policing: Meeting Community Expectations.* London: ACPO.

[2] Audit Commission (1990a) *Effective Policing. Performance Review in Police Forces.* 147 London: Audit Commission.

[3] Audit Commission (1990b) *Footing the Bill: Financing Provincial Police Forces.* Police Paper Number 6. London: Audit Commission.

[4] Bassett, D., Haldenby, A., Thraves, L. And Truss, E. (2009) *A New Force.* London: Reform.

[5] Blunkett, D. (2002) 'Home Secretary's Foreword', in Home Office, *The National Policing Plan*, 2003 – 2006. London: Home Office Communications Directorate.

[6] Blunkett, D. (2009) *A People's Police Force: Police Accountability in the Modern Era.* [Online] www. Davidblunkett. Typepad. Com/files/a – peoples – police – force. Pdf [accessed on 11 November 2009].

[7] Brake, M. And Hale, C. (1992) *Public Order and Private Lives: The Politics of Law and Order.* London: Routledge.

[8] Cabinet Office (1999) *Modernising Government.* Cm 4310. London: HMSO.

[9] Casey, L. (2008) *Engaging Communities in Fighting Crime – A Review by Louise Casey.* London: The Cabinet Office.

[10] Docking, M. (2003) *Public Perceptions of Police Accountability and Decision – making.* Home Office Online Report 38/03. London: Home Office.

[11] Dunleavy, P. And Hood, C. (1994) 'From Old Public Administration to New Public Management', *Public Money and Management*, 14 (3): 9 – 16.

[12] Flanagan, Sir R. (2008) *The Review of Policing Final Report.* London: Review of Policing.

[13] Garland, D. (1996) The Lim its of the Sovereign State', *British Journal of Criminology*, 36 (4): 445 – 471

[14] Henig, R. (1998) Strengthening the Voice in Local Policing, *Critical Justice Matters*, 32 (Summer): 8 – 9.

[15] Home Affairs Committee, (2005) *Police Reform.* Fourth Report, Session 2004 –

05. House of Commons Paper 370. London: TSO.

[16] Home Affairs Committee (2008) *Policing in the Twenty – first Century.* Seventh Report, Session 2007 – 08. House of Commons Paper 364. London: TSO.

[17] Home Office (1981) *The Brixton Disorders*, 10 – 12 April1981: *Report of an Inquiry* by the Rt. Hon. *The Lord Scarman*, OBE. Cmnd 8427. London: HMSO.

[18] Home Office (1983) *Manpower*, *Effectiveness and Efficiency in the Police Service.* Circular 114/83. London: Home Office.

[19] Home Office (1988a) *Civilian Staff in the Police Service.* Circular105/88. London: Home Office.

[20] Home Office (1988b) *The British Crime Survey*, 1988. London: Home office.

[21] Home Office (1993a) *Police Reform: A Police Service for the Twenty – First Century.* Cm 2281. London: HMSO.

[22] Home Office (1993b) *Inquiry into Police Responsibilities and Rewards.* The Sheehy Report. Cm. 2280. London: HMSO.

[23] Home Office (1995a) *Review of the Police Core and Ancillary Tasks: Final Report.* The Posen Report. London: HMSO.

[24] Home Office, (1995b) *Performance Indicators for the Police and Core Statistics for Chief Officers' Annual Reports.* Circular 8/95. London: Home Office.

[25] Home Office (2002) *The National Policing Plan* 2003 – 2006. London: Home Office Communications Directorate

148 [26] Home Office (2004) *Building Communities*, *Beating Crime: A Better Police Service for the 21st Century.* Cm 6360. London: Home Office.

[27] Home Office (2008a) *Guidance on Statutory Performance Indicators for Police and Community Safety.* London: Home Office.

[28] Home Office (2008b) *From the Neighbourhood to the National: Policing Our Communities Together.* Cm 7448. London: Home Office.

[29] Home Office (2009a) Police Reform National Policing Board. [Online] www. police. homeoffice. gov. uk/police – reform/nat – policing – board/ [accessed 6 May 2009].

[30] Home Office (2009b) *Protecting the Public: Supporting the Police to Succeed.* Cm 7749. London: TSO.

[31] Houghton, J. (2000) '*The Wheel Turns for Local Government and Policing*', *Local*

Government Studies, 26 (2): 117 – 130.

[32] Hughes, G. (1998) *Understanding Crime Prevention: Social Control, Risk and Late Modernity.* Buckingham: Open University Press.

[33] Jefferson, T. And Grimshaw, R. (1984) *Controlling the Constable: Police Accountability in England and Wales.* London: The Cobden Trust.

[34] Jones, T. (2003) '*The Governance and Accountability of Policing*', in T. Newburn (ed.), *Handbook of Policing.* Cullompton, Devon: Willan Publishing.

[35] Jones, T. And Newburn, T. (1997) *Policing after the Act: Police Governance after the Police and Magistrates' Courts Act* 1994. London: Policy Studies lnstitute.

[36] Leadbeater, C. (1996) *The Self – Policing Society. Brit Pop.* London: Demos.

[37] Local Government Association (2008) *Answering to You: Policing in the 21st Century.* London: Local Government Association.

[38] Loveday, B. (1987) *Joint Boaras for Police: The Impact of Structural Change on Police Governance in the Metropolitan Areas.* Occasional Paper, New Series No. 20. Birmingham: Department of Government and Economics, City of Birmingham Polytechnic.

[39] Loveday, B. (1994) 'The Police and Magistrates' Court Act', *Policing*, 10 (4): 221 – 233

[40] Loveday, B (1995) 'Reforming the Police: From Local Service to State Police?', *Political Quarterly*, 66 (2), April – June: 141 – 156.

[41] Loveday, B, McClory, J and Lockhart, G (2007) *Fitting the Bill: Local Policing for the Twenty – first Century.* London: Policy Exchange.

[42] Loveday, B. and Reid, A. (2003) *Going Local: Who Should Run Britain's Police?* London: Policy Exchange.

[43] Martin, D (2003) the Politics of Policing: Managerialism, Modernisation and Performance', in R Matthews and J. Young (eds), *The New Politics of Crime and Punishment.* Cullompton, Devon: Willan Publishing.

[44] Micheli, P., Neeli, A and Kennerley, M. (2006) 'Performance Measurement in the English Public Sector: Searching for the Golden Thread' *ESADE Public Newsletter*, 13 November [Online] www2. sa. unibo. it/seminari/Papers/20080327% 20Micheli. dco [accessed on 29 March 2009]

[45] Morgan, R. (1989) 'Police Accountability: Current Developments and Future

Prospects', in M. Weatheritt (ed.), *Police Research: Some Future Prospects.* Aldershot Avebury.

[46] Newburn, T. (2002) 'Community Safety and Policing: Some lmplications of the Crime and Disorder Act', in G. Hughes, E. McLaughlin and J. Muncie (eds), *Crime Prevention and Community Safety.* London: Sage.

[47] Newman, J. (2000) 'Beyond the New Public Management? Modernising Public Services', in J. Clarke, S. Gewirtz and E. McLaughlin (eds), *New Managerialism. New Welfare.* London: Sage.

149 [48] Normington, Sir D. (2009) *Data Burden Review.* London: Home Office.

[49] O'Dowd, D. (1998) 'Inspecting Constabularies', *Criminal Justice Matters*, 32 (Summer): 6 –7.

[50] Osborne, D. And Gaebler, T. (1999) *Re – inventing Government: How the Entrepreneurial Spirit is Transforming the Public Sector.* New York: Penguin.

[51] Reiner, R. (1994) 'The Dialectics of Dixon: The Changing Image of the TV Cop', in M. Stephens and S. Becker (eds), *Police Force, Police Service.* Basingstoke: Macmillan.

[52] Royal Commission on Criminal Procedure (1981) *The Royal Commission on Criminal Procedure Report.* Cmnd 8092. London: HMSO.

[53] Savage, S. (1998) 'The Shape of the Future', *Criminal Justice Matters*, 32 (Summer): 4 –6. Sergeant, H. (2008) *The Public and the Police.* London: Civitas.

[54] Smith, J. (2008) *Speech in the House of Commons*, 8 December, HC Debs, Vol 485, Col 38WS.

[55] Spencer, S. (1985) *Called to Account.* London: National Council for Civil Liberties.

[56] Spottiswoode, C. (2000) *Improving Police Performance: A New Approach to Measuring Police Efficiency.* London: Public Services Productivity Panel.

[57] Weatheritt, M. (1986) *Innovations in Policing.* London: Croom Helm.

7

多样性与警方

本章目标

本章要达到的目标如下：

- 评价《1999 年麦克弗森报告》的背景；
- 分析麦克弗森报告中建议的各项警方改革的内容以及麦克弗森报告对警方后来的运作所产生的作用；
- 分析警察队伍中女性的地位；
- 审视有关机会平等的立法和政策对于女性在警察队伍中的地位所产生的影响；
- 结合警方与“难以接触”的群体的关系，评判社区联系人所起的作用。

7.1 警务工作及其与20世纪90年代少数族裔社群的关系 150

少数族裔社群与警方关系紧张由来已久。在1981年布里克斯顿的骚乱中，“警察对黑人抱有偏见”这种看法就是重要诱因之一。警方与少数族裔之间敌意的主要来源之一是警方对黑人过度使用截停搜查权（Smith and Gray，1983：Vol. 4，128）。在警方为打击街头犯罪而发起代号为“沼泽81”的行动后，这种敌意随即突破了临界点。警民关系问题是斯卡曼勋爵开展的一项调查的主题（Home Office，1981）。斯卡曼勋爵找出了多个问题，并对此提出了多项改革措施（在Joyce，2002：123－126中有论及）。但是，这些改革措施却没有使警方与少数族裔社区之间的关系有任何显著起色；于是，警方与少数族裔社区关系问题又在20世纪90年代重新出现在警方的工作日程中。

20世纪90年代出现了一些观点，认为警方的运作方式是种族主义的，对少数族裔社区成员抱有歧视。有人提出，“对有关‘种族’和犯罪之间关系的辩论而言，《警察与刑事证据法》规定的各项截停搜查权具有重要的象征意义”（Fitzgerald & Sibbitt，1997：ix）；多项研究显示，这些截停搜查权过多地用在了黑人身上（Home Office，1998；Statewatch[1]，1999）。有人则对少数族裔人士遭到逮捕的比率提出批评（Statewatch，1998，1999）。此外，还有人对嫌疑人在警方采取干预行动之时或者之后在关押过程中死亡，以及就相关责任人的行为对其进行问责的程序存在不足等问题表达过关切（Institute of Race Relations，1991）。 151

对前文所述问题的重要解释之一是，有些警察认为黑人（尤其是黑人青年）是社会中的不安定分子，必须采用强制手段加以控制。有人将这种观点描绘为“将黑人青年与犯罪进行挂钩”（Gutzmore，1983：27）。此举有一个严重后果，即警察往往很难把黑人视为犯罪的受害人，因而往往根本不采取应有的措施去保护他们。在有些情况下，他们还会对那些在遭到攻击时采取自卫措施的黑人受害者提起控告，从而将自卫权有罪化（Wilson，1983：8）。

一个格外突出的问题是警察似乎无法察觉其对少数族裔人士攻击背后的种族动机。皇家检察署的一项报告指出，在1997～1998年，在带有种族主义成分的警情中，只有37%被警方定性为种族主义警情（Kirkwood，1998）。这一失职得到了皇家警察监督局的确认。皇家警察监督局对此事颇为关切，认为对于种族事件的定义（由英国警长协会率先在1985年做出），很多警察并不了解；即便是那些知道这一定义的警察，他们对这一定义的理解也与该定义的本意大相径庭（HMIC，1997：30）。

7.1.1 《麦克弗森报告》(1999)

1993年4月22日，一位十几岁的黑人少年史蒂芬·劳伦斯被人杀害。这件事成为推动警察——特别是大都会警察——改变对待少数族裔人士方式（包括对出于种族动机的暴力的处理方式）的主要催化剂之一。在这起案件中，大都会警察未能抓获对史蒂芬之死负责的人员，这促使内政大臣杰克·斯特劳（1997年就任）指定威廉·麦克弗森爵士审查大都会警察对史蒂芬被杀一案的调查方式。

152 麦克弗森的报告严厉批评了警方对此事的处理。威廉爵士表示，警方的调查工作存在根本性的缺陷，并且“受到业务能力低下、已然制度化的种族主义和高级警官领导不力这三个因素的联合制约”（Home Office，1999：317）。他格外吁请大家注意“在史蒂芬·劳伦斯遭到杀害后的几个小时中错过机遇进行全面和恰当的搜查与调查”；他认为这样错失良机“令人痛心疾首”（Home Office，1999：87）。

专栏 7.1

制度化的种族主义

1981年，斯卡曼勋爵的报告认为警方内部存在的种族主义源自少数警察所持的态度（“一颗耗子屎坏了一锅汤”）。但是，麦克弗森却突破了这种观点，他提出种族主义已经充斥于大都会警察局的每个角落，就像病毒一样已经感染了整个大都会警察局系统。他提出了“制度性种族主义”这

续表

一概念，他的报告书中将其定义为“某个组织由于他人的肤色、文化或者民族血统的缘故而集体拒绝为其提供应有的、专业的服务；它以无意之间流露出来的且对少数族裔人士不利的偏见、无知、疏忽和种族主义刻板印象为表现形式，可在种种达到歧视程度的程序、态度和行为中为人们所看到或者察觉”（Home Office，1999：321）。

有人提出，这一定义着眼于种族主义得以成形的种种“程序”，并强调种族主义带来的结果，承认无意的或者非故意的种族主义和公然的或者有意的种族主义一样都属于严重的问题，从而发展了制度性种族主义的已有定义（Gilborn，2008）。

警界内部曾经有人提出，警察代表了社会，如果社会自身就是一个种族主义的社会，那么种族主义就不可避免地要反映在警察的态度中。这就意味着，要解决种族主义问题，就必须对社会进行改革（特别是通过教育系统），而不是仅仅对警方的做法进行改革。

这样一来，将机制化的种族主义（指的是社会中所充斥的种种观点和态度）与制度性种族主义（它影响的是特定组织机构的行为；对它进行改革后，可以杜绝种族主义做法）区分开来是非常重要的。

麦克弗森的报告建议了多项改革措施（共计 70 项），其设计宗旨是确保刑事司法体系整体——尤其是警方——采用一种在他人看来对少数族裔社群更为公平的运行方式。下文是对与警方有关的主要建议的探讨。

努力重建少数族裔社群对警务工作的信心

麦克弗森的第一项建议就是应当为警方确定一项“部级工作重点”。这项建议要求政府牵头修复少数族裔社群对警方的信心，以防止官僚主义的惰性妨碍有关组织机构（在有关方面放任它们自己相机行事的情况 153
下）对自己的操作惯例发起改革。麦克弗森提出，用于监督该项建议实施情况的绩效指标应包括对种族主义事件进行记录、调查与起诉的战略、鼓励举报此类事件的措施以及增强多机构合作与信息交换。

种族主义事件的定义

麦克弗森指出，大都会警察局对史蒂芬·劳伦斯被谋杀一案的调查工作，其主要缺陷之一是第一个调查小组未能“承认并接受种族主义与种族关系是他们调查工作的中心要素之一……有相当多的低级警官不肯承认，史蒂芬·劳伦斯遭到谋杀是明明白白且完完全全‘出于种族动机’”（Home Office，1999：23）。

之所以出现这种情况，原因之一可能是英国警长协会于 1985 年对种族主义事件所提出的定义模糊不清，很多警察并不理解。有鉴于此，麦克弗森提出了一个新的且简洁得多的定义。他建议种族主义事件应当定义为“任何被受害人或者任何其他人员认为具有种族主义性质的事件”。在理解这一术语时，应认为它涵盖了警务工作中定义为犯罪与非犯罪的行为。麦克弗森提出，应采用同等的力度对这两类行为进行记录和调查（Home Office，1999：328 –329）。

这一建议的重要性在于确保了警方在仇视犯罪方面的工作更加面向受害人，并且低层次种族主义事件能得到警方应有的回应（倘若警方不采取行动，会让种族主义分子变得更为胆大妄为，犯下更为严重的犯罪行为）。不过，有人对麦克弗森的定义中依据“个人的看法与观点”来对事件进行评判的主张提出了批评。这就导致出现了以主观性作为对此类事件进行定性的决定因素这一问题——对此，“必须制订明确的程序，并辅以针对不同社会群体的任何形式的差别对待进行问责的规则”（Anthias，1999：para 5. 2）。

招募更多的黑人与亚裔警察

1998 年，少数族裔人口占英国总人口的 5. 6%。但是，英格兰和威尔士各地警队中的黑人或者亚裔警察却只有 2483 名（在 124798 名警方人员中，仅占 2%）（Home Office，1998：37）。这一问题在伦敦尤为突出：在伦敦的人口中，少数族裔占 19. 2%，而伦敦大都会警察局的 28000 名警察中，却只有 3. 3% 来自少数族裔社区。为了使各警队的人员组成更好地反映辖区的情况，麦克弗森提出，内政大臣与警察监管机构的警务工作计划中应当包括少数族裔警员的招募、事业进步以及留任方面的目标（Home Office，1999：334）。

对《1976年种族关系法》的改革

麦克弗森建议，警方应当遵守种族关系法的各项规定。这一建议的主要意义在于准许种族平等委员会对警队发起调查，从而由外部机构针对警方与种族和多样化问题有关的行动对警方进行问责。

种族意识培训

斯卡曼勋爵曾经建议对警方的训练计划进行变革，使警员为在多种族社会中从事警务工作做好准备；不过后来多数警队都逐渐缩减了这些变革的规模，结果，这些变革主要面向的是那些经常与少数族裔组织与社群打交道的警员。麦克弗森指出，“在1998年接受我们问询的警察中，没有一个曾在自己的职业生涯中接受过种族主义意识以及种族关系方面的任何像样的培训”。他提出，应当立即对警队内部的种族主义意识培训进行审查和调整，并对全体警员——包括侦查人员和文职人员——进行有关种族主义意识与重视文化多样性的培训（Home Office1999：30）。

截停搜查

和斯卡曼勋爵一样，麦克弗森也接受通过截停搜查权来预防和侦破犯罪的合理性，但是他希望改善对截停搜查权的行使对象的保护。因此，他建议，除根据法律实施的“截停与搜查”外，警察还应对所有非法定的（或者自愿性的）“截停”进行记录。这项改革的目的是对警方在与少数族裔社群成员打交道的过程中行使自由裁量权的情况进行更为密切的监督。

引入更为严厉的警察纪律机制

麦克弗森建议，应当对种族主义言论或行动启动纪律处分程序，其中，最高级别的惩戒为开除警籍。这项建议的意图是在其他举措无法奏效的情况下，通过强制手段确保警察服从种族平等的原则。

7.1.2 政府对麦克弗森报告的回应

1999年3月，内政大臣公布了政府对麦克弗森报告所提出的各项建

155 议的回应。这些回应包含在1999年3月23日向下议院提交的一份“行动计划”中。下文是对政府回应中主要成分的探讨。

招募、留用与晋升

1999年3月，内政大臣公布了与少数族裔警察与职员的招募、留用与晋升有关的种族平等就业目标（Straw，1999c）。该目标要求警方逐步增加出身少数族裔社区的警员的比例，截至2009年要从2%提高到7%，并且各警队均应设定截至2009年应当达到的、反映出辖区内少数族裔的警员比例的目标。这相当于在10年内要招募8000名以上出身少数族裔社区的警察，以启动“警方实现适当种族平衡”的进程（Straw，1999c）。少数族裔警员的留任与晋升目标是比照白人警察设定的，不过晋升目标是按照警衔分阶段实施的。

人员招募：清除种族主义分子 初步面试过程对于将持有种族主义观念与观点的人员排除在警队之外而言是至关重要的。在2002年之前，就警队招募和选聘警员事宜而言，虽然内政部规定了一般性的指导意见，却并不存在任何全国性的计划。2002年，内政部委托中央警务训练与发展监管局根据相关业务实践，制订了一个选聘方法——国家招募标准评估中心［或者“评估中心”，又称为SEARCH（全称为Selection Entrance Assessment for Recruiting Constables Holistically，即“全方位警员招募的选聘入伍评估”］，供所有警队使用。

该中心（根据《英国心理学会指南》设计）综合采用面试、测试和角色扮演三种手段对求职人员的七种能力进行评估。这些能力是：团队协作、个人责任、以社区与客户为中心、有效的沟通、解决问题的能力、应变能力以及对多样性的尊重。每个SEARCH评估过程均要求求职人员通过四场角色扮演实测、两次书面实测、两次心理能力测试以及一场结构化面试（Calvert－Smith，2005：51）。

在新评估中心中，所有实测中——包括面试中——均穿插测试求职人员对种族与多样化的态度。此外，评估人员受过培训，格外注意求职人员是否有任何不当的言行，“例如出言不逊、对人不敬、侵犯他人，或者表现出任何种族歧视、性别歧视、或者反对同性恋的情绪，无论是在实测过程中还是之外”。如果求职者出现了上述性质的行为，就会有人负责记录下来，随后质量监控人员会判定是否应当据此扣减求职者在尊重多样性能力方面的得分（Calvert - Smith，2005：52）。

种族主义事件

政府于 1999 年接受了克弗森对种族主义事件的定义。该定义后来被纳入《内政部种族主义事件举报与记录准则》（*the Home Office Code of* 156
Practice for the Reporting and Recording of Racist Incidents）。该准则强调，警方调查工作有必要充分考虑被调查的案件中是否有不能存在种族主义因素。不过，该准则仅仅用于事件的初步举报之中，并不能在对某人提起指控并进行审讯的过程中确定是否存在种族主义动机。

对《种族关系法》的修正

《2000 年种族关系（修正）法》规定整个公立部门（包括警方、狱政和移民事务部门）均有责任促进种族平等。为帮助公立机构实现这一目标，内政大臣获得授权，可以对这些机构规定具体的职责。《2000 年种族关系（修正）法》规定，如果某位警长属下的一名警察对另外一名警察做出歧视行为，则可以要求该警长对此承担责任——就此类情形，此前上诉法院曾在贝德福德郡警长诉利弗西奇（2002）一案中裁定，根据《1976 年种族关系法》，不得要求警长对下属的歧视行为承担责任。

关于种族主义意识与多样化的培训

1994 年，警察培训事务理事会（the Police Training Council）就实施社区与种族关系培训提出了若干项建议。不过，这些建议后来并没有在所有警队中得到充分或者有效的贯彻。对此，政府要求各警队必须对 1994 年提出的这些建议做出积极的回应。1999 年 10 月，大都会警察开设了新的培训课程；内政部则将 2002 年 12 月设定为目标期限，规定截至该期限为止，所有“一线”警员都必须接受关于种族与多样化问题的培训。

培训方面的主要进展之一是在内政部、警长协会、警察监管机构协会以及中央警务训练与发展监管局的监督下，实施了有关种族平等与文化多样性的《国家职业标准》。《国家职业标准》不仅为开展培训提供了一个框架，并且还明确规定了应当取得的学习成果。这种新方法是在警长协会、警察监管机构协会以及内政部（2004 年）联合发布的一份文件中提出的。它涵盖了所有与多样化有关的领域，并根据警察的个人需求对培训进行了调整。《国家职业标准》未来将会并入由全国警务工作改进局指定的《平等标准》（Rollock，2009：49 – 50）。

警察纪律

1999 年 4 月，《行为准则》取代了《警察纪律守则》。《行为准则》规定了警员必须遵守的行为标准，要求警员必须礼貌和宽容，而且要力避“不合理的歧视”（不过，《行为准则》并没有对这一术语进行定义）。由于种族歧视行为并不是一个专门的罪名，这就意味着有关种族歧视的统计数据是无法自动生成的。虽然每一桩种族歧视案件都是根据
157 是非曲直进行处理的，但是依然可以想见，警察如果犯有种族主义行为，通常情况下都会因此遭到免职。根据《行为准则》，警察在纪律听审中不再具有沉默权，而且举证标准也调低为民事法律中的盖然性权衡测试（Calyert – Smith，2004：40）。

截停与截停搜查

内政大臣同意考虑是否应向被截停搜查的人员出具对其截停理由的书面记录。后来，为保证这一改革措施不至于给警察带来难以承受的工作负担，内政大臣同意对“截停”记录分阶段实施，且对记录的结果进行监督（Home Office，2002：22）。

独立投诉体系

政府曾就建立独立投诉系统的成本进行了可行性研究；随后，内政大臣提议，涉警投诉的调查系统中应引入一个独立性更强的成分（Home Office，2000a）。这项改革后来通过《2002 年警察改革法》得以推行。

警察对同僚提出的正式投诉通常都会诉诸所在警队的申诉程序；不过在对内部纪律审查方面，独立警察投诉委员会的职权范围要比警察投诉处更为广泛。这样一来，多数由在职警察提出的关于种族主义的指控都可能由这一新设机构负责调查。

7.2 根除种族主义：改革的进展

虽然把消除警方的制度性种族主义放在“政治与公众意识的最前沿”至关重要（Rollock，2009：4），但是在麦克弗森提出的或者得到政府首肯的各项改革中，却没有一项是专门为消除警方制度性种族主义的而设计的。相反地，人们认定，随着麦克弗森报告中所列各项问题的治理工作的进展，这一目标自然而然就会得到实现。那些旨在根除种族主义的改革成功与否可通过若干指标进行评估。下文将会对部分主要评估指标进行讨论。

7.2.1 种族暴力

1999 年大都会警察局下辖区域内各个地区均成立了专业的、面向受害者的社区安全小组。这是警方对麦克弗森报告所做回应的一个方面。 158
这些小组牵头实施了多项变革。在这些变革的作用下，针对种族主义犯罪的举报与逮捕都有所增加，而且有关这一性质的犯罪行为的情报也有所增长。此外，大都会警察局还立项了一个名为“了解并应对种族仇视犯罪”的项目。该项目的宗旨是对数据进行分析与审查，从而使大都会警队更为清晰地了解种族仇视犯罪这一问题。2005 年，英国警长协会与内政部向各警队下发了有关如何处理仇视犯罪的指导意见。有些警队——特别值得一提的是大都会警察局——在若干起名扬一时的仇视犯罪案件中，成功地争取到了对犯罪分子的有罪判决。

数据显示，在麦克弗森报告发布之后，种族暴力呈上升态势。在 1999 ~ 2000 年度，英格兰和威尔士地区警方共受理并记录了 47814 起种族主义警情，与之相比，此前一年的数据为 23049 起。其中包括 21750 起《1998 年犯罪与破坏治安法》规定的违法行为（Home Office，2000a：49）。之后年份的数据则表明，英格兰和威尔士地区警方所记录的种族主义警情的数量又有进一步增长，从 2005 ~ 2006 年度的 59000 起上升到 2006 ~ 2007 年度的 61000 起（Jones & Singer，2008：10）。在 2006 ~ 2007 年度，共有 42551 人次被控犯有种族性或宗教性加重情节的违法行为。其中多数（65%）被控犯有骚扰行为。并且其中很多人是由警方采用出具破坏治安处罚通知的形式（由警方当场开出罚单）处理的。在2006～2007年，警方共向皇家检察署移送了13544起指控。皇家检察署对其中的75%提出了公诉，对其余25%则没有提出公诉（Crown Prosecution Service，2007：Rollock，2009：31）。

这些数据显示种族犯罪数量有显著增加，个中缘由可能是由于采用了麦克弗森的建议：只要受害者认定自己遭受的违法行为属于种族犯罪，就应当将该违法行为按照种族犯罪记录在册。不过，记录违法行为的方法也对这些数据有所影响（按照这些记录方法，同一事件可能产生多项犯罪，多个事件也可能仅产生一项犯罪）。这些数据也可能反映出了“逆向举报”的成分：举报具有种族主义动机的犯罪行为的白人受害者人数有所增加。这种情况“荒诞可笑”，因为“随便什么人都可以对别人进行举报，并给他贴上种族主义分子的标签”（Chahal，1999：para 1：6）。此外，警察自身的行为对这种局面的恶化也起到了推波助澜的作用，他们在遭到和自己种族出身不同的人员侮辱后，会将其定性为种族主义事件（Fitzgerald，2001）。这种举报行为的后果就是导致社区安全组（community safety unit）不堪重负。

此外，为应对伦敦地区的种族暴力而对警方有关程序进行了修改，但是修改的效果究竟如何受到了皇家警察监督局的一份报告的质疑（HMIC，2000）。该报告肯定了专业部门警员所起到的作用，但是指出，还需要付出更多的努力才能赢得非专业部门警员的人心。该报告中曾提到，“部分警方人员中普遍存在这样一种感觉：他们认为，种族主义袭击的受害者是受到特殊对待的，而这种特殊对待势必会导致社区内其他人员对警方产生偏见。因此，该报告做出呼吁，这一问题应当纳入关于社区与种族关系的培训课程中进行研讨（HMIC，2000：6）。

159 ### 7.2.2 人员招聘问题

清除种族主义分子

英国《卫报》2000年2月24日刊登的一项由该报进行的调查披露，

有20支警队根本就没有设置任何测试来检验警员是否抱有种族主义态度。

目标

起初，在从非洲－加勒比以及亚洲社群中录用更多警员方面的进展并不算快。截至2002年年初，英国大都会警察厅从少数族裔社群中招募的警员共有1205名，占总人数的4.42%（Hopkins，2002），英格兰和威尔士地区警队招募的少数族裔警员人数总共为3386人（占总人数的2.6%）（Home Office，2002：27）。这意味着，要达到内政大臣为大都会警察设定的目标，从2004年开始，每年新招募的警员中高达80%的人必须是黑人或者亚裔人士；对于这种局面，全国黑人警察联合会主席称之为“荒唐可笑”（Powell，转引自2004年8月22日《观察家报》）。

稳定队伍

研究表明，少数族裔警察辞职或者被开除出警察队伍的比例要高于白人警察（Bland et al.，1999），并且截至1999年3月，只有14%的少数族裔警察获得了职务晋升，与之相比，有23%的白人警察得到了提拔（Bowling，Phillips，2002：218）。时任内政大臣的杰克·斯特劳意识到了这一问题的严重性。他发布了一份内政部报告，引起了人们的强烈关注。该报告显示，黑人和亚裔警察辞职和被解聘的概率分别是他们白人同僚的两倍和三倍。他指出，必须设法制止这种人员“流失”（Straw，1999c）。

不过，为解决这一问题而采取的种种措施在警方内部引起了异议。对少数族裔警察的提拔晋升引起了白人同僚的不满，并导致白人警察纷纷向就业法庭（employment tribunal）提出控告，声称他们的职业前景由于种族歧视而受到影响，提出此类控告的白人警察人数达到空前（Hinsliff，2004）。

7.2.3 纪律

在莫里斯报告和泰勒报告分别于2004年和2005年发布之后，2008

年起开始推行新版《职业行为标准》。新版职业行为标准明确提出了平等和多样性问题，要求警察在行为方面必须公正和不偏不倚，不得对他
160 人进行非法或者不公正的歧视。此外，如果同僚的行为与职业行为标准相抵触，警察还应当进行举报、表示反对或者采取行动。如果警察出现不当行为，应由一个由独立成员组成的小组进行听审（Home Office，2008a）。

7.2.4 关于多样性的培训

《2000年种族关系法》（修订）规定各警队负有种族平等的责任，要求各警队对警员进行关于推动种族平等这一普遍责任的培训。起初，为落实这一培训任务，警方推出了“见习警员培训计划”（Probationer Constable Training Programme）（大都会警察局招募的警员在亨顿接受该计划的培训；其他警队招募的警员则在中央警务训练与发展监管局下辖某个中心接受该计划的培训），后来该计划中关于多样性的部分被拓展成了一个为期3－5天的模块。见习培训结束后，各警队还引入了一个由强制性“社区与种族关系”研讨会组成的见习后计划；截至2003年年末，各警队的多数警官和警员均参加了这些计划（Calvert－Smith，2004：25）。多样性议题已被纳入到包括关于截停搜查以及高级指挥课程在内的专门培训中。此外，中央警务训练与发展监管局还与全国黑人警察联合会共同制定了一个为期三天的“个人领导力计划”。截至2004年年中，已经大约有700名左右的少数族裔警员参加了该计划（Calvert－Smith，2004：25）。此外，在麦克弗森报告发布之后，各警队还分别自行实施了若干行动（如2001～2002年在伦敦32个区开展的“社区与种族关系”研讨会）。

7.2.5 截停搜查与截停盘问

对于麦克弗森报告中就截停搜查所提出的各项建议，内政大臣承诺会认真考虑，据此，内政部警务与减少犯罪处（Home Office Policing and Reducing Crime Unit）开展了一项“范围界定”研究（在开始全国试点

之前)。该研究显示现有些程序存在多种问题，包括对“自愿”搜查的运用、警官对运用截停搜查权的监督（在所有参与该项研究的警队中，这种监督都是不久之前才形成的)、“如果通过改进监督来最优化涉嫌非法或者不公正地运用截停搜查权的警察”（Quinton & Bland，1999：2）以及应当赋予“截停”什么样的定义（例如，如何与探询性询问相区分)。

《2003 年刑事司法法》（the 2003 Criminal Justice Act）对截停搜查程序引入了若干变动。此举拓展了警方截停搜查权的范围，使之涵盖了警员合理怀疑某人持有某一物品并企图使用该物品造成刑事损害（例如乱涂乱画）的情形。2004 年起实施的《警察行为守则》以及《刑事证据法》为警方监管人员规定了新的职责：对他人所称的、警察在搜查方面存在的“比例失衡”问题进行监控和查办。此外，运用截停搜查权方面 161
的比例失衡问题还要根据“警察绩效评估框架”进行评估。但是，警察联合会（Police Federation）对“比例失衡”一事却抱有批评态度，该机构提出，“内政部和警长毫不掩饰地承认自己并不了解‘比例失衡’这个词语的含义，但是却依然一意孤行，非要用这个词语来对警察进行评判”（Police Federation，2008）

7.3 缺乏进展的原因

在 21 世纪头几年曾经出现过一种论调：实现麦克弗森报告中各项目标的势头开始呈现颓势。2003 年发表的一项研究提出，有些来自少数族裔群体的参与者“认为警方‘在机制上依然是种族主义的’”，警方对少数族裔社群抱有负面态度，并且在回应他们的诉求时拖沓缓慢”（Docking，2003)。诸如此类的观点似乎在英国广播公司 2003 年 10 月 21 日播出的一个名为《秘密警察》的节目中得到了验证。

该节目对若干名警察职业生涯的早期阶段进行了暗访。这些警察当时正在全国警察训练中心（Police National Training Center）接受训练，该中心位于沃灵顿市布鲁什（Bruche，Warrington)，供英格兰北部和威尔士地区的十支警队使用。这些新招募的警员中有部分人表露出了种族主义言语和情绪；这样的事居然发生在麦克弗森报告发布之后，着实令人难以置信，并且令人不禁怀疑，警方究竟在多大程度上真正听取了麦克弗森所提出的建议。

警察队伍中挥之不去的种族主义问题，使人们禁不住对警方尊重多样性的决心产生怀疑。关于这些问题何以积重难返、屡禁不止，可以提出多种解释。其中包括基层警察对于尊重多样性这一目标的抵触。对于这一目标的反对有多种形式，其中包括质疑麦克弗森有关警方在机制上是种族主义的说法的可信度。有人断言，“从斯蒂芬·劳伦斯谋杀案调查过程中所涉及的少数警察的行为得出警方“整体是失败的”的看法是非常牵强的。这种说法印证了上述质疑观点。

此外，还有人断言，麦克弗森报告中提出的改革日程表存在不足，无法作为有效改革的依据。尤其是该日程表“未能充分精准到位地找出”“警务实务结构中以及警方与少数族裔社群关系中”的制度性种族主义的根源（Lea，2003：48）。也就是说，必须分毫不差地找出日常警务工作中到底是什么东西催生并维系了一种使种族主义得以存在的职业文化（Lea，2003：51）。一种和这种观点相互呼应的看法认为，制度性种族主义并非首要问题，不应将其视为劳伦斯谋杀案调查工作的唯一标
162 志性因素，甚至或许不该将其视为主要标志性因素。相反地，有人提出，劳伦斯一案的调查工作所暴露的警方的某些做法，反映的其实是为劳动阶层社群提供的服务质量低劣，而不是警方存在种族主义（Skidelsky，2000：2）。警方的做法可能还要受到阶级与种族因素的复杂关系的左右：“各类种族主义实质上就是各种形式的高人一等和排斥驱逐，和与阶级和性别有关的高人一等和排斥驱逐狼狈为奸”。这种观点导致了这样一个结论：对待种族主义和反种族主义斗争，要把它们“放在一个范围更广的意识形态与政治框架中，并将其视为思考社会民主化、平等和公民资格的催化剂”（Anthias，1999：para7.1）。

阻碍麦克弗森所提出各项改革的进展的又一个障碍是“政府已经开始对这一主题失去兴趣”这种看法。2003 年，在大卫·布伦基特（David Blunkett）担任内政大臣期间（2001～2004 年），内政部的工作重点——“增强少数族裔社群对警务工作的信任和信心”——遭到取消，取而代之的是一项包含在《2004 年全国警务工作计划》（*2004*

National Policing Plan）中的、更为笼统的、要“激发民众特别是少数族裔社群对警方的信心”的承诺。有人提出，在实践中很难对激发信心这一目标进行评估（Rollock，2009：4，16）。因此，劳伦斯指导小组（Lawrence Steering Group）（为监督麦克弗森报告所提出的各项建议的实施情况而成立）于2005年解散，由一个名为种族主义事件小组（Racist Incident Group）的组织取而代之，负责审查地方性、地区性和全国性打击种族犯罪政策的贯彻实施情况。

最后一个问题则事关警方没能做到打铁还需自身硬。从传统上讲，为在警队内部消除种族主义所做的努力一般都是面向警方与公众关系这一外部问题。这样一来，“警察职业文化中的某些特点重新定义了工作环境应该有哪些‘好的’和理想的特色，却妨碍了少数族裔出身的警察完全融入工作环境并成为其中积极活跃的成员，但是职业文化的这些特点却压根没有得到任何重视”（Holdaway，1996：171）。这种观点认为，解决警方内部的制度化种族主义势必要求改变警方文化。但是要做到这一点却并非轻而易举，因为“警察文化不仅导致了警察抱有种族主义态度并做出不当行为，而且还部分促成了警察之间彼此庇护、相互保密的局面，这样一来，警察违反规定的行为就得以掩盖下来，而且还用种种口实掩人耳目（Chan，1997：225）。

大卫·卡尔沃特－史密斯（2004年和2005年）和比尔·莫里斯（2004年）撰写的报告中提出了一个改革议程，其宗旨是强调警方必须做到打铁尚需自身硬。这几项报告有一个共同的主题，即必须保证来自少数族裔社群的警察在警队内部不会受到种族歧视。

2005年9月，内政部、全国警长协会以及警察监管机构协会根据种族平等委员会的一项报告（2005）中的研究结果为警方制定了一个“种族平等计划”（ACPO，APA and Home Office，2005）。这三个机构组建了一个平等与多样性委员会，负责推动该报告中提出的各项建议的实施。 163
随后启动了多项改革，其中包括一个新的全国警察培训计划与入职后种族与多样性培训、优化和简化针对警察被控犯有的种族主义行为的纪律处分与投诉程序、对警察监管机构协会成员单位及其工作人员进行种族与多样性培训以及新的《国家操作标准》（*National Operating Standards*）。其中最后一项改革（新版《国家操作标准》）规定了警员在种族与多样性方面应有的表现，并借此加强人员选拔、工作评估以及培训目标；该改革还修改了对培训人员的培训，人员评价制订了新的程序和指引，并就“积极作为”（与之相对的是“积极的区别对待”[2]，属于非法行为）提出建议，以推动少数族裔警员的招募工作（Bennetto，2009：15）。

7.4 21世纪在根除制度性种族主义方面的进展

那位在1999年一手发起实施麦克弗森报告中提出的各项警务改革主张的内政部长，十年后却宣布大都会警察厅已经不再存在制度性种族主义了（Straw，2009）。但是，他承认，大都会警察厅中依然存在零星的种族主义。不过，他的观点却并未得到普遍接受。有人提出，“警方在招募、留任和晋升黑人和少数族裔警员方面依然存在重重失误，以及遭到警方截停搜查的黑人数量偏高”，因而很难“得出结论，认为制度性种族主义这一指控已经不再适用（于警方）了”（Rollock，2009：3）。大都会警察厅黑人警员协会（MPS Black Police Association）主席阿尔弗雷德·约翰（Alfred John）的说法则更加直言不讳。他在2009年4月28日向内政事务委员会（Home Affairs Committee）明确表示，大都会警察厅在制度上“确定无疑地”是种族主义的。

从2007年4月份起，实现“种族平等计划”（the Race Equality Programme）中确保警察队伍的种族代表性这一目标的责任开始由全国警务工作改进局承担。该机构负责警务工作的局长明确表示计划建立一个指导小组，负责监督其就改进黑人和少数族裔警员的招募、留任和晋升问题而提出的各项建议的实施情况（Coaker，2008：8）。此外，还要将若干关于多样性的政策并入“平等、多样性和人权战略”中去。该战略为期三年，当时正由全国警长协会和警察监管机构协会制定，并由全国警务工作改进局和皇家警察监督局提供支持。该战略将会把全国警务工作改进该局制定的平等标准纳入其中。

7.4.1 警方的内部运作

为了解决好自身存在的问题，当代警察机构曾经实施了多项改革。这些改革是否成功地解决了警方的制度性种族主义问题，本部分将对此进行详细分析。

招募 164

虽然自1999年以来加入警察队伍的黑人和少数族裔的人数有所增加，但统计数据显示，警方要想达成到2009年使黑人和少数族裔警员比例达到7%的目标仍然存在困难（Rollock，2009：6）。这一局面或许是政府决定废止全国平等目标，并用各地警察监管机构根据本地情况自行设定的种族和性别平等目标来取而代之的因素之一。皇家警察监督局将在2010年对警察队伍中存在的问题进行督查，以此来维持对平等目标实现情况的全国统一监督（Coaker，2008：9）。

有人曾就改进具有黑人和少数族裔背景的警察的招募工作提出一项建议，那就是鼓励少数族裔社区辅助警察和志愿警察成为正式警察。平等与人权委员会（Equality and Human Rights Commission）曾经建议警方，鉴于社区辅助警察和特别预备警察在履行职务过程中已经积累了一定的警务工作经验，警方应当研究一下是否可以缩短他们的见习期（Bennetto，2009：7）。

人员留用

截至目前，在影响警方改变自身人员的种族构成的努力上，尤其明显的一个问题是具有少数族裔背景的警员流失严重。

有人发现，少数族裔警察的辞职率高于白人警察，在入职后的前六个月中尤其如此。在2006～2007年度，在入职不足六个月的警察中，在2007年中辞职或者被辞退的警员中，有6.1%来自少数族裔群体。而白人警察相应的比例则为3.1%（Bennetto，2009：14）。不过，之后一年两者之间的差距缩小了不少：两个群体的离职率分别为3.5%和3.2%（Coaker，2008：15）。

进一步数据显示，在各入职时间段内，黑人和少数族裔警察的留任情况都不如白人警察，但是在入职时间不足五年的警员群体中最为明显（Coaker，2008：3）。总体而言，主动辞职的警察中有46.6%是黑人和少数族裔警员，与之相比，只有25.9%是白人警察（Jones and Singer，2008：104）。

晋升

2008年，在所有5793名黑人和少数族裔警察中，83.2%的警衔为警员（constable），只有0.12%的警衔与英国警长协会会员警衔级别相当（Coaker，2008：15）。在人们认为属于歧视性的做法中，剥夺晋升机会是主要方面之一。由于晋升机会遭到剥夺，出身黑人和少数族裔的警察中位居高位的少之又少。虽然有人提出，“在所有进行评估的服务年限区间内，少数族裔警察的晋升速度都和白人警察的晋升速度非常接近”（Coaker，2008：4），内政事务委员会却表示，该委员会在调查中发现，警察晋升过程中，特别是在大都会警察厅内，曾经出现过多起引人瞩目的种族主义指控（Home Affairs Committee，2008：para 351）。

黑人和少数族裔警察的晋升问题在高级警官中尤为突出（为高级警
165 官群体设定的黑人与少数族裔人员晋升目标未能达到）（Bennetto，2009：3）。2008年有报道称，在此前4年间，只两名少数族裔警官通过了国家高级警官审核中心（Senior Police National Assessment Centre）的审核。该中心负责警长人选的遴选工作。少数族裔警察中有这样一种看法，即警长往往倾向于推荐白人警官接受该中心的审核（Coaker，2008：8）。

有关部门已经采取了多项措施来扭转这种失衡的局面。英国全国警务工作改进局和全国黑人警察联合会联手推出了“高潜力开发”计划（它是一个全国性领导能力开发项目，旨在培养警察，使之走上领导岗位）。该计划针对那些出身警察队伍中未得到充分代表的群体的警官或者警员开办了一个为期四天的“积极行动领导能力项目”。该项目旨在鼓励具有此类背景的人员留在警察队伍中，并争取发展机遇和晋升。英国警长协会则成立了一个名为“黑人与少数族裔警员晋升事务小组”（BME Progression Group）的机构，并和全国警务工作改进局共同发起了“黑人与少数族裔高级警察网络”（BME Senior Staff Network）（Home Affairs Committee，2008：para 349）。此外，英国警长协会和全国警务工作改进局还成立了一个“三方监督小组”，对黑人与少数族裔警察的留用和晋升进行督查（Coaker，2008：9）。

不过，警方高层的进步依然有限。英国全国警务工作改进局下辖的全国高级职业咨询服务处的一位职业发展顾问兰吉特·曼格纳尼（Ranjit Manghnani）博士表示，在“高潜力开发计划”的现有参与人员中，具有黑人和少数族裔背景的只占4.6%，而这些具有黑人和少数族裔背景的参与人员中，获得晋升的则一个也没有（Home Affairs Committee，2008：para 350）。

纪律

数据显示，黑人和少数族裔警官遭到解职或者被勒令辞职的比例要高于他们的白人同侪（8.5%：1.7%）（Jones & Singer，2008：104）2008年12月，一项新规范——《职业行为准则》——开始实施。该规范源自《莫里斯调查报告》（*Morris Inquiry*）（Morris，2004），旨在使投诉与纪律处分过程更加透明化。此外，还在《咨询、调解与仲裁服务组织纪律处分与申诉行为准则》基础上，引入了警察纪律处分与不合格表现处理程序。

不过，有人可能会以指控受到种族主义歧视相威胁，并以此作为机制来阻挠对那些对少数族裔警察提出的、确有真凭实据的投诉进行调查。这一问题是在审判警长阿里·迪扎伊（Ali Dizaei）时提出的。2010年，阿里·迪扎伊由于犯有公职人员行为不当以及妨碍司法公正被判入狱四年。

种族主义行为

警方应当制定恰当的回应措施，用来处理警察队伍中被判犯有种族不端行为的人员，这一点非常重要。此举在处理由无主观故意的种族主 **166**
义所导致的问题方面意义尤其重大，因为正如警察投诉处（Police Complaints Authority）的种族歧视投诉调查指南所说的那样，在这种情形之下（Travis，2003），采用辞退这种惩罚方式可能并不恰当。应该对被判犯有种族不端行为的警员进行充分的在职培训，使他们理解到自己的所作所为因何是错误的，并意识到自己以后应当怎样做。

不过，归根结底地说，强制措施在影响警方文化方面还是要扮演一个重要的角色。因此，对于情节严重的种族不端行为案件，还是要始终采取辞退这一处罚方式。解雇这一处罚措施是为了回应英国广播公司《秘密警察》这一节目才开始实施的，并且在有关案例中，被控犯有种族不端行为的警察都获准可以自行辞职，而不是被开除出警察队伍。

培训

关于多样性的培训是通过“新警学习和发展项目”（Initial Police Learning and Development Programme）以及“种族与多样性学习与发展项目”（Race and Diversity Learning and Development Programme）实施的。“在这两个项目中，全部学习资料始终贯穿有种族和多样性这两个问题，并且包含一个深入性‘业务案例’，该案例阐明了改进并保持警方在各项多样性事务方面的表现的重要性，以及建立一支具备文化多样性的警察队伍所能带来的内部与外部益处，以此凸显种族与多样性的意义”（Coaker，2008：5）。

平等与人权委员会曾经提出，应当将多样性培训纳入到警察培训的各个环节之中，而不是将其视为警察培训课程中的一个独立部分（Bennetto，2009：7）。为确保此类培训课程能够对警察的行为产生作用，应该在课程开始之初就开宗明义地向参与培训的人员阐明课程的目的，以便赢得他们的支持（包括但不限于皇家警察监督局所规定的务实考虑，2003：13），并设定有效的方法，通过设计可测量的结果来监控这些课程随后产生的作用。

结论

在关于警方未能根除制度性种族主义的各种说法之中，其核心内容是关于警方种族歧视的指控。在 2005 年 11 月到 2007 年 11 月间，警方收到了 700 余起针对警察和警方文职人员歧视行为的投诉。但是，即便是警队因此输了官司，始作俑者却经常能够免于受到处罚（Home Affairs Committee，2008：para 351）。

167 来自大都会警察厅的证据显示，黑人与少数族裔警察卷入“公平工作”（Fairness at Work）问题处理程序的比例偏高。在 2007 年 4 月到 2008

年3月期间，大都会警察厅共提起192起公平工作案件，其中由黑人与少数族裔警察提起的案件占10%（相形之下，黑人与少数族裔警察仅占大都会警察厅警力的8.2%），比前一年度增长了1%（Rollock，2009：53）。

黑人和少数族裔警察还向就业法庭提出过控告，不过这些案件本身并不是都和种族歧视有关（Rollock，2009：6）。在2007～2008年提出的117起案件中，有58%是由白人警察提出的，12%是由黑人警察提出的，另有13%是由亚裔警察提出的，黑人和少数族裔警察提出控告的比例比他们在大都会警察厅警队人数中所占比例要高3.5倍。在所有尚未完结的控告案件中，种族歧视是唯一投诉因素的占18%。在截至2008年3月为止的年度提起的所有案件中，以种族为唯一投诉因素或者共同投诉因素（指是控告理由还包括性别或者年龄歧视等其他形式歧视）的案件占45%。不过，在所有以种族问题为由提出控告的人员中，大约三分之一为白人（Rollock，2009：53－54）。

几起涉及出身黑人和少数族裔背景的高级警官的、轰动一时的违纪案件促使大都会黑人警察联合会于2008年以警方是一个种族主义组织为由，大力呼吁黑人和少数族裔人士不要加入警察队伍（Rollock，2009：12）。2008年，英国广播公司《全景》（*BBC Panorama*）栏目播出了一部纪录片，《秘密警察归来》（*the Secret Policeman Returns*）声称种族主义依然是英格兰和威尔士各地很多警察中存在的一个痼疾。肯特郡警察局长麦克·富勒（Mike Fuller）指出，黑人警察必须付出他们白人同侪两倍的努力才能在警队内获得晋升（Bennetto，2009：17）。诸如此类的问题促使有人建议，警方应当集中力量解决警察队伍内部存在的歧视问题（Home Affairs Committee 2009）。

7.4.2 警方的对外关系

要想证明警方已经根除了自身存在的制度性种族主义还需要对警方与一般公众之间的关系，特别是与少数族裔社群的关系进行分析。虽然少数族裔社群对警方的信心有所上升（Coaker，2008：1），但有些问题依然有待解决。下文章节将对这些问题展开讨论。

截停搜查

有人指出，“搜查在打击犯罪方面固然起到了一定的作用，并且从全国范围来看，通过搜查而逮捕归案的人数占总逮捕人数的十分之一，但搜查工作对于侦破和预防记录在案或者有人举报的犯罪方面似乎只起到了很小的作用”（Willis，2000：iii）。尽管如此，有证据表明，搜查工作在逮捕犯有某些类型的违法行为（如携带攻击性武器）的人员方面居功甚伟（Miller et at.，2000：11）。不过，搜查工作对于打击犯罪工作的任何贡献都必须放到“搜查对于公众对警方的信任具有负面作用”（Willis，2000：iii），以及“对于出身少数族裔社群的人员过度使用搜
168 查似乎会直接降低这些社群对警方的信任”这样的背景之下进行考虑（Miller et al，2000：vi）。

2005年的伦敦爆炸案催生了新的、涉及截停搜查权行使的趋势，尤其是根据《2000年恐怖主义法》，对亚裔人士行使截停搜查权的频率有所增加（Rollock，2009：6）。虽然依照截停搜查权被截停并遭到搜查的人员多数是白人（从2002～2003年的14429人增加到2003～2004年的20637人，增长了43%），同一时期被截停搜查的黑人人数增长了55%（从1745人增加到2704人），而遭到截停搜查的亚裔人士的人数则上升了22%（从2989人增加至3668人）（Dodd & Travis，2005）。其他数据还显示，在2006～2007年，亚裔人士被截停搜查的概率是白人的两倍，与1988～1989年的数字类似（Jones & Singer，2008：34）。

在行使截停搜查权方面做不到一视同仁是“影响种族关系和睦的一大障碍”（Bennetto，2009：21）。虽然确实有案例证明，通过有效监督解决了这一问题（Miller et al.，2000：55），平等和人权委员会依然指出，“警方和其他机构在解决截停搜查方面不能一视同仁方面缺乏力度、漠不关心”（Bennetto，2009：6）。

2009年1月1日生效的《〈警察与刑事证据法〉准则一》的修正版明确规定，促使对任何人进行截停搜查的怀疑的合理依据“不得构建在关于某些群体或者某些类别的人员更有可能参与犯罪活动的以偏概全的结论或者刻板印象的基础上”（Home Office 2008b：41）。此外，该准则还明确，负责监控截停搜查权使用情况的警务督察人员有权“判定是否

有任何证据表明，这些权利是否是根据刻板印象或者不当总结来行使的”（Home Office，2008b：16）。

截停盘问

从2005年4月1日开始，所有警队均须建立一项机制，确保向每位在公共场所被警察要求就自己的行动、行为、出现在该场所或者持有的物品进行说明的人员提供该盘问的记录。这种警方干预形式现在称为“截停盘问”，与“截停”相对。

不过，在弗兰纳根报告发布之后，政府对截停盘问的记录程序进行了修订。2009年1月1日生效的修订后的《〈警察与刑事证据法〉准则一》修改了截停盘问的文字记录规定，新规定不再提供盘问记录，而是改为出具一份证明；并且进行盘问的警察只需记录接受盘问人员自行说明的民族背景即可（Home Office，2008b：15）。此外，截停盘问记录只需包括被盘问人的民族和盘问地点即可。进行盘问的警察如果“有理由 169
认为被盘问人之所以要求警方提供盘问证明是有意阻挠或者迟滞警方的合法行为”，可以拒绝出具证明（Home Office，2008b：15－16）。

对截停盘问的记录规定进行变更是为了减轻官僚作风给警察带来的负担，使他们能够将更多的时间用在一线任务上。《2010年犯罪与保安法》（*2010 Crime and Security*）还提出要简化截停搜查的记录工作。不过，平等与人权委员会对这些改革表示忧虑，认为“在这个对于种族平等举足轻重的领域，政府似乎将减少官僚主义摆在了承担责任前面”（Bennetto，2009：5）。

种族主义事件

平等与人权委员会认为，过去十年间，警方在如何处理种族主义事件方面取得了“长足的进步”（Bennetto，2009：32）；皇家警察监督局一份没有公布的报告肯定了这种观点。该报告的结论是，就仇恨犯罪而言，“各警队所需的基础设施中有很多已经就位，各警队在很多领域已经表现出了高效的领导能力，并且正在有效地采用第三方报告的做法。总体业绩水平和满意程度均达到标准”（HMIC，2008：1）。

来自英国犯罪调查机构（British Crime Survey）的数据显示，种族主义动机事件的数量已经从1995年的390000起减少到了2006~2007年的84000起。

有人提出，诸如多机构联动小组（根据1989年种族主义袭击小组的一份报告成立，其职能是使警方和其他法定参与机构与志愿参与机构在接到报案后共享信息并协调回应工作）以及英国警长协会的“仇恨犯罪指南”（Hate Crime Guide）（2000年发布并于2004年进行修订）等倡议行动对减少种族主义性质事件方面取得的进展起到了作用。仇恨犯罪的侦破率已经提高到了44%（Home Affairs Committee，2009）。

国家DNA数据库

警方在与少数族裔社群打交道过程中被控犯有的种族歧视中，有一个相对较新的方面，这是由于国家DNA数据库（the National DNA Database）而产生的（参见第二章）。

自由民主党籍国会议员萨拉·蒂特尔（Sarah Teather）在议会发起了一场辩论，敦促大家关注该数据库中“黑人人数比例失衡”。总体而言，黑人总人口的27%、黑人男性总人数的42%、黑人男青年中的77%以及所有亚裔人士的9%被收录到了该数据库中，相比之下，白人人口中只有6%被收录入了该数据库之中（Teather，2008）。

虽然政府一口咬定并不存在任何偏见（Hillier，2008），平等与人权委员会仍然支持这种说法，该委员会表示，“在过去十年里，警方始终没有能够正视和解决该数据对种族平等所造成的影响”。该机构认为，这种影响是“相当大的”。（Bennetto，2009：28）。有人认为，这种比例
170 失衡会带来若干潜在的风险，其中包括民族形象定性（ethnic profiling）（根据民族形象定性，由于黑人在该数据库中的代表比例偏高，因而会被当作某些类别的违法行为的首要嫌疑人）以及DNA样本或者DNA记录会被人卖给商业公司用于某些问题的研究，例如认定某些种族具有导致犯罪的基因。此外，对某个种族群体进行“极端”代表所带来的耻辱具有潜在的社会后果（Bennetto，2009：29）。

2009年4月28日，平等与人权委员会主席特雷弗·菲利普斯（Trevor Phillips）告诉内政事务委员会，国家DNA数据库具有“范围极大、程度极高的歧视性”。因此，该委员会提议，应当对该数据库进行种族平等影响评估，并应当公布该数据库所收录的人员的全部民族监控数据（Bennetto，2009：8）。

专栏 7.2

警方内部的多样性

在截止2007年3月31日为止的一年中，英格兰和威尔士的43支警队共雇用了141892名警察（如果包括被派驻诸如严重有组织犯罪局等中央机构的人员在内，则为142374人），在这些警察中：

- 33177（23%）各为女性，不过在截止2007年3月31日结束的一年中，女性占新进警员人数的35%；
- 5540（3.9%）各来自少数族裔社群。

总体而言，人员流失率为6%，不过在截止2007年3月31日为止的年度内，选择离开警察队伍的人员中有15%为女性。

在截至2007年3月31日为止的一年中，警方雇用的辅助人员（包括社区辅助警察）共计91056人，其中58%位女性，7%来自少数族裔社群（Bullock & Gunning，2007）。

截至2008年，特别预备警察中有8%来自黑人和少数族裔社群（Rollock，2009：6）。

7.5 女性与警方

本节通过分析警方对雇用女性警察的主场以及雇用后如何对待女性警察所持的立场对另外一个多样性问题进行了分析。这两个问题是决定警方对待犯罪行为的女性受害人的方式的关键因素，因为要想警方在这一领域的“服务提供工作有真正和长期的改善”，首先要求警方打铁还需自身硬（Gregory & Lees，1999：200－201）。

7.5.1 人员招募和工作条件：历史上的立场 171

从历史上看，警察是一个面向男性的职业。在十九世纪时，有些警队雇用女性来看管由警方收押的女性犯人，但是雇用女性担任警察却直到第一次世界大战时才出现。1914 年后成立了若干个独立组织（例如女子辅助警队，Women's Auxiliary Service），负责履行诸如保护年轻女性免受“野蛮和放肆的军人”的伤害（Ascoli，1975：207）。在战争结束时，大都会警察厅厅长成立了女子巡警队，不过这些女性并没有宣誓成为警察。之后曾经试图对警队雇用女性进行规范：某个遴选委员会曾经提出，应当让女性进行正式入职宣誓并接受全面训练，使之成为英格兰和威尔士警队的组成部分（Baird，1920）。不过，这些建议的实施受到了有些人的阻挠。这样一来，只有为数不多的女性经过宣誓成为警察；即便这样有限的进步也在 1922 年戛然而止：内政大臣在会见了警察联合会的中央委员会后，同意将女性警察全部解聘。

之后还有机构力主雇用女性警察，其中包括布里奇曼委员会（the Bridgeman Committee，1924）（该委员会坚称，雇用女性警察后，警方的效率得到了提升；不过该委员会提出，不能认为任用女性警察就可以取代雇用男性警察（Bridgeman，1924）以及皇家警察权力与程序委员会（1929 年）（Royal Commission on Police Powers and Procedure）。1930 年，内政大臣为女性警察的薪俸和服务条件设定了标准，并明确规定，女性警察的主要作用是履行警方职责中与妇女儿童有关的部分。《1933 年儿童与青少年法》规定，处理未成年人时应有女性警察参与，从而在法律上承认了女性警察的地位。不过，女性警察的人数仍然不高，到 1971 年，英格兰和威尔士各地雇用的女性警察只有 3884 名。这些女性警察被安排在单列的部门之中，采用单列的警衔和晋升架构，她们的行为也由单列的监督机构负责监督。她们的薪金只相当于男警察的九成。

《1970 年同酬法》和《1975 年性别歧视法》改善了女性警察的招募和工作条件。这些法律（以及部分警队单独实施的其他有关改革）的宗旨是推动雇用女性警察，并确保她们能够充分融入警队之中。为女性警察单独设立的警察部门得到废除，女性警察领取的薪俸也和男性警察一样了。不过，虽然女性警察的人数有所增加，她们中多数人的警衔却比较低。

曾经有人指出，“警察文化”顽固不化的特性导致警方抗拒一切与他们久已有之的做法和态度存在冲突的变革，从而阻碍了女性警察的晋升（Gregory & Lees，1999：199）。还有人指出，男性和男性价值观在警务工作中占主导地位（Heidensohn，1992），警方职业文化的特点之一是“基本上彻头彻尾的男性霸权”，推崇“咄咄逼人的肢体行为、争强好胜的意识、对冲突意象的痴迷、夸张的异性恋倾向和父权家长式的敌视女 172
性态度”（Fielding，1994：47）。由此导致警队内部有人提出“作为警察，女性无论是在身体上还是情感上都不及男性；警察工作不是女人的工作，它并不适合女性，而且女性根本不会长期从事这份工作”（Jones，1986：11）。

这一问题的后果之一就是女性警察可能会受到歧视。在 20 世纪 90 年代，曾经有几件女性警察声称遭到性别歧视的案件闹得沸沸扬扬。这些案件中包括艾莉森·哈尔福德（Alison Halford）一案。在该案中，艾莉森·哈尔福德于 1992 年在劳资争议法庭向默西塞德郡警察监管机构（Merseyside Police Authority）提出控告，声称由于自己受到性别歧视，未能被晋升为警察局副局长。后来，她通过和解方式解决了这一争议，拿到了一大笔补偿款；之后，由于她使用办公室电话和律师就该性别歧视案件进行联络时遭到了窃听，侵犯了她的隐私权，因此她又在 1997 年获得了 10000 英镑作为赔偿。警察队伍内部存在的性骚扰这一“严重问题”于 1993 年正式得到官方承认（HMIC，1993：16）；之后发现了一些证据，表明（警察队伍内部）存在“数量众多的具有性别歧视意味的……玩笑”（HMIC，1995：10）。

7.5.2 女性警察的招募：当代的情况

近来，女性警察的比例有了较大的提高；如今，女性占警察人数的 24%，社区辅助警察人数的 44% 和警方文职人员的 60%。在有些警队，新招募的警员中女性比例也有所增加。例如，在泰晤士河谷警察局（Thames Valley Police），女性占新招募警察人数的 40% 或 45%（Home Affairs Committee，2008：para 339）。不过，女性警察的总招募人数距离内政部所设定的、女性警察要占 35% 这一目标还有相当大的差距。据估计，除非实施某种形式的平权行动，否则，要让女性警察比例达到这一目标，可能要在原定达标时间基础上再延长十五年才行（Home Affairs

Committee，2008：para 340）。

不过，在女性警察招募方面还有若干重大问题需要解决。警察队伍中拥有高级警衔的女性警察比例就很值得关注。高级警官（高级督察及以上）中有12%为女性；英格兰和威尔士各地的警队中，由女性担任的警察局长只有5个。有人将这一局面归因于逐级晋升需要时间。这就意味着，近年来增加招募的女性警察要等相当长一段时间才可能进入警队内职级最高的群体。尽管结构性的障碍已经得到消除，文化原因可能还是导致了女性警察晋升相对较难。警察局长桑顿曾经告诉内政事务委员
173 会，必须和警察队伍的领导人士必须是白人男性这种观念进行斗争。她提出要为女性警察提供更多的人际网络和指导计划（Home Affairs Committee，2008：para 342）。

7.5.3　涉及女性在警察队伍中就业情况的改革

为改善女性在警察队伍中的地位，有关机构推行了若干改革措施。1987年，英国女性警务工作者协会（British Association for Women in Policing）成立。该机构面向各级警察人员开放，以强化从事警务工作的女性的作用并推动对她们的特别需求的理解为宗旨。

女性警察招募工作面临的问题之一是女性警察的辞职率。女性警察的辞职率是男性警察辞职率的两倍之高。每四个辞职的女性警察中就有一人将家庭责任列为离开警察队伍的原因（Home Affairs Committee，2008：para 341）。为改变这一局面所采取的改革措施之一是将缩短工时和轮换工作制推广至所有警衔和职级的警察，从而对工作活动和家庭生活的需求进行协调（HMIC，1995：14）。

职业暂休（career breaks）也有助于留住女性警察。2000年，英国国务大臣批准了一项全国警察职业暂休政策。该政策旨在为警务人员提供长期休假并确保其休假后返岗，以满足他们的个人需求，并维系有效的业务能力。警察最多可申请五年的不带薪职业暂休。根据内政事务委员会的报告，截至2004年10月，共有776名警察正在休职业暂休。这些人员中绝大多数是普通警员，只有一人拥有高级督察及以上的警衔。警察局长负责确保处于职业暂休状态的警察接受适当的复习训练以及新

技术入门培训，从而保证他们在结束职业暂休归队时不至于处于劣势（Home Affairs Committee，2005：para150）。

《2006年平等法》将会进一步推动女性在警察队伍内的地位的提高。该法律要求包括警察机构在内的所有公立监管机构杜绝一切非法歧视和骚扰，并推进诸如制定政策、提供服务和就业等领域内男性和女性之间的机会均等。供各警队实现这些目标的机制是"性别平等计划"（Gender Equality Scheme）。

7.5.4 如何对待女性犯罪受害人

男性警察对女性警察的歧视行为可能会导致人们认为警方无法公平公正地对待普通公众中的女性，特别是在她们是犯罪行为的受害者的情况下。针对女性的犯罪是一个严重的问题，其范围涵盖了强奸、家庭暴力和贩卖人口。本节将对警方应对针对女性的暴力的方式进行分析。

废除独立的女性警察部门带来了一些意想不到的后果，其中之一是 **174**
失去了一个原本对女性犯罪受害人有利的取向。独立的女性警察部门废除后，诸如强奸等严重犯罪改由男性警察调查。对于女性受害人，男性警察有时候缺乏女性警察会更容易流露出来的感同身受的同情。这种说法的证据包括若干起被警方"非罪化"的家庭暴力和性侵犯案件（Gregory & Lees，1999：60-66），或者虽然警方承认属于犯罪，却没有移交给皇家检察署（Gregory & Lees，1999：68-71）。

1982年，一部通过暗访手段拍摄的电视纪录片《警察》把泰晤士河谷警察局的警察在处理强奸报警时漫不经心和有欠妥当的做法公诸于世。这个节目在公众中引起了强烈的反响，促使有关部门向各警察局局长发出了一份关于如何处理强奸案以及对待受害者的指南（Home Office，1983）。该事件有实际意义的后果之一是促成了强奸案调查专用套间的设立。

各警队也分别对强奸案的调查方式引入了若干改革，其中包括大都会警察厅在2001年分别为伦敦32个区分别成立了一个强奸案件专门审理中心（称为"蓝宝石分队"）。这些中心的宗旨是保证任何举报强奸案的人士都能得到同情的对待。《2002年打击强奸行动计划》（*2002 Rape*

Action Plan）要求各警队对用于受害人查问的设施进行审核，并为警察制定了专项培训。此外，英格兰和威尔士各地的警察和卫生服务机构均建立了“性侵犯转诊中心”（Sexual Assault Referral Centres）。

家庭暴力是受害者经常为女性的另外一种犯罪。要应对家庭暴力案件，必须对警察进行有效的培训，提高他们对于受害者需求的了解水平，并帮助他们培养赢得受害者的信任和合作所需的技能和敏感性（Home Office，1986）。

据估计，1995 年共发生了 329 万起针对妇女的家庭暴力事件，其中 186 万起导致了人身伤害。此外，据估计，那一年女性共受到超过 500 万起引发恐惧的威胁。虽然有人估计男性遭受的暴力攻击数量与女性类似（325 万起），而他们受到的引发恐惧的威胁的数量（198 万起）则远远少于女性（Mirrlees Black，1999：22）。有鉴于此，政府实施了《1998 年减少犯罪计划》（*Crime Reduction Programme*）等多项计划对警方施压，责成警方采取有力的行动来打击家庭暴力。前述计划中包括以由受害者人士的行凶者实施的家庭暴力、强奸和性侵犯为关注焦点的“减少针对妇女的暴力倡议行动”。

反家庭暴力分队（Domestic Violence Units）是警方针对这一犯罪的应对措施的重要内容之一。第一支反家庭暴力分队是由大都会警察厅于 1987 年在托特纳姆（Tottenham）建立的。1990 年的一份通知敦促各警队的负责人考虑成立专门的反家庭暴力分队（Home Office，1990：9）；截止 1992 年底，大都会警察的 69 个分局中已经有 62 个成立了这样的专门分队。在除了大都会警察厅之外的 42 支警队中，有 20 支已经成立了
175 这样的专门分队（Home Affairs Committee，1993：para 23）。这些分队的警察负责与女性协助会（Women's Aid）等其他机构进行合作，并反映警方以受害者为导向——即体会和理解妇女遭受的家庭暴力——的必要性（Morley & Mullender，1994：26）。不过这种方法有一个难点，那就是它相当于是把打击家庭暴力的职责分离出来交给了这些专门分队，此举具有导致这种工作以及从事该工作的警察脱离主流警务工作并遭到边缘化的效果（Home Affairs Committee，1993：para 27）。

另一份报告则指出，各警队关于家庭暴力的政策在范围和内容方面

存在很大的差异。家庭暴力的定义就存在很大的差别，而且工作绩效的监测标准普遍不佳。此外，调查发现，处理家庭暴力的组织模式也参差不齐，并且有人提出，从事家庭暴力事务的警察的分级管理模糊混乱，这些警察中有些人感到自己孤立于警队的架构之外。其他已经认定的困难包括经常无法获得从事家庭暴力事务的警察所做的记录（从而损害了他们的潜在情报价值）以及从事家庭暴力事务的低级和高级警官的训练都需要进行改进（Plotnikoff & Woolfson，1998：5－7）。有人建议，应该把从事家庭暴力事务的警察的角色更加明确地融合到警队的架构之中；并且皇家警察监督局应当继续进行督查，借此对用于处理家庭暴力的警力安排进行质量评估（Plotnikoff & Woolfson，1998：58）。

诸如此类的研究结果促使内政部对其1990年关于家庭暴力的通知进行了修改。修改后的指导通知指出家庭暴力属于“不能容忍的严重犯罪，应当和所有其他类似犯罪一样进行严惩”（Home Office，2000b：1）。因此，该文件表示，处理家庭暴力事件的警察的职责是保护受害者以及（如果适用）儿童免于遭受更多的暴力行为。有人预计，通常情况下多数实施家庭暴力的人都会遭到逮捕。内政部还要求各警队制定一份关于家庭暴力的政策，就警队给予家庭暴力这一问题何种优先程度、应当采用什么样的调查标准以及应遵从什么样的程序向警务人员提供指导。此外，内政部还敦促警方与受害者保持定期联系，并告知他们案件的进展情况（Home Office，2000b）。2002年时又出现了新的变革，各警队均被要求对它们用于查问受害者的设施进行检查。

7.5.5 变革的有效性

前文所述内容提出，20世纪90年代警方曾对如何回应性侵犯和暴力的女性受害者进行过若干项重大变革。此外，把家庭暴力纳入地方年 176
度减少犯罪与破坏治安行为伙伴关系计划中，有助于强化警方对于本地社群所承担的责任，从而对于解决这一问题（如何回应性侵犯和暴力的女性受害者）或许也有所帮助，并且有利于弥补现存的权力失衡局面（有人声称权力失衡对妇女和儿童不利）（Gregory and Lees，1999：216）。尽管如此，问题却仍然没有解决。

目前为止的一个重大疏漏是，人们未能意识到，要对警务工作的导向进行有真正意义的改变，使之将强奸和家庭暴力等问题视为值得关注的重大问题，首先必须解决根深蒂固的、充当警务工作依据的性别成见（Silvestri，2003：184），并藉此带来一个“重新定义的、有关警务工作到底是什么的概念”（Walklate，2004：171）。没有着手进行这样的探讨很可能意味着诸如强奸和家庭暴力等犯罪将继续在警方的日程表上偏居一隅。

7.6　社区与“不易接近”群体的接触

社群接触在警方多样性工作的日程表中扮演着一个重要的角色。进行社群接触通常要求警方建立若干机制，并通过这些机制与那些传统上被警方视为难以触及的群体的代表进行联络。就警方和少数民族群体而言，社群接触堪称历史悠久。不过最近这种做法被延伸到了其他群体，包括宗教信仰群体以及男同性恋和女同性恋社群。

宗教信仰群体会定期举行集会，在教堂、清真寺、会堂、庙宇和其他礼拜场所进行祈祷。警方有必要与这些群体进行接触，因为这样的接触既可以作为获取关于由宗教信仰群体所在社群成员所犯罪行的信息的来源，也可以确保警方能够更加有效地应对他人对该社群成员所实施的犯罪行为。此外，宗教信仰群体还可以在实施那些旨在打击犯罪和破坏治安行为的倡议行动并改进所在地区的环境方面扮演重要的角色。这方面的实例包括“城市链接（曼彻斯特）”（City Links）：在该倡议行动中，多家教义不同的教会参与了多个与“救赎我们的社区”计划有关的社会行动项目。另外一个实例是街头牧师。这一行动肇始于2003年。在该行动中，牧师在夜间走出家门，与不法团伙、毒品和涉枪犯罪作斗争。

在打击恐怖主义方面，宗教信仰群体所扮演的角色具有相当高的重要性。“预防战略”（The Prevent Strategy）（英国国家反恐战略的第4部分）突出强调与穆斯林社群进行接触的重要性。此举目的很多，尤其是为了支持那些挑战极端主义观点的穆斯林人士，瓦解鼓吹极端主义的人，并帮助那些易于受到极端主义观点蛊惑的人士。信仰与社群领袖在此类活动中能够起到重要的作用，不过此举有一个潜在的危险，那就是扮演这一角色的人士如果被视为警方监控网络的一部分，就有可能失去 177
自己所在社群的信任。

从传统上看，过去社群接触是在警队或者分局层面上实施的，如今街区警务工作组在很多情况下充当了连接宗教信仰群体和警方的一个重要纽带。不过各警队的具体做法存在相当大的差异。例如，莱斯特郡就在街区层面上成立了多机构参与的“联合行动论坛”。

与女同性恋、男同性恋、双性恋以及变性人群体进行接触是赋予减少犯罪与扰乱社会秩序行为合作伙伴关系组织的一项职责。此类接触是用多种不同的方式实施的。这一性质的工作可以由联络警官——通常是在分局层面派出的——与相关女同性恋、男同性恋、双性恋和变性人群体建立联系。此外，还可以采用已经正式成形的协商安排机制（如大曼彻斯特地区女同性恋与男同性恋警察倡议行动）作为与男同性恋、女同性恋、双性恋和变性人社群建立联系的手段。这样的协商有助于制定本地警务工作计划，并藉此在伙伴关系机制中扮演至关重要的角色。例如，在英国西南部地区，有一个名叫 Intercom 的男同性恋、女同性恋、双性恋和变性人社群组织，负责帮助有关人士抵御对同性恋者和变性人的偏见、犯罪和歧视。该组织与包括警方、当地政府和卫生监管机构在内的多家机构建立了伙伴关系并共同协作。

思考题

为什么麦克弗森报告未能根据警察机关内部存在的制度性种族主义?

为回答本问题，你应该:

- 明确麦克弗森对于适用于警方的“制度性种族主义”一词的理解以及由于制度性种族主义而产生的各种问题;
- 对麦克弗森报告提出的、以解决这一问题为宗旨的主要改革进行评价;

● 讨论这些改革实施后对警方运作所产生的作用，包括评价哪些证据表明消除制度性种族主义工作进展有限；

● 分析为什么麦克弗森报告未能彻底根除警方存在的制度性种族主义这一问题；

● 讨论要解决制度性种族主义这一问题还需要采取哪些进一步的改革措施或者途径。

译者注

1. 国家观察组织（Statewatch），是一个成立于1991年的非营利性组织，该组织的负责人为托尼·班扬（Tony Bunyan），国家观察组织对欧盟各国的国家事务、司法与民政事务（justice and home affairs，JHA）、安全和公民自由权等状况进行观察。其成员由律师、学者、新闻记者、研究人员和社群活动人士组成，该组织的捐助者来自欧洲网络的18个国家。国家观察组织鼓励出版在欧洲范围内对国家事务、司法与民政事务、公民自由、责任感和开放性等领域进行的调查性新闻报道和批评研究成果。该组织有三大免费数据库：所有的新闻、文章和自1991年以来的链接的大型数据库；国家观察欧洲监测和文献中心（Statewatch European Monitoring and Documentation Centre，SEMDOC），该中心监测自1993年以来所有的新的司法和民政措施，网址：http：//www.statewatch.org/semdoc/；以及独一无二的自1976年至2000年欧盟国家司法与民政事务的官方全文档案资料库，网址：http：//www.statewatch.org/semdoc/index.php? id=1143。该组织的其他观察活动包括监测反恐立法，关心避难所问题、数据保密（data privacy）和生物特征识别（biometrics）等问题，并建立了一个乘客姓名记录（Passenger Name Record）瞭望台，该组织及其负责人曾经获得多个国际组织的奖励。相关资料参见维基百科，网址：https：//en.wikipedia.org/wiki/Statewatch.

2. 积极的区别对待（positive discrimination），也译为“逆向歧视”即对种族或性别歧视反其道而行之的做法或原则。积极的区别对待是指对女性、少数种族和残疾人等的积极差别待遇。

参考文献

[1] Anthias, f. (1999) 'Institutional Racism, Power and Accountability', *Sociological Research Online*: 4 (1) www. Socresonline. org. uk/4/lawrence/anthias. html [accessed on 2 March 2009].

[2] Ascoli, D. (1975) the Queens Peace. London: Hamish Hamilton.

[3] Association of Chief Police officers, Association of Police Authorities and Home Office (2004) *A Strategy for Improving Performance in Race and Diversity* 2004 – 2009. London: Home Office.

[4] Association of Chief Police Officers, Association of Police Authorities and Home Office (2005) *Race Equality Programme for the Police Service*. London: Home Office.

[5] Baird, L. (1920) *Report of the Committee on the Employment of Women in Police Duties*. Cm 877. London: HMSO.

[6] Bennetto, J. (2009) Police and Racism: *What has been Achieved* 10 *Years after the Stephen Lawrence Inquiry Report*? London: Equality and Human Rights Commission.

[7] Bland, N., Mundy, G., Russell, J. And Tuffin, R. (1999) *Career Progression of Ethnic Minority Police Officers*. Home Office Police Research Series Paper 107. London: Home Office Research, Development and Statistics Directorate.

[8] Bowling B. And Phillips, C. (2002) racism, Crime and Justice. Harlow: Longman.

[9] Bridgeman, W. (1924) *Report of the Departmental Committee on the Employment of Police Women*. Cm 2224. London: HMSO.

[10] Bullock, S. And Gunning N. (2007) *Police Service Strength England and Wales*, 31 *March* 2007. Research Development and statistics Bulletin 13/07. London: Home Office.

[11] Calvert – Smith, D. (2004) *A Formal Investigation of the Police Service in England and Wales*: *An Interim Report*. London: Commission for Racial Equality.

[12] Calvert – Smith, D. (2005) *A Formal Investigation of the Police Service in England and Wales*: *Final Report*. London Commission for Racial Equality.

[13] Chahal, K. (1999) The Stephen Lawrence Inquiry Report about Harrassment, Racist Incidents: Changing Definitions, Clarifying Meaning? *Sociological Research Online* 4 (1), www. Socresonline org. uk/4/lawrence/chahal. html [accessed on 2March 2009].

[14] Chan, J (1997) *Changing Police Culture: Policing in a Multicultural Society.* Cambridge: Cam bridge University Press.

[15] Coaker, V (2008) *Policing Minister's Assessment of Minority Ethnic Recruitment, retention and Progression in the Police Service: A paper for the Home Secretary.* London: Home Office, Research, Development and Statistics Directorate.

[16] Commission for Racial Equality (2005) *Formal Investigation into the Police Service in England and Wales.* London: Commission for Racial Equality.

[17] Crown Prosecution Service (2007) *Racist and Religious Incident Monitoring.* London: Crown Prosecution Service.

[18] Docking, M (2003) *Public Perceptions of Police Accountability and Decision – making.* Home Office Online Report 38/03. London: Home Office.

[19] Dodd, V and Travis, a (2005) 'Muslims Face Increased Stop and Search', *The Guardian*, 2 March.

[20] Fielding N (1994) 'Cop Canteen Culture', in T. Newburn and E. Stanko (eds), *Just Boys Doing Business: Masculinity and Crime.* London: Routledge.

[21] Fitzgerald, M. (2001) 'Ethnic Minorities and Community Safety', inR. Matthews and J. Pitts (eds), *Crime, Disorder and Community Safety, a New Agenda.* London: Routledge.

[22] Fitzgerald, M. and Sibbitt, R. (1997) *Ethnic Monitoring in Police Forces: A Beginning.* Home Office Research Studv 173. London: Home Office Research and Statistics Directorate.

179 [23] Gilborn, D. (2008) *Racism and Education: Coincidence or Conspiracy?* London: Routledge.

[24] Gregory, J. And Lees, S. (1999) *Policing Sexual Assault.* London: Routledge.

[25] Gutzmore, C. (1983) 'Capital, Black Youth and Crime', *Race and Class*, XXV (2), Autumn: 13 – 30.

[26] Heidensohn, F. (1992) *Women in Control? The Role of Women in Law Enforcement.* Oxford: Clarendon Press.

[27] Her Majesty's Inspectorate of Constabulary (1993) *Equal Opportunities in the Police Service.* London: Home Office.

[28] Her Majesty's Inspectorate of Constabulary (1995) *Developing Diversity in the Police Service: Equal Opportunities: Thematic Report.* London: Home Office.

[29] Her Majesty's Inspectorate of Constabulary, (1997) *Winning the Race: Policing Plural Communities*, *HMIC Thematic Report on Police Community and Race Relations* 1996/97. London: Home Office.

[30] Her Majesty's Inspectorate of Constabulary (2000) *Winning the Race: Policing Plural Communities Revisited. A Follow up to the Thematic Inspection Report on Police Community and Race Relations* 1998/99. London: Home Office.

[31] Her Majesty's Inspectorate of Constabulary (2003) *Diversity Matters: HM Inspectorate of Constabulary Thematic Inspection*, *Executive Summary*. London: Home Office.

[32] Her Majesty's Inspectorate of Constabulary (2008) *Duty Calls: Race Equality Inspection – Closing Commentary*. London: HMIC.

[33] Hillier, M. (2008) Speech in the House of Commons, 29February, HC Debs, Vol 472, Col 1429 –30.

[34] Hinsliff, G. (2004) 'White Police Claim Racism', *The Observer*, 22August.

[35] Holdaway, S. (1996) The Racialisation of British Policing. Basingstoke: Macmillian.

[36] Home Affairs Committee (1993) *Domestic Violence*. Third Report, Session 1992 – 03. House of Commons Paper 245. London: HMSO.

[37] Home Affairs Committee (2005) *Police Reform*. Fourth Report, session 2004 – 05. House of Commons Paper 370. London: TSO.

[38] Home Affairs Committee (2008) *Policing in the Twenty –first Century*. Seventh Report, session 2007 –08House of Com mons Paper 364London: TSO.

[39] Home Affairs Committee (2009) *The Macpherson Report – Ten Years On*. Twelfth Report, Session 2008 –09Houseof Com mons Paper 427. London: TSO.

[40] Home Office (1981) *The Brixton Disorders*, 10 –12*April*1981: *Report ofan Inquiry by the Rt. Hon. The Lord Scarman*, OBE. Cmnd 8427. London: HMSO.

[41] Home Office (1983) *Investigation of Offences of Rape*. Circular 25/83. London: Home Office.

[42] Home Office (1986) *Violence Against Women: Treatment of Victims of Rape and Domestic Violence*. Circular 69/86. London: Home Office.

[43] Home Office (1990) *Domestic Violence Circular* 60/90. London: Home Office.

[44] Home Office (1998) *Statistics on Race and the Criminal Justice System*. London: Home Office, Research and Statistics Directorate.

[45] Home Office (1999) *The Stephen Lawrence Inquiry: Report of an Inquiry by Sir William Macpherson of Cluny*. Cm 4262. London: TSO.

[46] Home Office (2000a) *Complaints Against the Police: A Consultative Paper*. London: Home Office Police Operational Unit.

180 [47] Home Office (2000b) *Domestic Violence*. Circular 19/2000. London: Home Office.

[48] Home Office (2002) *The National Policing Plan* 2003 – 2006. London: Home Office Communications Directorate.

[49] Home Office (2008a) *The Police (Conduct) Regulations* 2008: *Standards of Professional Behaviour*. London: Home Office.

[50] Home Office (2008b) *Police and Criminal Evidence Act* 1984 *CODE A*. London: Home Office.

[51] [Online] www. police. home office. Gov. Uk/publications/operational – policing/pace – code – a – amended – jan – 2009? View = Binary [accessed on 22 March 2009].

[52] Hopkins, N. (2002) 'Met Winning the Battle Against Prejudice', *The Guardian*, 22 February.

[53] Institute of Race Relations (1991) *Deadly Silence: Black Deaths in Custody*. London: Institute of Race Relations.

[54] Jones, A. And Singer, L. (2008) *Statistics on Race and the Criminal Justice System*, 2006/7. London: Ministry of Justice.

[55] Jones, S. (1986) *Policewomen and Equality, Formal Policy versus Informal Practice*. Basingstoke: Macmillan.

[56] Joyce, P. (2002) *The Politics of Protest: Extra – parliamentary Politics in Britain since* 1970. Basingstoke: Palgrave.

[57] Kirkwood, A. (1998) *Crown Prosecution Service: Racial Incident Monitoring, Annual Report*1997 – 1998 (amended version). York: Crown Prosecution Service.

[58] Lea, J. (2003) 'Institutional Racism in Policing: The Macpherson Report and its Consequences', in R. Matthews and J. Young (eds), *The New Politics of Crime and Punishment*. Collumpton, Devon: Willan Publishing.

[59] Miller, J., Bland, N and Quinton, P. (2000) *The Impact of Stop and Searches on Crime and the Community*. Police Research Series Paper 127. London: Home Office.

[60] Mirrlees Black, C. (1999) *Domestic Violence*. Research, Development and Statistics Directorate Report, Home Office Research Study 191. London: Home Office.

[61] Morley, R. And Mullender, A. (1994) *Preventing Domestic Violence.* Police Research Group, crime Prevention Unit Series, Paper 48. London: Home Office.

[62] Morris, Sir W. (2004) *The Case for Change: People in the Metropolitan Police Service – The Report of the Morris Inquiry.* London: TSO.

[63] Plotnikoff, J. And Woolfson, R. (1998) *Policing Domestic Violence: Effective Organisational Structures.* London: Home Office, Research, Development and Statistics Directorate, policingand Reducing Crime Unit.

[64] Police Federation (2008) *Stop and Search.* Police Federation. [Online] www.Polfed.org/ federation policy/ AB450EOCE3204B528A18OC4BCE922FE3. htm [accessed 2 March 2009].

[65] Powell, R. (2004) quoted in The Observer, 22 August.

[66] Quinton, P. And Bland, N. (1999) *Modernising the Tactic: Improving the Use of Stop and Search.* Briefing Note Number 2/99. London: Home Office Research, Development and Statistics Directorate, Police and Reducing Crime Unit.

[67] Rollock, N. (2009) *The Stephen Lawrence Inquiry* 10 *Years On: An Analysis of the Literature.* London: The Runnymede Trust.

[68] Royal Commission on Police Powers and Procedure (1929) *Report of the Royal Commission on Police Powers and Procedure.* Cm 3297. London: HMSO.

[69] Silvestri, M. (2003) *Women in Charge: Policing, Gender and Leadership.* Cullompton, Devon: Willan Publishing.

[70] Skidelsky, R. (2000) The Age of Inequality', in D. Green (ed.), *Institutional Racism and the Police: Fact or Fiction?* London: Institute for the Study of Civil Society. 181

[71] Smith, D. And Gray, J. (1983) *Police and People in London.* London: Policy Studies Institute.

[72] Statewatch (1998) 'UK: Stop and Search and Arrest and Racism', 8 (3/4), May – August.

[73] Statewatch (1999) The Cycle of UK Racism – Stop, Search, Arrest and Imprisonment', 9 (1), January – February.

[74] Straw, J. (1999a) Speech at Gloucester, 1 March, quoted in *The Guardian*, 2 March.

[75] Straw, J. (1999b) Speech to a conference of chief constables, Southampton, 14 April.

[76] Straw, J. (1999c) *Race Equality – the Home Secretary's Employment Targets*. London: Home Office.

[77] Straw, J. (2009) BBC TV *Politics Show*, cited in A. Topping, 'Met Police No Longer Institutionally Racist, says Straw, *The Guardian*, 23 February, p. 8.

[78] Taylor, B. (2005) *Review of Police Disciplinary Arrangements Report*. London: Home Office.

[79] Teather, S. (2008) Speech in the House of Commons, 29 February, HC Debs, Vol 472, col 1430.

[80] Travis, A. (2003) 'Police Racism Need Not Lead to Dismissal', *The Guardian*, 11 August.

[81] Walklate, S. (2004) *Gender, Crime and Criminal Justice* (2nd edition). Cullompton, Devon: Willan Publishing.

[82] Willis, C. (2000) 'Foreword', in J. Miller, N. Bland and P. Quinton, *The Impact of Stops and Searches on Crime and the Community*. Police Research Series Paper 127. London: Home Office.

[83] Wilson, A. (1983) 'Conspiracies to Assault' New Statesman, 105 (2710). 22 February.

8

警察与政治

本章目标

本章要达到的目标如下：

- 分析探讨警察从地方精英的仆从向国家工作人员的转变；
- 明确警察具有国家政权保卫者的身份，负责保卫国家政权免受那些对其构成威胁的人的危害，并专门探讨警方对示威抗议活动的处理；
- 评价准军事化警务这一概念；
- 讨论警方在政治事务中所扮演的角色，并在此背景下思考主要警务人员协会所起的作用。

8.1 警察与国家政权 182

第一章曾经提出，19 世纪时，警察需要履行的一系列职责是向他们工作的社区提供服务。有时候这些活动会具有政治意义，例如，在发生关于政治改革的示威游行时维持治安或者处理劳资纠纷。不过，为了避免人们产生新型警务体系与“波旁王朝”式行事风格（在该体系中有一个复杂的监视系统，损害了民事和政治自由）乃一丘之貉这样的印象，传统上以要为保护全体公民的利益而维护公共秩序来为这种性质的警方干预行动提供正当性。

20 世纪，地方警察对此类行动的参与范围有所扩大。过去为维护地方精英人士的利益（有时候则是依照地方精英人士的吩咐）而履行的职责，如今则变成了代表国家而实施的行动。这一转变背离了警察要为社区服务这一原则；但是究竟在多大程度上背离了这一原则，其答案因为关于国家性质的政治观点——国家反映的是国家全体成员（或者多数成员）的利益（自由派人士所持的观点），还是为那些掌握权力、利用国家为自己谋取更大的经济和政治利益的人服务（马克思主义者所持的观点）——略有不同。

马克思主义者声称，第一次世界大战后警察与劳动阶级之间之所以 183
渐行渐远，是由于制定了《1919 年警察法》（*1919 Police Act*）的缘故。正是这一法律把警察变成了国家工作人员，国家政权的暴力机构。这种观点认为，为了应付两次世界大战期间经济和政治上的动荡，“国家对于警察机构的影响力变得更为突出了”（Brogden，1982：102）。此举导致警方成了国家政权手中武器的一部分，用来对付那些采取行动威胁推翻国家政权并建立新的社会秩序的人员。

这种观点认为，在那之后，警方充当了国家政权的保护人，并采取了多种行动来打击那些企图通过劳资纠纷、直接行动[1] 和示威游行等政治活动来威胁破坏国家政权的人员。此外，还有人指出，警方“一直承担着强制贯彻道德服从的职责”（Bowden，1978：72）。这种观点是有道理的，因为“历史昭示我们，放松道德约束往往是社会分崩离析的第一阶段，因此，社会把用于维护政府和其他重要机构的措施用来维护其道德规范是合情合理的”（Bowden，1978：76）。

自由派人士则表示异议，认为警方干预诸如政治事件或者劳资纠纷等是为了多数公民的利益，是为了维护法律、维持秩序，防止有人试图将自己的意志凌驾于——往往是采用强制手段——多数人之上。

8.2 警方对抗议活动的处置

为抗议活动维持治安是警察工作中的一个专门领域。在这项工作中，特别需要应对各种形式的议会外政治活动，包括劳资纠纷、骚乱、示威游行、公民不服从和直接行动，这些行动也可统称为“抗争政治”（Waddington，2003：415）。

8.2.1 立法变更

警察打击公众骚乱的权力主要是由《1936 年公共秩序法》设定的。这一立法中存在缺陷（例如，它涵盖的议会外政治活动范围有限，并且没有强制要求组织议会外政治活动的人士提前将举行抗议活动的打算告知警方），促使 1979 年后的保守党政府通过了《1986 年公共秩序法》和《1994 年刑事司法和公共秩序法》。这两部法律增加了警方在公共秩序事件方面的权力。

184 警方现有的处理抗议活动的权力（Joint Committee on Human Rights，2009：8 –30）包括：

《1986 年公共秩序法》：该法律概述了组织游行或者列队行进人员必须遵守的程序以及警方在应对流动抗议和静态抗议（如反示威）时拥有的权力。组织抗议活动的人士通常情况下必须提前告知警方举行游行的意图（不过，如果是举行静态抗议或者集会则不必提前通知）。警方可以事先或者在进行过程中对游行队伍的行进方式设定条件。

《1994 年刑事司法与公共秩序法》：这一立法专门针对的是由破坏狩猎活动的人士、新时代漂泊者[2] 和青年亚文化人士发起的活动。警察被授予整治“集体侵入他人土地或者在他人土地上滋事”行为的新权力。该法律创设了几个新罪名，它们是严重侵入、侵入他人土地以及侵入他人土地举行集会，适用于公有或者私有土地以及在册文物古迹(scheduled monuments)。对侵入他人土地举行集会的禁令的时长最高可达4天（在当地监管机构同意的前提下），对于那些警方怀疑有意参加此类被取缔的活动的人员，警方可以勒令他们不得前往。警方还被授予了整治“喧闹扰民的大型夜间狂欢聚会”的权力。

- 《2005年严重有组织犯罪与警察法》：这部法律规定，未经事先向警方报备并获得警方批准而在国会附近或者其他指定区域举行的抗议活动，无论是流动的还是静态的，均属于犯罪行为。该法律还规定，闯入某些指定场所（例如核设施）（且内政大臣认定此类场所如果被人闯入会威胁国家安全）属于违法行为。
- 《1984年警察与刑事证据法》和《2000年反恐怖法》第44条所规定的截停搜查权。
- 破坏治安罪：这一罪名源自普通法，授予警方实施逮捕的权力。该权力曾在有些情形下先发制人地使用过（例如，在矿工纠纷[3]中所采用的拦截政策）。不过如今在上议院2007年就 *R. Laporte V. Chief Constable of Gloucestershire Constabulary*）一案做出判决(上议院判定，只有在即将发生破坏治安行为的情况下才能行使针对破坏治安的权力后，这种先发制人地进行逮捕的情况不太可能出现了。
- 通过《1997年保护免受骚扰法》(*1997 Protection from Harassment Act*）获得的民事禁制令。这些民事禁制令可以用于诸如限制在公司场所外举行抗议等情形。保守的劳资关系法中也包含了若干可供面临罢工威胁的人士使用的民事救济。

虽然有人提出，包括为抗议活动设置条件在内的正式权力并未得到广泛使用（Joint Committee on Human Rights，2009：12），英国全国记者工会（National Union of Journalists）等组织依然提出，21世纪早期英国警方的做法表明，警方非常注重采用（正式权力）之外的其他措施——

包括对抗议人士和记者进行摄像——来控制和预防示威活动，并且过于热衷使用截停搜查权（Dear，2009；Joint Committee on Human Rights，2009：13）。包括所谓“方法与途径法令”[4] 在内的非正式手段也被用来阻止示威者前往目的地。

185 8.2.2 警队间互助

互助指的是某警察局长向另外一位警察局长请求帮助。此类请求通常因为公共秩序事件而做出。警队间互助最初的时候是临时性质的；后来《1890 年警察法》将这一做法正式化，准许警队加入常设安排架构，在发生重大破坏公共秩序事件的时候相互提供警力。从那时起，警队间互助所依据的安排架构基本没有大的变化，直到 1964 年时，《1964 年警察法》第 14（2）款规定所有警队均有义务相互援助，以有效回应破坏公共秩序事件。

关于是否申请互助以及从哪里寻求互助的决定权最初是由面临骚乱事件的警长掌握。不过，在英国全国矿工工会（National Union of Miners）于 1972 年矿工工潮期间成功迫使当局关闭萨尔特雷焦炭仓库（当时该仓库所在地——伯明翰市——的警察局面对人数众多的工人纠察队已经无力招架）后，这些决定已经改由中央政府做出了。

就在那一年，英国警长协会建立了一种机制，该机制最初称为“全国举报中心”（the National Reporting Centre，NRC），后来改称“互助协调中心”（Mutual Aid Coordination Centre，MACC）。该机制的运作地点为新苏格兰场（New Scotland Yard），其运营工作由英国警长协会主席管控，在发生对公共秩序造成重大影响的事件时启动该机制。这一机制的作用是协调从英国各地向受动乱影响的地区调遣警力。这一安排架构曾经用于 1984 ~ 1985 年的矿工工潮事件，并在该事件期间被视为中央化警务体系的一个关键方面（Bunyan，1985：298 – 299）。

一个相关机构——国家信息中心（National Information Centre）——可以用来在警队之间协调和传播关于那些可能会破坏公共秩序但当局认为不必大规模动用警队间互助的事件的信息。1982 年，教皇访问英国期间就出现了这样一个实例。

1999 年千禧年庆祝、2000 年油价抗议活动以及 2001 年应对后 9·11 事件使公共秩序事件的治安协调工作进一步得到了发展。警方成立了一个新的机构——全国警察信息与协调中心（Police National Information and Coordination Centre）。该机构最初作为一个临时特设机构组建，由英国警长协会负责管控。但是后来成为了常设机构，负责协调警方在破坏公共秩序事件或者诸如重大灾害等事件方面的互助工作。

8.2.3 警方的公共秩序事务专门化

除与警队间互助有关的改革之外，在警方应对公共秩序事件的训练和装备以及行使被赋予的权力方面也出现了发展变化。

公共秩序事务专门分队 186

自从 20 世纪 60 年代以来，一些警队组建了若干分队，这些分队并不隶属于哪个部门，也不参与履行日常警务职责，而是在各自警队辖区内任何地点开展行动。这些分队除了处理与犯罪有关的事务外，还在出现危害公共秩序的情形时大显身手。这类分队的早期实例之一是大都会警察厅的特别巡逻组（Special Patrol Group）。该巡逻组在 1961 年成立之初叫作“特别巡逻组分队”，后来在 1965 年改称特别巡逻组。特别巡逻组在 20 世纪 70 年代（例如，1974 年在红狮广场举行的示威活动和 1979 年绍索尔发生的示威活动）的维持治安工作中起到了主导作用。

这些分队带来了多个难题：他们对本地情况缺乏了解，与自己所在区域的民众存在隔阂；人们往往把他们和简单粗暴、咄咄逼人的警务风格相联系（National Council for Civil Liberties，1980：169）；由于他们拥有自己的指挥结构，因此他们的行动独立于主流警务行动，从而导致出现混乱。诸如此类的批评意见，以及 1979 年在伦敦绍索尔发生的事件，导致大都会警察厅的特别巡逻组被地区支持分队（District Support Units）取代，后来又被辖区支持小组（Territorial Support Groups）取代。这些组织分布于大都会警察厅下辖的各个地区，因此比其前身更加面向地方。不过其他警队却依然保留了集中管理的专门分队，例如，大曼彻斯特地区警察局的战术援助分队（Tactical Aid Unit）。

警察支持分队

警察支持分队（Police Support Units）对公共秩序事务专门分队起到了补充作用。警察支持分队由穿警服的警察构成（在分局层面进行组织），其主要作用是履行日常警务职责，但是要定期接受关于维护公共秩序的训练。这些警察以分队为单位进行训练，并在必要时，会被部署去处理危害公共秩序的警情。他们的训练是根据英国警长协会的全国标准实施的，共包含三个层次。根据一级标准接受训练的警察每五个星期接受一轮关于公共秩序事务的训练，而根据二级标准接受训练的警察则每年接受两轮关于公共事务的训练。层次三的训练内容是介绍处理公共秩序问题的方法，在培训学校中进行。

装备和武器

起初，警方在处理20世纪七八十年代出现的破坏社会秩序的问题时，其装备非常简陋。1976年，这一缺点在诺丁山暴露无遗。当时，一群与警方对峙的人向警方投掷物品，迫使警察使用垃圾桶盖和交通锥标等物品拼凑成防护用具保护自己。结果有325名警察负伤（Thackrah，1985：149）。这一事件促使当局向警方配发了防暴盾牌，并在次年刘易舍姆（Lewisham）发生的一次反对全国阵线的游行中首次投入部署（P. Waddington，1987：39）。

1981年发生的骚乱又促使警方装备有了进一步发展，包括防护头盔的配备。1981年的骚乱中肇事分子使用了汽油弹。在英国警长协会和警
187 察联合会的压力之下，当局后来为警察提供了防火保护外套（flameproof overall）。1980年代警用装备方面的其他发展包括配发了护腿以及可以配合短盾使用的加长警棍。《1983年英国警长协会训练手册》列出了9种警察在处理严重破坏公共秩序事件时应当穿戴的防护服。其中包括防暴头盔和面甲、防火外套以及警队认为必要的其他身体防护装备。1985年警员基思·布雷克洛克在布罗德沃特农场住宅区（Broadwater Farm Estate）骚乱中遭到杀害，促使当局考虑为警察配发防刺服（body armour），用于防范持刀攻击，不过这一想法在当时并未得到采纳。在同一年，还向警方提供了防暴子弹[5]（P. Waddington，1987：39）。

警用武器方面的重要发展包括（1981 年在托克斯泰斯）对骚乱分子使用催泪弹、使用警棍驱散人群（在 1983 年英国全国印刷协会与《沃灵顿信使报》之间的争端期间），以及（1984 年在欧格里夫）使用骑警对付骚乱人群。

一个与警用武器和装备有关的重要问题是应该什么时候做出决定使用它们。配发警用武器和装备可能导致在时机尚未成熟之时——也就是说在尚未发生需要使用警用武器和装备的事件之前——就决定部署和使用它们。此举会导致警方作出超出必要程度的对抗性回应措施，并对与警方对峙的人群的情绪带来负面效果，从而引发进一步的骚乱。

不过，对于警方在某一事件中的行动是否与事件参与人的行为相称，这一判断往往是在事后分析的基础上而不是依照对事态发展情况的估计做出的。处置破坏公共秩序事件的警方指挥人员完全明白，关于健康和安全的法规不仅适用于公众，而且也适用于自己的警员。受此影响，他们可能在装备、武器和战术方面做出事后可能会被人认为没有根据或者企图阻碍抗议活动的决定。

战术

武器和装备方面的变化对警方在面对大批对峙人员时所采取的战术产生了影响。起初，警方在处置公共秩序事件时所采用的战术是非对抗性的。战后时期的典型特点是，警方对公共秩序的处置风格是以“通过佯装失败取胜”（一个以争取公众对警方的同情为基础的策略）为目标。这种处置风格要求警方做出诸如轻轻扶起进行“静坐”抗议的示威者或者使用“连推带挤”这一历史悠久的战术（特别是在处理罢工事件时），使用这一战术时，需要多名警察采用“屠夫式紧握”[6] 的方式手挽手连成一体（排成直线或者楔形队）。

从 1968 年格罗夫纳广场示威活动开始，公共秩序事件中出现的暴力不断增多，促使警方对处置此类事件的方式进行了重大调整。当时存在的一个重大缺陷是对于处理骚乱，特别是自发形成的骚乱，警方根本没有任何明确的战略。在现场的警察根本没有任何指导他们行动的总方案，只得临时制定策略。这一缺陷在 1983 年英国警长协会《维护公共秩序的战术行动与有关事务手册》（*Public Order Manual of Tactical Opera-*

tions and Related Matters）公布后得到了解决。当局向每个警队发放了一个文件，其中含有“对骚乱各个阶段的详细分析以及警方的相应应对措施”。该文件分为 30 个章节，“根据所用武力级别由低向高排列，从普通警务工作到使用塑料子弹、催泪弹和实弹”，共列举了 238 项战术和
188 手法（Northam，1989：42）。这些新战术包括部署若干排手持大型盾牌（5 英尺 5 英寸高，24 英寸宽，相当于 1.65 米高，0.61 米宽）、静止不动的警察，以及由手持较小警盾的警察组成的、负责冲进人群逮捕违法分子的抓捕队。

在 1983 年发布《维护公共秩序事务手册》之前，英国警长协会组建了一个机构——公共秩序事务远景规划组，负责对新事态和新出现的战术进行评估。在英国警长协会这一倡议行动之后，中央警务机构又采取了若干其他行动，包括在 1984 ~ 1985 年矿工纠纷期间组建了中央情报组（Central Intelligence Unit），对一线警察收集的情报进行分析。后来，英国警长协会发布的《维护公共秩序事务手册》被 2007 年的《英国警长协会治安指南手册》取代。

改进管理层的管控

20 世纪 80 年代早期的破坏公共秩序事件揭示了一个重大问题，那就是警方高级指挥人员在管理发生破坏公共秩序事件时交由他们指挥的大量警力方面缺乏训练。那么，警方指挥人员应当如何向他们手下的警察下达指示并贯彻实施他们的指令呢？

在指挥人员对公共秩序事件的管控方面，进展之一是（在 1984 年包围利比亚大使馆事件后）引入了“黄金 - 白银 - 黄铜”指挥层级体系。此举旨在为处置公共秩序事件提供一个有效的指挥链并有效调配警察资源。

黄金级别指挥官负责为处置当前公共秩序事件设定总体警务战略；白银级别指挥官负责在事件现场实施该战略，而黄铜级别指挥官则负责具体区域并指挥配属该区域的警察。这一体系的目标之一是对警察进行更有效的监督并防止他们在此类公共秩序事件中出现无纪律的行为。此外，闭路电视等技术越来越多地运用于公共秩序事件的治安工作中，使警方指挥官能够从整体上把握事件并对问题进行回应，无论问题出现在什么地方。组织工作的改善加上技术支持大大提升了警方指挥官控制人

群聚集场景的能力。

情报

到目前为止，警方已经采取了多项倡议行动，在问题突变为骚乱之前就主动出击加以解决。这些倡议行动包括使用紧张状况指标。

1983 年英国警长协会《训练手册》列出了八项紧张状况指标，包括群体或者团伙之间的滋事行为以及种族袭击出现增加，并告诫警察要睁大眼睛，仔细搜集与公共秩序警情有关的情报。如果警方通过观察发 189
现紧张状况有所升级，就据此采取先发制人的措施，其中可以包括“饱和式警务”这一形式，并且要采取手段，确保在出事区域警方的人数和武力都占据上风。警方希望训练有素、纪律严明的警察的形象会给居心不良的人带来极大的心理震撼，从而遏制骚乱的出现。饱和式警务还可以伴随多种其他战术，例如，运用警戒线和拦阻战术，防止大量人员向潜在危险区域聚集。

不过，这种形式的警务工作或许会被它所针对的人士视为一种骚扰或者挑衅，并有可能导致他们做出暴力回应。有鉴于此，警方之后又想出了若干新的方法，其中包括运用谣言管理以及多种形式的社区参与活动。这些活动可以由警方与例如地方政府等其他机构合作开展，以求化解那些过去曾经导致警方和公众之间发生暴力对峙的紧张状况。

情报还可以从其他渠道获得。由于某些采取议会外形式的政治活动的群体不愿意和警方就特定事件进行协商，从而使警方有理由使用告密者来获取有关此类事件的信息。虽然这样的做法恰恰反映了 19 世纪早期警察改革力图避免的“监视行为”，但是这样做能够使警方得以将参与当代各种形式抗议活动的形形色色的团体区分开来，并据此调整自己的应对方法。

8.3 公共秩序警务的风格

1979 年以来，警方对各种形式的抗议活动所做回应的性质已经经历了多次变化。下文将对影响变化的种种动向进行讨论。

8.3.1 撒切尔当政时期（1979～1990）与“升级使用武力”

20世纪80年代被描绘为“动荡的十年”（Joyce，1992：232）。这一时期警方对抗议活动的处置发生了种种变化。这些变化是在一个推崇警方对抗议活动做出更加有力回应的政治环境中发生的。对于这样的回应，有人用“升级使用武力”一词进行描绘（D. Waddington，2007：10）。对此，有的观点认为，英国出现了一个“强势国家政权”，并将其描述为1979年赢得大选后所推行的自由市场经济政策的必然产物。这就要
190 求国家和警方等机构必须形成必要能力，来应对那些受到这些经济政策负面影响或者企图组织力量挑战这些经济政策的人士的反对（Hall，1980；Gamble，1988）。这些人士是指受通货膨胀影响而生活水平下降且在失业方面首当其冲的劳动阶级（Bunyan，1977：277）。

这些人失去了他们长期享有的权利后，采取了“一整套花样繁多的挑战公共秩序的手段”来表达自己的不满（Brewer et al.，1996：xiv），包括举行示威、直接行动（未经谈判和宣告就直接采取游行等行动）、罢工和骚乱（see Joyce，2002）。有人将他们对政府权威的挑战描绘为对国家政权合法性的挑战。警方动用了此前授予他们的新权力以及他们开发出来的新的控制人群的战术和手段，因为他们知道采用强制行动来平息异议会得到政府首肯。

8.3.2 20世纪90年代发生的变化：“协商式管理”

20世纪90年代的特点之一是警方对抗议活动的处置方式更为敏锐灵活，这一处置方式的基础是一种被描述为“协商式管理风格”的途径。这种处置方式“更加尊重抗议者的‘权利’，对扰乱社区的行为采用更为宽容的方法，与公众进行更为密切的交流与合作，降低进行逮捕的倾向（尤其是将逮捕作为首选手段的倾向）以及在控制局面时只采用最低限度的必要武力”（D. Waddington，2007：10）。

警方之所以舍弃武力升级的做法，可以用几个原因进行解释，特别是有人提出，如果公众认为警方在处置公共秩序事件时采用过于强烈的

应对行动，会损害警方的形象并最终损害警方的合法性。此外，公共秩序立法方面的变化（特别是《1986年公共秩序法》中所包含的关于提前通知的要求）也鼓励警方和示威者就示威游行事件的路线举行会谈和协商。此前由于没有就此类事务进行过商谈，反而对骚乱的发生起到了推波助澜的作用。

8.3.3 差异化回应

虽然20世纪90年代推行协商式管理成为警方对抗议行为回应的特点，但自那之后协商式管理这一途径还是经历了一些变化，催生了针对抗议活动的差异化回应。这一局面导致有人得出结论，认为“处理当代公共秩序事件的警务工作的性质复杂多变，对其进行老套或者肤浅的分析是行不通的”（D. Waddington，2007：5）。

反资本主义运动依然格外受到警方强力和粗暴的对待，包括在使用警棍和抓捕队的同时配合使用诸如“水壶式围堵”或者“围栏式圈围”（该战术是指包围大群抗议人员，将其圈入无法进出的空间内，并把他们长时间控制在其中，有时候警方会试图收集这些抗议人员的姓名和地 191
址）等新战术（D. Waddington，2007：3）。例如，2009年20国集团峰会期间的抗议活动就受到了警方强力粗暴的对待，期间有些警察拿掉了自己的警号并肆意对包括妇女在内的抗议人士大打出手。

这样一来，或许可以得出这样的结论：警方对抗议活动的立场要受到多种因素的影响，这些因素会导致警方对具体抗议事件持正面或者负面看法，包括抗议者是否愿意听从警方的指令以及抗议者之前参与过的抗议互动组织的记录。在这方面，有人把克制的抗议活动与越界的抗议活动区分开来（Noakes，et al.，2005：247－248）。前者涵盖的是愿意遵守抗议规则的团体。与那些被警方视为态度没那么合作并且对警方抱有敌意而且不愿意与警方就有关抗议事件进行对话的团队相比，他们很可能会受到不同的待遇。警方未能控制的事件，例如，1999年的“阻止伦敦金融城”[7]（Stop the City）示威活动，会对警方处置之后与反资本主义运动有关的抗议活动产生重大影响。

多种其他因素也可能会影响警方处置抗议活动的方式（D. Waddington，2007：15）。这些因素包括政治人物对警方行动的影响（后文会结合警察的政治化对这一问题进行更全面的论述）以及媒体所反映公共舆论的影响。

媒体对某个抗议事件的解读可能会对警方处理该事件的方式产生相当大的影响。在2000年爆发的油价抗议中，媒体将抗议人士描写为赢得了广泛的支持，加之政府在抗议初期并未对警方施压，这是警方最初对这次抗议的回应行动在本质上之所以松松垮垮的两个重要因素。相反地，媒体后来又转而提出这场抗议活动对英国国家医疗服务体系的运行构成了威胁，加上政府对石油公司施压，要求其开始交付燃油，又促使公众转而接受警方采取更为有利的措施，包括警方将油罐车护送到加油站交货点。

8.3.4 准军事化警务工作

有人将准军事化警务工作描绘为“将（准）军事化的训练、装备和组织方式用于解决警务问题（无论是否在中央政府掌控下）”（Jefferson，1990：16）。本节将对这种警务工作的主要方面进行评价。

警方行为咄咄逼人

准军事化警务工作有时候被等同于强力粗暴、暴力应对抗议人士的警务工作。对准军事化警务工作的这种看法主张采用强制措施来平息民众对异议的表达：“（警察）获得了新的权力，拥有了新的装备，并且在全国范围内调配……他们看上去陌生、令人不安：与其说他们是社会的
192 一部分，倒不如说他们和社会隔阂疏远”（Brewer et al，1996：6）。继警方采用了香港警方所使用的方法（Northam，1989：39－40）之后，有人指责1984年警方（在1984～1985年矿工工潮期间）在欧格里夫所采用的手段见证了“殖民时代的警务战术在英国本土登台亮相”（Northam，1989：59）。有人声称，如果警察所穿的服装和携带的装备让他们看上去好像“在故意找茬”，那么他们出现在某个事件现场后就有可能导致暴力行为火上浇油（Jefferson，1987：51－53），并且实际上可能会刺激集会人员使用暴力或者给他们使用暴力提供口实（Saunders，

1996：118）。

因此，上述观点提出，准军事化警务工作架空了最低限度武力这一传统原则（Brewer et al.，1996：22）。该原则的特点是“身穿常规警服的警察排成防御性阵型，克制地推挤一排排的纠察队或者示威者”（D. Waddington，1996：1）。不过，有些说法对这一观点提出了质疑。这些说法认为，20 世纪后半叶对警察使用的方法所做的改变在本质上讲是反应性的，是为了回应警察经常遭受的暴力而做出的。这些改变并没有破坏最低限度武力这一概念，只是对底线进行了修改，把什么构成了“最低”水平武力推高了，以对付和抗议行动相伴而来的暴力行为。警方的行为仍旧是以对法律的欠额执行（under - enforcement）和运用自由裁量权为基础（Reiner，1998：46）。

还有人提出，强力攻击（aggression）并未成为警方处置 20 世纪 80 年代所有公共秩序事件的一个普遍特点。就是否发生骚乱而言，类似事件（如警方在 1984 ~ 1985 年矿工工潮中对工人纠察线的处置）的结果往往和公共秩序事件的处置结果并不一样。对这一状况的解释有多种，其中包括示威者和警方在燃点模型（flashpoint model）所称的“互动”层面上所进行的互动（D. Waddington et al.，1989）。能否做到这一点在很大程度上取决于警方和示威者在这类事件中所表现出来的领导力水平的高低。

指挥与管控得到改进

那些把准军事化警务工作等同于警方在处置公共秩序事件时采用强力回应的观点，强调武器、战术和训练是这一警务工作风格的关键方面。但是，这种观点无法充分解释准军事化警务工作所带来的种种发展变化（P. Waddington，1987；King & Brearley，1996：87 – 93）。

使警方能够采用“比传统警务方法更加有纪律性的途径来解决骚乱与暴力警情”（P. Waddington，1993：353；see also P. Waddington，1987）
的指挥与管控系统对准军事化警务的重要性引起了人们的格外关注。 193
警队采用经过训练的、“在层级化指挥体系下根据一个事先制定的战略与战术运作”（P. Waddington，1993：366）的人员改进了对于公共秩序事件的统一规划和监督，从而强化了高级警官在公共秩序警情中部署的警察的管控程度，抑制了警察个体的自行裁量，并削减了亚文化价值观原本可能对这些警察的行为所产生的影响（P. Waddington，1993：357）。

为什么会出现攻击性警务行为

上文所述的观点已经提出，攻击性警察行为并非准军事化警务的内在特点。尽管如此，公共秩序事件中有时候确实会出现暴力与对抗。本节试图解释如果攻击性警察行为并非准军事化警务一个必不可少的方面，为什么攻击性警察行为还是会出现。

在职业荣誉感基础上产生的、不愿被抗议人士占上风和打败的意愿可能会导致警方使用攻击性的战术，特别是在具有反权威主义倾向、并把警察视为他们想要推翻的国家政权的化身的抗议人士对警察表现出了攻击性或者暴力的情况下尤其如此。如果在某个事件中部署的警察数量特别大，可能会强化警察做出攻击性行动的趋势；如果警察自恃人多势众而变得胆大起来，可能会导致出现“过度的攻击性”（Alderson，1979：25）。

如果对于基层警员在被部署处置公共秩序警情时的行为的问责机制效果低下，也会对攻击性行为产生影响。在统一指挥和管控失灵、导致警察摆脱了上级指挥官所施加的约束，并导致他们的行动除了公众目光的检视之外不受其他监督时，尤其容易出现这种情况。

和在自己所驻社区内工作时相比，警察在这种性质的公共秩序事件中所穿的制服使人们更难知道他们的姓名，从而也就导致更难以对他们的行为进行问责。诸如去除警号等做法有时会让这种无法知晓警察姓名的感觉变得更加强烈。由于没有可供提起指控的证据，即便是在发生严重问题、导致公众成员死亡的情况下，对参与处理抗议事件的警察的行为提出的投诉也很难以得到支持。例如，在 2004 年，独立警察投诉委员会和皇家检察署曾经得出结论：6 名警察对参与乡村联盟（Countryside Alliance）示威活动的示威者犯下了刑事犯罪。其中一名警察被治安官法庭无罪释放，两名被刑事法院的陪审团判定无罪释放；针对其余几人的案件也被皇家检察署终止了（Hardwiek，2009）。显而易见，对警察的法律问责是不严格的，这有可能会助长针对抗议人士施加无根据的暴力。

不过，当代的一些发展变化削弱了警察传统上在处理抗议活动时所享有的匿名权。关于警方在2009年20国集团伦敦峰会期间对抗议人士使用暴力的画面中，有很多源自移动电话拍摄的照片和视频；警察的任 194
何行为都可能被录制下来并供他人查看，认识到这一点，很可能会对未来警方在此类性质的事件中的行为产生影响。

8.4 警察、抗议活动和公民自由

能够举行抗议是自由民主政治体系的一个不可或缺的方面，这一点意味着对于那些有意从事此类活动的人员，警方应当保护他们的公民和政治自由。但是在当代，这一职责并未始终得到履行。曾经有人指控警方在矿工工潮期间使用的拦截策略（该政策违背了迁徙自由），以及警方在2001年伦敦“五一节”反资本主义抗议活动中（在抗议活动中，示威人士的人数远远少于警察人数）采取的“零容忍”做法破坏了民事自由和政治自由。正如上文所指出的那样，对示威人士（或者被认为是示威人士的人员）采用“水壶式围堵”或者“围栏式圈围”战术（通过这一战术将示威人员圈起来，并阻止他们离开特定区域）已经成了警方对反资本主义抗议者所采取行动的一个特色。

将准军事化警务与攻击和对抗联系起来的说法也表明，这一途径的宗旨是为了威慑抗议者不要上街抗议。这种观点担忧，警察会以共公共秩序行将崩溃作为借口，把他们手头所有强制手段悉数用在想要进行抗议的人身上，无论此举是否得到了法律的认可，也不管这些手段对公民自由权造成的影响。由于这一原因，有人把要求使用攻击性战术的准军事化警务描绘为和那些传统上与自由民主政治体制相联系的基本自由格格不入，反而更加适合用来对付殖民政权治下已经被征服的民众（Northam，1989；Jefferson，1990）。

有些观点指责警方的行为是为了限制民众进行抗议的能力。这样的观点往往强调，警方顺从中央政府的政治方向。

还有人指责警务工作的共识性降低了，政治性提高了（Reiner，

1985：4），认为警方充当了“听命于一党、贯彻执行少数人的诉求”以及“政治控制的爪牙”的角色（Brewer et al.，1996：214）。就抗议活动而言，这种观点坚称，警方的职责是防范任何通过议会外活动的方式对政府构成的威胁。

这种局面对于攻击性警务起到了推波助澜的作用，因为警方在开展行动时，只要是为平息威胁到政府利益的抗议活动而采取的行为都会得到政府的支持。这是1984～1985年矿工工潮期间警务工作中的一个关键
195 问题：当时政府强调要有效地挫败这次罢工，警方便得以随心所欲地运用一切战术，并坚信政府一定会对此表示支持，并对那些参与抗议活动的人表示谴责。玛格丽特·撒切尔竭力对警方在欧格里夫采取的行动（她把该罢工期间的暴力归咎于矿工，她认为矿工企图用暴民政治取代法治）进行开脱就是证据。

一个新机构的组建，促进了政府与警方进行沟通的能力。专门针对处理抗议活动，全国举报中心/互助协调中心（现在称为“全国警察信息与协调中心”）的政府高级官员开设了一个机构，通过该机构，他们可以以非正式的方式相互联络，并指明政府在具体事件中所担心的事项（Kettle，1985：30－31）。警方与政党之间关系密切带来的主要问题是，这种关系会对警方的形象以及警方与普通大众的关系产生负面效果（Brewer et al.，1996：xiv－xv）。这种负面效果会动摇公众对于警察作为一个独立机构的信任和信心（Bassett et al.，2009：10）。人们认为警方在20世纪80年代的工潮中充当了“玛吉的皮靴小子”[8]（Smith，1994：101），镇压了工会对于保守党政府经济政策的不满，这种看法对警方在劳动阶级社区中的形象以及他们在这些社群心中的合法性都带来了负面效果。此外，这种看法还殃及了警方履行日常职责过程中民众给予他们的赞同（Alderson，1979：12）。

不过，关于警方不尊重公民参与抗议活动权利的指责并非无人质疑。警方极少动用他们的权力来禁止诸如游行示威等活动，另外，保护“举行和平抗议的权利”（其依据是《欧洲人权公约》第11条所保障的“和平集会”权）是警方为自己在2000年石油危机期间的行为[9]进行辩解时所用的主要理由。不过，对于那些违反法律的抗议活动，他们的确

抱有更批判性的态度。有些组织“为达到推动某个运动的目的而实施直接行动这样的犯罪行为”，它们已经被正式定性为“国内极端主义”（NETCU，2009），由英国警长协会于2004年建立的“全国打击极端主义战术协调小组”（National Extremism Tactical Coordination Unit）已经开始对这些组织进行审查，以期“预防、减少和瓦解与国内极端主义以及为单一议题而开展的运动相联系的犯罪行为”（NETCU，2009）。

警方在处理抗议活动时所履行的职责往往要求警方进行微妙复杂的权衡，确保一个人进行抗议的权利不会对另外一个人在法律范围内按照自己意愿生活的权利产生负面效果。抗议活动往往相当于想要强行达成某个政治结果，为保护那些受到这种行为影响的人士的权利，警方可能会采取行动。

“黄金－白银－黄铜”式层级指挥体系为公共秩序事件的统一安排和监督带来了一些改进。这些改进使示威者得以免受警察指挥机构仓促做出相互矛盾的决定（在1974年伦敦红狮广场举行的、一名示威者死 **196**
亡的抗议活动中出现的严重问题之一就是这样的决定）的影响，而且降低了他们遭受低级警员的无纪律行为的可能性，从而有可能提高对示威人士的保护水平。（P. Waddington，1996：124－125）。此外，管理的改善、新战术的出现以及武器的到位，可能会赋予警方信心，准许举行那些此前他们由于不确定是否能够维持公共秩序而力图制止的活动（P. Waddington，1994：201）。

2009年伦敦20国集团峰会抗议活动的后果

警方对于2009年4月伦敦发生的针对20国集团峰会抗议活动的处置情况促使皇家察察总警监（Chief Inspector of Constabulary）对警方治安工作开展了一项调查。该调查就当代警方对抗议活动的处置做出了若干结论，并提出了几点建议，用来指导警方日后的行动（HMCIC，2009）。

该调查报告担忧的是，警方对抗议活动的处置反映了英国警务工作的核心价值观。该报告将英国警务工作的核心价值观明确为“立足于最低限度武力、根植于公众的赞同，平易近人、不偏不倚、严格问责的警务工作风格”，警务工作的主要目的是“确保公众的安全并维持一个宽容和多元社会的安宁”（HMCIC，2009：11－12）。但是，这一警务模式会受到有些因素的侵蚀，包括“时机尚未成熟之时就穿用和部署用于公共秩序事件的、会引发恐惧的保护性制服和装备”。此举可能会导致人们产生“英国警务人员品质冷酷强硬化了”的印象（HMCIC，2009：12）。此外，“警方沟通不畅、肆意使用武力的事例，以及对警察权力的混乱和不当使用”也损害了这一警务模式（HMCIC，2009：12）。

该报告探讨了当代公共秩序警务工作中存在的困难（在公共场所举行的抗议活动与在私人场所举行的抗议活动所适用的法律框架不同等因素使这些困难变得更加复杂），并找出了当代警方在处理抗议活动方面存在的若干问题。这些问题包括：参与处置此类事件的警察个人应如何使用武力缺少明确的标准、不同警队对公共秩序立法的解读和对公共秩序方面权力的运用存在差异（有时候导致警方在某些事件中不当使用诸如截停搜查权，以及获得示威人士的姓名与地址），以及有些警队连提供最基本的公共秩序事件处置指挥结构的能力都不具备（HMCIC，2009：6－8）。

该报告还指出了若干与警方互助安排架构的有效性有关的问题，其中包括各警队之间在公共秩序事件处置训练计划中所使用的方法与战术不一致（例如，有些警队不仅训练警察将警盾用于防卫，而且训练他们
197 将警盾用于攻击）、各警队之间在为处置公共秩序警情的警察配备的设备方面存在差异（这一问题的部分成因是警用防刺防弹服的采购同时并存两个采购流程）（HMCIC，2009：6－7）。

该报告提出了几项建议，确保警方未来对抗议活动的处置能加强和强化英国警务工作模式的核心价值。这些建议包括：为使用武力设定一整套根本性原则；为公共秩序事件的处置工作制定成文规章，确保训练以及在装备、战术和权力运用方面的一致性（特别是《1998 年人权法》为警方设定的各项人权义务）；对警方在处置公共秩序事件行动中运用公开照相以及明确事后对所拍摄影像的整理和保留所依据的法律框架；在与抗议人士、媒体和广大公众进行沟通时遵从“不搞突然袭击”的理念，以便抗议人士和公众能够了解警方可能采取哪些行动，并据此做出明智的

选择和决定（HMCIC，2009：7 - 8 and 14）。

8.5 政治性警务

国家政权对于抗议活动的回应并不局限于由警方对从事议会外活动的人群进行实体处置，还包含了对参与这些活动的个人和团体进行监控。这种做法被称为“政治性警务”，涵盖了官方对思想和观点的监督。虽然通过这一性质的活动可以得到用来指导公共秩序事件处置行动的情报，不过，这样做的主要缘由是为了防止国家政权遭到颠覆。

“颠覆”一词并没有固定的定义，它已经成了国家对那些并不违法却被视为可能会对英国的政治、社会或者经济现状以及/或者英国公民的福祉带来某种形式的威胁的活动进行监控的借口。对颠覆活动进行监控所面临的一个首要难题是此举有可能会危及重大自由民主权利，特别是言论自由和进行抗议的权利。有人指出，颠覆已经被用来为国家干预行为进行辩护。这些辩护言论尺度很大，包括“将那些被视为将自由民主社会与威权主义或者法西斯主义社会区分开来的政治活动和工运活动也宣布为不合法”，并由此重新界定自由民主传统的界限（State Research，1979）。

承担打击颠覆国家行为的机构

警察可能会从事一些与反颠覆有关的、美其名曰“维护公共秩序”的行动。警方的一个部门，政治保安处[10]（Special Branch）尤其关注这一性质的活动。政治保安处始建于1883年。当时为监控与北爱尔兰有 198
关的政治暴力而成立了这一机构。从历史上看，政治保安处设在伦敦，但是各警队都建立了各自的特别事务分支机构。技术上讲，这些机构对所在警队的警察局长负责。政治保安处负责监控居住在英国的外籍人士社群并执行反恐怖主义法律。在伦敦，大都会警察厅特别事务部于2006年与反恐分队合并，组建了反恐怖主义指挥部（Counter Terrorism Command）。

目前，打击颠覆行动的主要职责由安全部门（也即军情五处）履行。该机构是在20世纪初期为挫败外国政府在英国实施的间谍活动而成立的。它由首相任命的处长掌控，在运作方面向内政大臣负责。

军情五处主要是一个情报收集机构。从历史上看，该机构曾使用多种手段收集过从事颠覆活动的组织和个人的信息。这些手段包括：

- 拦截邮件；
- 拦截（“窃听”）电话通话以及其他形式的电子通信；
- 在目标人员或者机构的住房或者房屋中安置窃听器；
- 在目标机构中安插线人或者特工。

《1989 年安全部门法》授予军情五处从事上述活动的专项权力，授予军情五处法定地位并规定了它的运作范围。该法律授权政府部长签发“房屋进入许可”，准许军情五处对目标房屋“进行窃听和进入”，以收集情报。《1997 年警察法》在打击严重犯罪方面向警方授予了类似的权力。军情五处获取情报的手段（同样也适用于警方）要受到《2000 年侦查权监管法》的调整。

这部法律发展了当时已有的对侵入式侦查（intrusive surveillance）（涵盖在个人家中或者房舍中、汽车中等通常适用隐私推定的场所实施侦查行动）的保障措施。它授权包括军情五处在内的多个机构从部长那里获得截获电话通话以及电子邮件和互联网等其他形式的电子通信的许可。

该法律还授权实施秘密情报搜集（又称定向侦察，directed surveillance）。定向侦察包括使用线人。这种侦查通常在公共场所实施，目的是获得关于某个人的私人信息。实施此类侦查行动并不需要令状的批准，而是由警官（这些警官的行为必须遵守某个《行为准则》）授权即可。

后来，军情五处的角色超出了情报收集的范围，还包括了其他活动。有人曾经指责军情五处针对被视为从事颠覆活动的组织，旨在破坏或者扰乱该组织的行动（称为“卑鄙伎俩”）。还有人声称，在瓦解公众
199 对 1984 ~ 1985 年英国全国矿工工会（the National Union of Miners）举行的罢工的同情方面，军情五处曾经扮演了重要的角色。军情五处为此采取的手段之一是在该工会的总部中安插一名内线（Milne，1994）。

8.6 作为政治参与方的警察

除了负责政治事务中的警务工作外，警方自身也是政治参与方，在影响警察工作日程方面起到了重要的作用。这一角色是通过各种警方人员协会组织扮演的——英国警长协会、警察联合会、英国警司协会，以及若干以单一问题为中心的组织（此类组织中最重要的几个都统合在了多样性工作人员支援组织旗下）。

8.6.1 英国警长协会

英国警长协会的起源可以追溯到成立于1858年的郡警察局长俱乐部（the County Chief Constables' Club）以及成立于1896年的英格兰与威尔士警察局长联合会（the Chief Constables' Association of England and Wales）。它们代表的是城市警队的负责警官。1948年，这两个机构合并组建了英国警长协会。1970年，爱尔兰皇家警察（Royal Ulster Constabulary）并入英国警长协会。英国警长协会由警方级别最高的警官组成（助理警察局长及以上级别），2010年其会员人数为349人。

在19世纪，这一英国警长的联谊组织除了促进成员间的社交联络之外，几乎没有别的作为。不过在20世纪，英国警长协会的作用有所扩大，力图促进警方的工作成效、工作效率和职业利益，并保护警方成员的个人利益和集体利益。1996年，前述两个职能相互分离，由新组建的警长部属联合会（Chief Police Officers' Staff Association）负责与警方谈判委员会（Police Negotiation Board）就关于成员薪酬和工作条件进行谈判。这样一来就意味着从那时起，英国警长协会可以把精力集中在制定警方政策之上，既包括对单个警队的行动施加影响（此前囿于警察独立这一理念，英国警长协会无法行使这一职能）以及对中央政府主导的警察政策的内容施加影响（英国警长协会作为白厅[11]权力走廊[12]的“内部机构”的地位对这一职能大有裨益）。

英国警长协会在政策制定方面的地位在20世纪90年代发生了重大变化。当时有人提出，英国警长协会此前之所以能够对警方工作日程产生“时断时续”的影响是因为英国警长协会成员之间出现了“一体化”
200 （或者叫抱团现象）（Savage et al.，2000）。有人把这归因于多种情况，但其中格外突出的原因是高级警官对政府20世纪90年代的改革计划抱有负面看法——希依报告［Sheehy report（Home Office，1993）］、《1994年警察与治安法官法院法》（*the Police and Magistrates' Courts Act*（*1994*））以及针对警方核心与辅助职能所做的“博森调查”（Posen Inquiry），从而导致英国警长协会更加努力地奔走呼吁。

英国警长协会影响警队、促使其采纳政府所推行政策的能力得到了几任内政大臣的认可，并促使内政大臣与英国警长协会建立更加紧密的工作关系，并与该组织就政策的方向达成了若干交易（Bassett et al.，2009：12）。内政大臣向英国警长协会提供经费，供其扩大中央秘书处，并协助促进政策的制定。此举后来对若干颇有影响力的小团体的组建起到了推动作用。之后，英国警长协会在警务战略的决策方面以及就政策未来走向为政府提供咨询建议方面发挥了极强的影响力。据称诸如引入泰瑟枪和自动车牌识别摄像头网络等倡议行动就是源自英国警方协会的首倡（Bassett et al.，2009：12）。

此外，英国警长协会还在改革警务工作的绩效文化方面发挥了重要作用。在英国警长协会的敦促下，各警队均引入了基于活动的成本核算，以提高服务成本意识，并引导提高警队层面上决策工作的有效性。英国警长协会还试点了业务流程分析，以促进对于各警队之间在流程、成本和工作成效方面存在的差异的了解（Spottiswoode，2000：10）。由于英国警长协会在政策和绩效评定方面所起的作用，使其得以对警方拥有重要的、统帅全局的影响力（Jones，2003：615）。

英国警长协会的成员还通过亲自参与造势活动——特别是与警方的权力和职责有关的造势活动——的方式来以个人身份开展活动。这方面的一个实例是2007年10月，理查德·布伦斯特罗姆（Richard Brunstrom）向他所属的北威尔士警察监管局提交的文件。他提出，现有的毒品立法已经过时，所以警方是在打一场打不赢的战争。他提出要用一部新法律《反物质滥用法》取代《1971年滥用药物法》，为监管和控制具有潜在危险性的药物提供一个新的法律体系。

8.6.2 警察联合会

普通警员关切的问题由警察联合会表达。这一机构于 1918 年和 1919 年由全国警察与狱警工会组织的警察罢工之后。这场罢工催生了《1919 年警察法》。这部法律禁止警察加入工会或者举行罢工；作为替代措施，该法律设立了一个名为警察联合会（Police Federation）的机构，作为代表警员（今天包括总督察一级的警官）法定顾问机构，负责反映他们对于涉及他们福利和效率的各项事务的观点。警察联合会就薪酬和服务条件以及警察规章的制定与有关方面进行协商。

警察联合会（和英国警长协会一样）已经从员工联合会演变成了一个力求对警方和刑事司法政策施加影响的组织。但是和英国警长协会不 201
同的是，它主要是在权力机构之外发挥这一作用。这个作用是在 1955 年警察联合会获准征收会员费作为各种事项的活动经费后得以形成的。

警察联合会最初开展的运动关注诸如警察薪酬以及支持死刑等事项，但是它的政治作用在 20 世纪 70 年代出现了一个分水岭。当时，在包括犯罪数量的上升以及某些左翼政治人物对警方抱有负面看法在内的多种因素的作用下，警察联合会加大了影响舆论的力度。警察联合会在这些运动中采用了多种游说手段并在媒体上发布广告，越过高级警官和政府直接向公众进行呼吁（McLaughlin & Murji，1998：371）。

有人将警察联合会在 1975 年举行的法律与秩序运动描绘为“（警察）公开政治化过程中的关键时刻”（McLaughlin & Murji，1998：379）。这场运动针对的目标是 20 世纪 60 年代甚嚣尘上、被警察联合会定性为当代犯罪问题的根源的自由化改革。它的目的是把沉默的大多数动员起来，支持实施更加强硬的法律与秩序政策。与这场运动同时进行的还有另外一场要求增加警察薪水的运动，对政府的薪金政策提出了挑战。

警察联合会的很多要求得到了保守党的热情支持。尽管双方存在一些意见分歧（在诸如《1984 年警察与刑事证据法》等问题方面），警方和保守党政府在 20 世纪 80 年代建立了良好的关系。但是，这种良好关系导致有人认为，警方的所作所为是为了推动实现政府的目标，而不是为社会服务，从这个意义上说，警方变得政治化了。由于警方在 1984～

1985 年矿工罢工中的粗暴做法，导致这种看法在这场罢工运动中达到了顶峰。

不过，警察联合会和保守党政府之间的关系因为 20 世纪 90 年代保守党政府的改革日程而受到了负面影响。这一改革日程促使警察联合会采取了咄咄逼人的游说与运动造势手段，并转而愿意和其他团体一起共同反对该日程中的各项倡议。警察联合会的影响力由此得到了提升，其最早结果之一是希依报告中就基层警务工作提出的各项主张变得名存实亡，徒有其表。

警察联合会的运动还采用了集会和游行的形式。后者的实例之一是 2008 年大批警察徒步穿过伦敦市中心，表达他们对内政大臣决定不补发加薪的决定的反对。不过这次事件同时也展现了警察联合会作为一个“外部”团体的相对弱势地位，因为政府拒绝接受警察联合会就该问题提出的各项要求。

8.6.3 英国警司协会

第三个想要对警务工作日程施加影响的组织是英国警司协会（Police Superintendents' Association）。该组织成立于 1920 年，代表的是
202 警司和高级警司。该组织现在主要扮演两个重要角色：为成员提供建议和支持，并在全国层面上为警察政策和实务出谋划策并施加影响。

起初，在人们眼中，英国警司协会差不多就是个高级警官的餐会俱乐部而已；不过后来该组织转而开始在警务工作以及关于某些问题的刑事司法政策（包括在 1996 年墩布雷恩枪击案后实施枪支管制）方面发挥更加重大（尽管时断时续）的作用（Savage et al.，2000）。

英国警司协会起到了警务基本指挥控制单元负责人的传声筒的作用。在日后这些警官在贯彻地方警务工作日程方面的地位得到提高之后，该组织对警察政策的影响力可能会随之增加。

8.6.4 多样性工作人员支援组织

警方内部存在多个面向单个问题的组织。其中尤其重要的是负责在

警方内部促进多样性原则的多样性工作人员支援组织。这一点曾经引发了这样一个问题：这些组织的存在到底在多大程度上“促进了警察队伍的一视同仁，使全体警务人员无论种族、肤色、信仰、宗教、性别或者性取向都能得到同等的待遇”（Stoddart，2009）。政府的观点是它们（多样性工作人员支援组织）帮助内政部以及主要警务工作合作伙伴“协助警方在平等与多样性方面取得成果”（West，2009a）。

某些多样性工作人员支援组织有政府的资金支持，有些则没有。在2008～2009年，英国女性警务工作者协会（British Association for Women in Policing）得到了10万英镑的资金支持，而全国穆斯林警察协会则得到了4万5千英镑（West，2009b）。

全国黑人警察联合会

1994年，大都会警察厅内部成立了一个黑人警察联合会（Black Police Association），用以解决警方职业亚文化中某些导致少数族裔警员边缘化的方面（Rowe，2004：43－44）。1998年该组织成为一个全国性组织，其宗旨是“确保为所有人”、为该组织所代表的“黑人和少数族裔警员提供公平的服务”，并“实施和支持对所有人员都具有正面效果的战略与倡议行动，以期推动黑人和少数族裔社群的需求和愿望”（National Black Police Association，2010）。

该组织最初关注的是警方的内部运作方面（尤其是种族歧视和少数族裔警官的高流失率），但是后来该机构的活动范围拓展到了社群关系方面。该组织的目标是确保警方对所有的人都一视同仁。这样一来，该组织就具有了奔走游说的角色。这一角色在2006年表现得淋漓尽致。 203
当时英国和美国两国的全国黑人警察协会在曼彻斯特举行了首届国际教育与训练大会。与会代表在曼彻斯特市莫斯赛德举行游行，以期和地社区进行接触。

尽管这个组织“可以强化成员的种族身份，而且使他们意识到集体的力量，并以曾经遭到社会排斥这一共同遭遇……以及积极献身警务工作这两点把他们团结起来”（Holdaway，1996：196），但对此持批评意见的人士认为，此举把警方的精力转移到了内部事务上来，从而影响到为公众服务（Broughton & Bennett，1994），或者会加剧该组织与警察联合会之间的矛盾，因而可能会造成离间隔阂的效果。

全国穆斯林警察协会

全国穆斯林警察协会成立于2007 年7 月，是英国境内穆斯林警察和警方文职人员的全国性代表机构。它取代了当时存在的几个穆斯林警察协会。该组织的目标很明确，那就是推动穆斯林警察与文职人员在警察队伍内的招募、留用和晋升，并支持成员的福利与宗教诉求。它的职能并不局限于警方内部，而是还涵盖了推动警方内部以及范围更广的社群对伊斯兰的了解，并藉此促进社群凝聚力。该组织通过多种方式履行职能，特别是通过与内政部和全国警务工作改进局以及包括英国警长协会和警察联合会在内的警方人员协会进行会谈。

英国女性警务工作者协会

该协会成立于1987 年，其宗旨是推动对专门涉及女性警务人员的问题的认识，并为对涉及全体警察问题的讨论提供一个女性视角。该机构通过组织活动和会议以及与内政部进行联络的方式履行职责。它还和警察联合会以及全国黑人警察联合会等其他警方人员协会组织就双方共同关心的话题采取行动。

8.7　警察、媒体和舆论

警方与媒体之间的关系构成了又一个可供警方实施一项本质上属于政治性任务——影响舆论——的机制。内政事务委员会曾对这一问题进行过详细分析（2009）。

大多数普通公众缺少关于犯罪的第一手知识，因此要靠媒体获得此类信息。这样一来，媒体就得以在当代警方的工作中扮演一个重要的角色。

204 警方向媒体提供信息的一个重要途径是公开发布的情况通报（on - the - record briefing）。公开发布的情况通报是警察向记者提供的、出处可查的信息来源。警察所做通报通常是关于具体犯罪案件。这样的信息通常是在（经常通过电视播放的）新闻发布会上提供。此外，所有的警队均设有媒体部门以及网站，并通过它们向公众提供有关犯罪的信息。

警方有选择性地向公众传递信息。有时候这样是出于行动方面可靠的原因。作为补充，警方可能会向记者提供非公开发布的情况通报，即向记者提供信息，条件是他们不对此进行报道。这样做的理由可以是为了公共利益，或者可能是为了争取记者不要对已经发现的信息进行报道，因为警方认为一旦进行报道，就会对警方正在进行的调查工作造成不利影响。

双方都可能想利用对方为自己服务。记者可能会通过与警察接触来获得机密信息，并借此“独家爆料”。另一方面，警察可能会把准备进行逮捕或者搜查等行动泄露给媒体，动机可能是为了确保公众知晓警方对某个问题是认真对待的，或者以此证明他们针对某个复杂微妙的情况而采取的行动是谨慎公平、符合专业水准的。警方这一性质的行动最大的问题是在提出指控前，涉嫌犯罪的人员的身份就遭到曝光，从而侵犯了他们的公民自由权（特别是在警方并不愿意提出指控的情况下）；由此引发的舆论关注可能会对之后的审判工作产生负面效果。

媒体在当代警察工作中所扮演的角色可能会导致警方公然从事政治化的活动。这一点在警方想要就某一具体事件表达自身观点并藉此影响之后就此事展开的讨论的情形下表现得最为明显。有人就曾经对伊恩·汤姆林森之死一事提出过这种指责。伊恩·汤姆林森回家的路线正好要经过 2009 年 4 月伦敦 20 国集团峰会抗议活动现场。他被一名警察摔倒在地，随后据称因为心脏病突发死亡。这个过程被全国性电视节目播放了出去。之后进行的尸体解剖显示他死于腹腔内出血。后来有人提出，大都会警察厅以及伦敦金融城警队可能要么就汤姆林森先生身亡的情形向公众提供了虚假信息，要么就是未能对有关其死因的不实信息进行纠正（Lewis，2009）。这件事情显示，警方在有些情形下可能通过操控媒体来得到它们想要的正式结果。这种观点是由全国记者工会秘书长提出的。他认为，“警方严重依赖媒体来对外传递自己的观点……并且……警方和媒体之间建立良好的工作关系符合双方的共同利益”（Dear，2009）。

思考题

从20世纪70年代初以来对警方处理抗议活动的工作引入了多项变化，这些变化在多大程度上限制了公民从事抗议活动的能力？

205 为回答这一问题，你应当查找本章中所包含的有关材料并参考本章所引用的部分重要文献。为此，你应当解决下列问题：

- 找出就警方对抗议活动的处置工作（包括武器、战术、结构以及组织）所做的主要变革；
- 评估为什么要引入这些变革；
- 结合准军事化警务工作这一概念对这些变革以及与这一概念有关的主要发展变化进行分析；
- 提出结论，并在结论中评估这些变革到底是限制了还是方便了抗议活动。

译者注

1. 直接行动（direct action），指的是未经协商谈判就采取罢工、游行示威等行动。

2. 漂泊者（traveller），指英国某些拒绝像普通人那样定居，而是选择四处漂泊并居住在车辆中的居无定所者。

3. 矿工纠纷（the miners' dispute），20世纪80年代的英国矿工大罢工。

4. 方法与途径法令（ways and means act），指警方和其他安全机构为给自己的行为寻找借口而杜撰的并不存在的法律。

5. 防暴子弹（baton rounds），指弹头用塑料等材料制成的非致命性子弹，通常使用猎枪发射。

6. 屠夫式紧握（butcher's grip），即将双手手指全部弯成钩状然后与他人同样弯成钩状的手指紧紧扣在一起。

7. 阻止伦敦金融城（Stop the City）集会示威活动，1983年和1984年发生在英国伦敦的这场集会示威抗议活动，被描述为一场“反对战争、压迫和破坏的嘉年华”，换句话说这次抗议狂欢活动主要是反对“军事－金融复合体”（military－financial complex）。这些示威活动可以被视为20世纪90年代反全球化抗议的先驱，特别是发生在伦敦的“五一节”抗议活动和1999年6月18日发生的“反对资本主义的狂欢节”（Carnival against Capitalism）抗议活动。这些抗议活动部分地是受到“格林汉姆普通妇女和平营行动”（the actions of the Greenham Common Women's Peace Camp）的激励而发生的。这些抗议活动分别由一整天的街道封锁行为组成，参与示威活动的抗议者们将伦敦金融街（金融城）包围封锁起来，抗议活动的支持者们认为伦敦金融城是谋取暴利的中心，因此也是世界上许多问题的根源。其中一个街区参与封锁活动的抗议者有3000人，根据《时代周刊》的估计，这些抗议活动成功地导致了近10亿英镑的经济损失，在随后的18个月内警察逮捕了近1000名参与抗议活动的人士。

8. “玛吉的皮靴小子”（Maggie's Boot Boys），即“撒切尔的狗腿子”，其中玛吉是对玛格丽特·撒切尔的蔑称。

9. 2000年汽油危机（2000 petrol crisis），是指从20世纪80年代中期开始到2003年9月，纽约商业交易所的原油价格，在扣除通货膨胀因素后，每桶价格平均低于25美元。2003年期间上升到了每桶30美元，到2005年8月11日达到60美元，并于2008年7月上涨到峰值147.30美元。时事评论员把引起汽油价格危机的因素归结为多个因素，包括美元币值下降、美国能源部以及其他国家的报告说石油储量的下降，担心出现石油产量峰值，以及中东形势紧张和原油价格投机等。这场危机导致英国与石油产业相关的行业不景气，出现失业和加油困难，因而导致人们抗议，在这场危机中，面对游行示威，警方最初采用了宽容和缓的态度。

10. 政治保安处（Special Branch），是英国警察部门内负责处理反恐、外国领导人来访安保等问题的专门机构。1997年香港警方相应部门的译文为“政治部”，为避免歧义，此处按照字面意义直译。

11. 白厅（Whitehall），怀特霍尔是英国伦敦的街名，许多政府机关所在地。白厅代指英国中央政府。

12. 权力走廊（corridors of power），指暗中左右决策的权力中心。

参考文献

[1] Alderson, J. (1979) *Policing Freedom*. London: MacDonald and Evans.

[2] Association of Chief Police Officers (1983) *Public Order Manual of Tactical Operations and Related Matters*. London: ACPO.

[3] Association of Chief Police Officers (2007) *ACPO Manual of Guidance on Keeping the Peace*. London: National Policing Improvement Agency.

[4] Bassett, D., Haldenby, A., Thraves. Liana Truss, E. (2009) *A New Force*. London: Reform.

[5] Bowden, T. (1978) *Beyond the Limits of the Law*. Harmondsworth: Penguin.

[6] Brewer, J., Guelke, A., Hume, I., Moxon – Browne, E. And Wilford, R. (1996) *The Police, Public Order and the State* (2nd edition). Basingstoke: Palgrave Macmillan.

[7] Brogden, M. (1982) *The Police: Autonomy and Consent*. London: Academic Press.

[8] Broughton, F. And Bennett, M. (1994) Statement, in *The Guardian*, 27 September.

[9] Bunyan, T. (1977) *The History and Practice of the Political Police in Britain*. London: Quarter Books.

[10] Bunyan, T. (1985) 'From Saltley to Orgreave via Brixton', *Journal of Law and Society*, 12 (3): 293 –303.

[11] Dear, J. (2009) Oral Evidence to the Home Affairs Committee, 5 May, *Policing of Protests*. [Online] www. publications, parliament. uk/pa/cm200809/cmselect/cmhaff/Luc418 – ii/uc418 [accessed on 5 June 2009].

[12] Gamble, T. (1988) *The Free Market and the Strong State*. Basingstoke: Palgrave Macmillan.

[13] Hall, S. (1980) Drifting into a Law and Order Society. London: The Cobden Trust.

[14] Hardwick, N. (2009) Oral Evidence to the Home Affairs Committee, 21 April, *Policing of the G 20 Protests*. [Online] www. publications. parliament. uk/pa/cm200809/cmselect/cmhaff/uc418 – i/uc418 [accessed on 23 May 2009].

[15] Her Majesty's Chief Inspector of Constabulary (HMCIC) (2009) *Adapting to Protest – Nurturing the British Model of Policing*. London: HMIC.

[16] Hold away, S. (1996) *The Racialisation of British Policing*. Basingstoke: Macmillan.

[17] Home Affairs Committee (2009) *Police and the Media*. Second Report, Session 2008 – 09. House of Commons Paper 75. London: TSO.

[18] Home Office (1993) *Inquiry into Police Responsibilities and Rewards*. The Sheehy Report. Cm. 2280. London: HMSO.

[19] Home Office (1995) *Review of the Police Core and Ancillary Tasks: Final Report*. The Posan Report. London: HMSO.

[20] Jefferson, T (1987) 'Beyond Paramilitarism', *British Journal of Criminology*, 27: 47 – 53. 206

[21] Jefferson, T (1990) *The Case against Paramilitary Policing*. Buckingham: Open University Press.

[22] Joint Committee on Human Rights (2009) *Demonstrating Respect for Rights? A Human Rights Approach to Protest*. Seventh Report, session 2008 – 09. House of Lords Paper 47 and House of Commons Paper 320 London: TSO.

[23] Jones, T. (2003) the Governance and Accountability of Policing, in T. Newburn (ed.), *Handbook of Policing*. Cullompton, Devon: Willan Publishing.

[24] Joyce, P. (1992) 'Decade of Disorder', *Policing*, 8 (3): 232 – 248.

[25] Joyce, P. (2002) *The Politics of Protest: Extra – Parliamentary Politics in Britain since*1970. Basingstoke: Palgrave/Macmillan.

[26] Kettle, M. (1985) 'The National Reporting Centre and 1984 Miners 'Strike', in B. Fine and R. Millar (eds), *Policing the Miners' Strike*. London: Lawrence and Wishart.

[27] King, M. and Brearley, N. (1996) *Public Order Policing: Contemporary Perspectives in Strategy and Tactics*. Crime and Security Shorter Studies Series, No. 2. Leicester: Perpetuity Press.

[28] Lewis, P. (2009) 'lPCC Begins lnquiry into Statements by Police over Ian Tomlinson Death', *The Guardian*, 16 May.

[29] McLaughlin, F and Murji. K. (1998) 'Resistance through Representation: "Storylines" advertising and Force Federation Campaigns *Policing and Society*', 8: 367 – 399.

[30] Milne, S. (1994) *The Enemy Within: The Secret War Against the Miners*. London: Pan Books.

[31] National Black Police Association (2010) The NPBA vision [online] www.nationalbpa.com [accessed on 5 May 2010].

[32] National Council for Civil Liberties (NCCL) (1980) *Southall 23 April 1979: The Report of the Unofficial Committee of Enquiry*. London: NCCL.

[33] NETCU (2009) *About NETCU*. [Online] www.netcu.org.uk/de/default.jsp [accessed 28 May 2009].

[34] Noakes, J., Klocke, B. And Gillham, P. (2005) 'Whose Streets? Police and Protester Struggles over Space in Washington DC, September 2001', *Police and Society*, 15 (3): 235 – 254.

[35] Northam, G (1989) *Shooting in the Dark: Riot Police in Britain*. London: Faber & Faber.

[36] Reiner R. (1985) *The Politics of the Police*. Brighton: Wheatsheaf.

[37] Reiner, R. (1991) *Chief Constables: Bobbies, bosses or Bureaucrats?* Oxford: Oxford University Press.

[38] Reiner, R. (1998) 'Policing Protest and Disorder in Britain', in D. Della Porta and H. Reiter (eds), *The Control of Mass Demonstrations in Western Democracies*. Minneapolis, MN: University of Minnesota Press.

[39] Rowe, M. (2004) '*Policing, Race and Racism*. Cullompton, Devon: Willan Publishing.

[40] Saunders, P. (1996) 'A Preventive Approach to Public Order', in C. Critcher and D. Waddington (eds), *Policing Public Order: Theoretical and Practical Issues*. Aldershot: Avebury.

[41] Savage, S., Charman, S. and Cope, S. (2000) *Policing and the Power of Persuasion*. London: Blackstone Press.

[42] Smith, Sir J. (1994) 'Police Reforms', *Police Journal*, LXV11 (2), April – June: 99 – 104.

207 [43] Spottiswoode, C. (2000) *Improving Police Performance: A New Approach to Measuring Police Efficiency*. London: Public Services Productivity Panel.

[44] State Research (1979) 'Introduction', in E. P. Thompson, *The Secret State*. State Research Pamphlet No. 1. London: Independent Research Publications.

[45] Stoddart, Lord (2009) 5 March, HL Debs, Vol 708, Col WA (Written answer) 185.

[46] Thackrah, J. (ed.) (1985) *Contemporary Policing: An Examination of Society in the 1980s*. London: Sphere.

[47] Waddington, D. (1996) 'Key Issues and Controversies', in C. Critcher and D. Waddington (eds), *Policing Public Order: Theoretical and Practical Issues*. Aldershot: Avebury.

[48] Waddington, D. (2007) Policing Public Disorder: Theory and Practice. Cullompton, Devon: Willan Publishing.

[49] Waddington, D., Jones, K. And Critcher, C. (1989) *Flashpoints: Studies in Public Disorder*. London: Routledge.

[50] Waddington, P. (1987) 'Towards Paramilitarism? Dilemma in the Policing of Public Disorder', *British Journal of Criminology*, 27: 37-46.

[51] Waddington, P. (1993) 'The Case against Paramilitary Policing Considered', *British Journal of Criminology*, 33 (3): 353-373.

[52] Waddington, P. (1994) *Liberty and Order: Public Order Policing in a Capital City*. London: UCL Press.

[53] Waddington, P. (1996) 'Public Order Policing: Citizenship and Moral Ambiguity', in F. Leishman, B. Loveday and S. Savage (eds), *Core Issues in Policing*. Harlow: Longman.

[54] Waddington, P (2003) 'Policing Public Order and Political Contention' in T. Newburn (ed.), *Handbook of Policing*. Cullomption Devon: Willan Publishing.

[55] West, Lord (2009a) House of Lords, 5 March, HL Debs, Vol 708, Col WA 185.

[56] West, Lord (2009b) House of Lords, 26 January, HL Debs, Vol 707, Col WA19.

9

警务工作的全球维度

本章目标

本章要达到的目标如下：

- 探讨当代犯罪行为的全球层面；
- 评估为打击有组织犯罪和国际恐怖主义而发起的跨国倡议行动；
- 分析欧盟内部为打击跨国犯罪而推出的若干主要举措的作用；
- 分析为打击跨国犯罪而发起的全球举措对英国警务工作架构所带来的影响；
- 研讨强化全球警务工作与安全保障倡议行动所面临的障碍。

9.1 犯罪行为的全球维度 208

冷战的结束以及中欧和东欧国家曾经禁闭的国门重新开放，导致现有犯罪问题雪上加霜，越加严重。此外，新的问题——尤其是在前南斯拉夫战争中流离失所的难民所导致的问题——也应运而生。这样一来，新近出现的国际性问题，需要有关民族国家相互协调、共同努力。这其中包括需要与诸如走私毒品、商业诈骗、洗钱、非法移民以及“贩卖人口”等犯罪活动作斗争。

各国携手合作的另外一个原因是恐怖主义在全球范围内的出现。恐怖主义通过使用暴力（或者威胁使用暴力）来达到政治目的，并采用多种多样、变化多端的手段，不过，选择性（或者定向性）手段与针对一般公众的无差别暴力还是存在重大区别。使用暴力的目的是制造恐慌，以藉此“侵蚀社会有机体所必需的、相对稳定的期望模式”（Bowden，1977：284）。恐怖分子通常情况下会企图使用持久消耗战来达到自己的目的——恐怖主义的目的“不是军事上的胜利，而是为了恐吓，而是为
了让你害怕今天、害怕明天，并且让多样化社会的成员……相互害怕， 209
从而让你这个受害者改变自己的行为”（Clinton，2001）。

在英国，恐怖主义并不是什么新生事物。自从 1970 年以来，英国会定期发生涉及暴力的运动。不过，在那之后，恐怖主义已经不再局限于仅仅影响某一个民族国家的政治，而是已经具备了国际维度。这一局面的出现与激进的伊斯兰主义组织——基地组织的关系尤为密切。基地组织的宗旨是驱逐美国在穆斯林国家中的影响并推翻中东地区的亲西方政府。其活动往往聚焦于巴勒斯坦阿拉伯人由（该组织所称的）以色列欺凌而遭受的苦难。西方国家为打击该组织所称的“圣战”或者“吉哈德”而采取的行动又导致与基地组织有瓜葛的暴力活动越演越烈。西方国家于 2001 年联手推翻了阿富汗的塔利班政府以及 2003 年入侵伊拉克之后，该组织的活动变得越来越分散化。这就意味着世界上任何地方都有可能发生由该组织主导的或者激发的袭击活动，从而凸显了通过国际合作来解决这一难题的必要性。人们认为，基地组织应对多起袭击行动

负责，其中包括2001年9月11日发生在美国的袭击案，2004年的马德里火车爆炸案，2005年7月的伦敦爆炸案以及2007年的格拉斯哥机场袭击案。

9.2 对有组织犯罪的跨国应对

对有组织犯罪的全球应对通过多种机制实施。其中对于英国警务工作尤为重要的是欧盟内部为解决这一问题而做出的多项安排架构。欧盟对于设立打击有组织犯罪的安排架构的关注，最早是在1996年斯德哥尔摩会议上针对欧洲经济一体化与社会排斥所引发的种种活动提出的。不过，打击有组织犯罪领域的最为重大的事件发生于1997年4月，当时欧洲理事会批准了一项《打击有组织犯罪行动计划》（*European Council*, 1997）。

该计划提出了多项建议，这些建议主张重点解决导致有组织犯罪发展蔓延的环境，而不是从事有组织犯罪的人员，以此来防止有组织犯罪。这些建议包括在政府机构内部制定反腐败政策、禁止被判犯和与有组织犯罪有关的违法行为的人员参加投标、投入财力用于防止欧盟较大的城市成为滋生有组织犯罪的温床、在欧盟成员与欧盟委员会之间进行更为紧密的合作、共同打击涉及欧盟金融利益的诈骗活动。该行动计划还重申了推动司法机关与警方进行有效跨国合作的必要性。

210 行动计划公布后采取了一些积极行动来强化人们对预防有组织犯罪的认识、改善成员国之间的信息交流，其中包括“猎鹰计划”和“希波克拉底”（Falcone and Hippocrates programmes）。这两个计划在欧盟理事会赞助下在“警察与司法机构刑事合作计划”（Programme for Police and Judicial Cooperation in Criminal Matters）框架内实施。

2000年5月，司法与内政事务理事会（Justice and Home Affairs Council）公布了一份打击有组织犯罪的新计划。这一计划延续了《1997年行动计划》的方向，但是加入了某些新的理念，其中包括多项关于改善成员国与欧盟委员会之间消息共享的建议。自从2001年9月11日美国发生恐怖袭击以来，欧盟内部越来越将治理有组织犯罪视为打击恐怖主义的一个方面（van de Bunt and van der Schoot，2003：18－20），后文会详细讨论这一话题。英国的《2003 年犯罪（国际合作）法》贯彻实施了欧盟一项旨在简化“法律互助”（Mutual Legal Assistance）程序的安排，特别值得一提的是，这一立法提升了针对恐怖主义活动的警方与司法合作。

贩卖人口

贩卖人口是欧盟长期以来一直关心的一个问题。欧盟通过多种讨论会表达了对这一问题的关注，包括2002 年7 月通过的有关打击贩卖人口的《欧盟理事会框架决议》，以及欧盟部长理事会和欧洲议会就贩卖妇女、强迫妇女卖淫罪、针对妇女的暴力提出的多项建议。各成员国也为打击贩卖人口采取了行动。在英国，此类行动包括由警方牵头实施的、代号为“Pentameter 2”打击人口贩卖行动。

2005 年，欧盟理事会起草了《欧洲打击贩卖人口行动公约》（*European Convention on Action against Trafficking in Human Beings*）。该公约力求预防和打击贩卖人口活动，保护人口贩卖受害者的人权，并推动打击人口贩卖行动方面的国际合作。该公约适用于所有形式的贩卖人口，无论是国内贩卖人口还是跨国贩卖人口，也无论是否与有组织犯罪有关。该公约要求签字国加强边防工作，以防止和破坏贩卖人口行为，通过立法和其他措施防止商业性运输机构犯下该公约设定的违法行为，并在各自国内法中加入打击贩卖人口人员的规定。

9.3 对恐怖主义的跨境应对 211

打击恐怖主义方面的国际合作有多种形式。对恐怖主义这一问题的跨境回应中，欧盟承担其中一个重要方面。

2001 年美国发生恐怖主义袭击之后，欧盟制定了一项反恐怖主义政策，其最初形式为反恐怖主义行动计划。该计划每六个月更新一次，该计划中所包含措施的执行情况由欧盟委员会进行监督。2001 年，该行动计划由一个《框架决议》取代。该决议对恐怖主义罪行进行了定义，并统一了成员国对恐怖主义罪行的惩罚措施。

在马德里爆炸案发生后，欧洲理事会于2004年3月召开了一次特别会议。这次会议发表了一份《打击恐怖主义宣言》（*Declaration on Combating Terrorism*）。该宣言更新了欧盟反恐怖主义行动计划，并提出了多项应当实施的举措，特别是有关信息交换的举措。举措之一是《法律执行网络》（*Legal Enforcement Network*，*LEN*）。该宣言还建议采取措施，协调欧盟各国的打击恐怖主义策略，包括在欧盟理事会内部设立一个新职务——反恐怖主义协调员。这些措施是对欧洲刑警组织和欧洲司法协同组织在打击恐怖主义方面所做工作的补充。

2004年5月，欧盟委员会提议采取包括实现不同数据库的互通性在内的多项措施，以加强成员国之间在警察和海关事务方面的合作。2004年6月，该委员会就实现欧洲理事会《打击恐怖主义宣言》的目标提出了若干项具体建议，列出了多项旨在依照“对等数据获取权限”原则加强各执法机构之间信息交换工作的措施。这就意味着执法和警察机关将获得另外一个成员国所保有的数据的权利，且该权利所适用的条件与适用于数据持有国本国机构的条件相当（House of Lords European Union Committee，2005b：para 10）。不过，这项建议实施起来存在一定的问题，包括语言障碍以及此类数据的存放缺少一个通用格式（House of Lords European Union Committee，2005b：paras 22－23）。

2004年晚些时候，欧盟委员会又进一步沟通，提出了更多有关打击恐怖主义的措施。这些措施涵盖了紧急预案、民众防护（civil protection）以及恐怖主义组织的筹资活动，旨在推动形成一个“更加不利于恐怖主义分子筹措资金的环境”（House of Lords European Committee，2005b：paras 2 and 81）。针对恐怖分子筹措资金这一问题，欧盟理事会于2004年12月采取了措施。欧盟理事会敦促欧盟委员会提出关于防止慈善资金被用来资助恐怖主义活动的提案，并呼吁欧盟委员会通过贯彻金融制裁的最佳做法，并就第三号反洗钱指令达成一致（House of Lords European Union Committee，2005b：para 83）。

9.3.1 《海牙计划》（2004 年） 212

欧洲理事会于 1999 年召开的一次特别会议上制定了《坦佩雷计划》，力主将欧盟建设成为一个“自由、安全和公正的区域”。这一宗旨引发了人们关于应该如何跟进《坦佩雷计划》的讨论，讨论的结果是欧洲理事会于 2004 年通过了《海牙计划》。

《海牙计划》再次确认了欧盟公民对于公正和内政事务的重视，并突出强调了多个领域，包括庇护以及在刑事和民事事务中的相互承认。该计划还着眼于推动建立一个“欧洲共同庇护制度”（Common European Asylum System），并呼吁成立欧洲庇护办公室（European Asylum Office），以促进成员国国家庇护机构之间的实务合作。《海牙计划》还强调，欧盟日后在司法与内政事务领域所采取的行动必须尊重辅助性原则和相称性原则（principles of subsidiarity and proportionality），以及各成员国不同的法律传统（House of Lords European Union Committee，2005a：paras 9 and 11）。

欧盟所起的重要作用之一是促进成员国之间的信息交流（House of Lords European Committee，2005b：abstract）。为推进这一目标的实现，《海牙计划》主张在各成员国有关机构共享数据方面实行“可用性原则”（与欧盟理事会提出的“对等获取权”相对），以打击多种跨境犯罪活动，特别是恐怖主义。（House of Lords European Union Committee，2005a：para 35）。刑事司法方面的合作则应当根据《坦佩雷计划》提出的“相互承认”原则推进。《海牙计划》设想在这一原则基础上辅以成员国刑事法律方面的某种趋同，前提是此举有利于成员国司法机构之间的相互承认（House of Lords European Union Committee，2005a：para 38）。

2005 年，欧盟委员会提出了若干关于实施数据共享的建议（涵盖了DNA、指纹、弹道、车辆登记信息以及电话号码方面的数据共享）（Home Affairs Committee，2007a：para 15），但是这些建议的实施却遭到了推迟，理由是 2005 年签订的有关跨境犯罪、恐怖主义和非法移民的《普吕姆公约》（*Prum Convention*）也涵盖了前述议题。2007 年，《普吕姆公约》成为欧盟法律的一部分之后，这一问题得到了解决。此举准许成员国获取其他成员国 DNA 档案中有关严重犯罪嫌疑人以及恐怖主义团体的“背景调查”（reference checks）信息。

9.3.2 伦敦连环爆炸案的后果（2005）

2005 年 7 月伦敦发生恐怖袭击之后，欧盟召开了内务部长会议，就实施一揽子措施达成一致。除了多项有关打击恐怖主义团体筹集资金的
213 措施以及防控恐怖主义团体招募人员、鼓吹极端化的步骤之外，这一揽子措施中还包括若干新的倡议举措，例如加强申根和签证信息制度，启动欧盟统一证据令（European Evidence Warrant），将生物特征信息纳入护照中；对爆炸物的交易、存储和运输进行更加严格的管控，并建议发布一项要求电信公司以及互联网服务提供商存储有关电话通话、电子邮件以及网站访问的详细情况的指令。

2005 年 9 月，欧盟委员会审议了恐怖组织招募人员和鼓吹极端化这两个问题（2004 年行动计划中首次提出了这两个问题）。欧盟委员会发表了一份公报，分析了通过教育、不同信仰间对话以及审问策略等手段制止个人走向极端化的途径。欧盟委员会还拨款 700 万欧元，用于预防、准备应对和回应恐怖主义袭击。

2005 年 9 月，欧盟理事会还通过了一项旨在防止洗钱和恐怖组织筹措资金的新指令。欧盟理事会通过一项决议，规定所有成员国均有义务向欧洲刑警组织提供涉及两个或者两个以上成员国的恐怖主义案件调查工作的信息。不过，成员国在提供此类信息方面行动迟缓（House of Lords European Union Committee，2008：para 115）。

2005 年 12 月，欧盟司法与内政事务理事会批准了一项旨在对恐怖主义进行预防、防卫、追查和回应的新战略。该新战略力求实现在国家、欧盟和国际层面上联合应对恐怖主义。欧盟理事会就恐怖主义组织筹集资金问题进行了一次交流，力主在欧盟成员国之间建立一个共同行为准则，用于搜集和交换可以切断恐怖主义组织资金来源的信息。

2007 年 11 月，欧盟委员会又提出了一揽子关于打击恐怖主义的建议。该委员会建议对 2001 年的《框架决议》进行修订，以引入多项新罪名，其中包括将训练和招募恐怖分子以及煽动实施恐怖主义犯罪定为

犯罪行为，并且将通过互联网提供资料涵盖在该犯罪行为之内。该委员会建议，所有抵达或者离开欧盟的航班均应制作《乘客名单记录》。该委员会还建议更新行动计划，采取包括建立覆盖欧盟全境的、针对遗失和被盗爆炸物以及可疑交易的报警体系等措施，强化诸如爆炸物和雷管等物品的安全保障。

9.3.3 紧急预案

2006 年，欧盟委员会收到了“欧洲安全：威胁应对和相关技术”项目联合会（European Security：Threats Responses and Relevant Technologies，ESSTRT consortium）递交的一份报告。该报告把国际恐怖主义视
为“欧洲所面临的一个公认的威胁”，不过，对这一威胁的程度高低进 214
行量化却并不容易（ESSTRT Consortium，2006：15）。该报告建议各国应当对“国家关键基础设施”（Critical National Infrastructures，指那些一旦受损或者被毁会影响一国正常运转的资产或者活动，包括用水、能源、交通和食品供应）进行风险评估（ESSTRT Consortium，2006：6）。该报告提出了一个“4 +3 一揽子措施”，涵盖了旨在实现下列 4 个目标的行动：（1）预防（prevent）恐怖主义行动；（2）追捕（pursue）恐怖主义行为的责任人；（3）防范（protect）恐怖袭击；以及（4）做好准备（prepare）形成应对恐怖袭击的心理韧性（这就是英国制定的反恐 4P 战略）。这些行动需要一系列必备能力（enabling capabilities）作为后盾，包括经过强化的情报信息能力、强有力的公众传播政策以及与国际协作伙伴的牢固关系（ESSTRT Consortium，2006：6）。

该报告还建议欧盟制定一项全面的战略，并通过任命一名负责内部安全事务的高级代表（High Representative）以及在布鲁塞尔成立一个危机管理中心（Crisis Management Centre）作为信息统一交换与协调机构等手段建立一个更加牢固的战术操作架构（ESSTRT Consortium，2006：8）。其中，该危机管理中心将负责与各成员国的危机管理机构进行沟通。

专栏 9.1

欧盟与恐怖主义：取乱之道？

欧盟应对恐怖主义的努力格外受到一个问题的羁绊，那就是这方面的工作政出多门。有人指出，“（负责应对恐怖主义的）机构有多个，有些是在第二支柱（the Second Pillar）体系中，有些在第三支柱（the Third Pillar）体系中，有些则根本不在多级支柱架构之内。有些机构以政策为重点，有些以情报为重点，有些则以行动为重点”（House of Lords European Union Committee，2005b，para 61）。造成这一局面的部分原因是欧洲刑警组织在贯彻实施欧盟对国际恐怖主义的应对工作方面未能起到核心作用。

有人预计，第一项建议，即《关于在理事会内成立一个常设委员会的宪法条约》，将会取代成员国常任代表委员会（the Committee of Member States' Permanent Representatives）所扮演的角色，该委员会用于应对恐怖主义事件的时间并不充足，从而改变这一局面（House of Lords European Union Committee，2005b：para 61 and 63）。

9.3.4 欧盟、有组织犯罪与恐怖主义：务实措施

下文将要对前文简介过的各项倡议与建议所产生的主要务实措施进行讨论。

215 **欧盟警长专案小组**

欧盟警长专案小组是由 1999 年召开的欧洲理事会坦佩雷会议提议组建的，在欧洲理事会官方架构之外运作。该专案小组的职责是协调高层业务合作，打击包括恐怖主义在内的严重有组织犯罪。这一专案小组的成立（以及为推动欧盟境内高级警官的跨境培训工作而根据欧洲理事会 2005 年一项决定成立的欧洲警察培训学院）为进一步加强欧洲各国警察机构之间的合作带来了机遇。

反恐怖主义协调员

2004 年，欧盟理事会秘书处内部任命了一名反恐怖主义协调员，负责监督欧盟的反恐怖主义行动。该反恐怖主义协调员的作用是担当欧盟委员会和司法与内政事务理事会（Justice and Home Affairs Council）之间的主要纽带。其中司法与内政理事会是一个非官方理事会，没有决策权，其职责涵盖反恐怖主义。反恐怖主义协调员的职责是协调理事会在与恐怖主义作斗争以及检视欧盟能用来打击恐怖主义的所有工具方面的工作，但是并不包括协调反恐怖主义行动。该协调员向欧盟理事会汇报工作，并负责监督成员国服从欧盟理事会决定的情况，从而确保欧盟理事会的决定得到贯彻（House of Lords European Union Committee，2005b：pares 55 –56）。

欧洲司法协同组织

欧洲司法协同组织组建后，在警方与司法机构合作方面对欧洲刑警组织起到了补充作用。欧洲司法协同组织起源于 1999 年坦佩雷欧洲理事会会议所提出的一项建议。该建议提出要建立一个欧盟司法合作小组（EU Judicial Cooperation Unit），以加强与严重有组织犯罪的斗争，不过在此之前，1959 年《欧洲理事会刑事事务互助公约》（*Council of Europe Convention on Mutual Assistance in Criminal Matters*）已经催生了若干关于开展司法互助的行动。

欧洲司法协同组织根据 2002 年欧洲理事会的一项决定正式成立（此前，该机构自 2001 年开始一直以临时机构的身份运行）。该机构是根据《马斯特里赫特条约》第三支柱成立的，负责协调（而不是力图实现一致）欧盟内部在刑事领域的司法合作。该组织的工作包括促进成员国有关机构之间的合作，以及改进对成员国针对涉及两个或者两个以上成员国的严重犯罪，特别是有组织严重犯罪的调查与起诉工作的协调［Article 3（1）2002 Council Decision，转引自 House of Lords European Union Committee，2004：para 13］。

欧洲司法协同组织的管理机构称为“共管会”（College），由每个成员国委派一名成员（可以是检察官、法官或者警官）组成。各国授予其

216 委派的成员的权力存在相当大的差异。英国委派的成员拥有皇家检察官的所有权力（House of Lords European Union Committee，2004：paras 35 -36）。欧洲司法协同组织设于海牙，直接对部长理事会负责（House of Lords European Union Committee，2004：para 5）。与以成员国缴纳的会费为经费来源的欧洲刑警组织不同，欧洲司法协同组织的经费主要来自欧盟的预算。在该组织的基础上可能会出现新的发展变化，尤其值得关注的是欧洲检察官办公室（European Public Prosecutor's Office）的成立。

欧洲司法协同组织的重要职能之一是实现成员国监察机关之间的司法互助。司法互助涵盖了诸如人员引渡、送达判决书与传证人令等行为（House of Lords European Union Committee，2004：paras 26 -27）。该组织还要承担若干与欧盟统一逮捕令有关的任务，例如在一个以上成员国发出的逮捕令存在冲突时提供建议（House of Lords European Union Committee，2004：para 51）。2003 年，共有 300 桩案件被提交给欧洲司法协同组织，其中大约一半涉及走私毒品和诈骗。其他类型的案件包括洗钱、恐怖主义以及贩卖人口（House of Lords European Union Committee，2004：para 12）。

未来的发展变化包括欧洲司法协同组织有可能成为欧盟国家与非欧盟国家之间的“一站式”司法合作机构（House of Lords European Union Committee，2004：para 82）。

欧洲司法协同组织与欧洲刑警组织

2004 年，欧洲刑警组织（下文会详细论述该组织的角色）与欧洲司法协同组织签订了一份合作协议；2007 年，这两个组织之间建立了一条通信线路，不过欧洲刑警组织在向欧洲司法协同组织传递数据方面仍然存在不足（House of Lords European Union Committee，2008：paras 178 -180）。2008 年通过了 5 份法律文件，对这两个组织之间的合作协议进行了更新：（1）《关于种族主义与排外主义的框架决议》（*the Framework Decision on racism and xenophobia*）；（2）《关于数据保护的框架决议》（*the Framework Decision on data protection*）；（3）《关于在缓刑事务方面相互承认的框架决议》（*the Framework Decision on mutual recognition in probation matters*）；（4）《关于恐怖主义的框架决议》（*the*

Framework Decision on terrorism)；以及（5）《关于相互承认刑事判决的框架决议》(*the Framework Decision on mutual recognition of judgments in criminal matters*)(Hillier，2008)。

从长远来看，欧洲司法协同组织有可能会成为欧洲刑警组织的监督机构。这一变化符合多数欧盟国家的情况。届时警方的刑事调查工作将会受到某种形式的司法或者检方监督（House of Lords European Union Committee，2004：para 74)。

欧盟统一逮捕令

欧盟统一逮捕令启用于2004年，目的是加快成员国之间的引渡过程，其依据是成员国间相互承认对方的国内刑法与刑事诉讼法这一原则(House of Lords European Union Committee，2003：para 2)。英国2004年开始实施欧盟统一逮捕令。

欧盟统一逮捕令在实务方面的作用是在甲成员国国民在乙成员国境 217
内犯下乙国定义为犯罪的行为后，能够将该甲成员国国民逮捕并移交给乙国。欧盟另一成员国向英国提出的引渡申请由英国严重有组织犯罪局逃犯组（the Fugitives Unit of the Serious Organised Crime Agency）负责处理。从2004年1月到2006年8月期间，英国皇家检察署总计在英国境内为欧盟伙伴国发出了307份欧盟统一逮捕令，并成功使172名嫌疑人落网。有关机构会将欧盟统一逮捕令中的数据概要总结后通过申根信息系统（Schengen Information System，SIS）发送给欧盟国家。新版的申根信息系统——申根信息系统Ⅱ启用后，就能够转发欧盟统一逮捕令的全文了。有人预计，英国参与申根信息系统Ⅱ之后，皇家检察署和严重有组织犯罪局与欧盟统一逮捕令有关的工作会有所增加（House of Lords European Union Committee，2007：para 77)。

对欧盟统一逮捕令制度的一项批评意见是，欧盟统一逮捕令强调执法，但是却很少顾及保护这一程序可能针对的人员的权利（House of Lords European Union Committee，2005a：para 41)。

欧盟统一证据令

在超出单个成员国边界的案件中，欧盟统一证据令原本可以成为可供获取物品、文件和数据的通用令状。但是,《第三支柱》关于欧盟27个成员国必须一致同意的规定却导致这一理念无法得到采纳。

情况中心

情况中心(Situation Centre)是根据《马斯特里赫特条约》中《第二支柱》的规定并在欧盟理事会秘书处支持之下成立的,负责对影响欧盟对外政策的重大事项进行评估。2005年1月,情况中心内部成立了一个反恐怖主义小组(counter – terrorism group,简称CTG)。该小组汇聚了欧盟成员国对内和对外安全部门的情报专家,其职责是分析评估欧洲内部与外来恐怖分子所带来的威胁。这些专家的职责并不包括实际操作事务,不过他们的意见会被提供给成员国负责应对恐怖主义威胁的司法部长。

情况中心的存在大有将阻止欧洲刑警组织与成员国情报机构进行直接联络正当化的趋势。欧洲刑警组织与成员国情报机构之间进行直接联络的依据是两者之间正式确立的安排架构。在此类架构之下,欧洲刑警组织与欧盟某一成员国之间的联络通过该国某一全国性机构(例如英国的严重有组织犯罪局)实施。从2007年(即《丹麦议定书》对《欧洲刑事警察组织公约》进行修订之后)开始,成员国可以批准欧洲刑警组织和其他指定机关进行直接接触了,其中包括诸如军情五处在内的负责收集情报的机构。但是,由于欧洲刑事警察组织官员安全许可级别低,可能会阻碍这一方面的进展(House of Lords European Union Committee,2008:paras 120 – 122)。

欧盟边防局

218 欧盟边防局于2004年根据欧盟理事会一项决议成立,并于2005年7月起开始运作。该机构属于外部边界管理机构(设于华沙),负责保卫欧盟的外部边界并应对非法移民问题。在实务方面,该机构力求推动成员国之间的协作,培训边防人员并实施风险评估。虽然英国和欧盟边防局有合作关系,并且也参与该机构的部分行动,但是却被排除在该机构成员国范围之外,原因是该组织仅限申根国家加入。

危机管理

2002年,欧盟成员国通过了一项针对化学、生物、放射性或者核武器攻击的联合反应方案，并试图借此制定一项应对此类问题的共同战略。在该方案获得通过之后，欧盟委员会和欧盟理事会又针对应当采取哪些步骤解决此类问题提出了若干提议。其中包括《欧洲关键基础设施保护计划》（*European Programme for Critical Infrastructure Protection*，简称“EPCIP”）以及一个名为阿尔古斯（ARGUS）[1]、旨在对欧盟委员会所提出的危机管理计划进行协调的危机预警体系。

9.3.5 欧盟与其他国家之间的合作

欧盟针对有组织犯罪与恐怖主义采取的行动涵盖了与欧盟之外的国家所签订的安排架构，藉此进一步拓展了欧盟刑事司法与警察工作的范围。欧盟已经在庇护与人员流动方面制定了若干针对非成员国的政策。不过，有人对欧盟的这种做法提出了批评，认为欧盟此举是出于一己之私：阻止寻求庇护者进入欧盟国家，而不是为了强化欧盟之外的国家在难民来源国就地安置难民的能力（House of Lords European Union Committee，2005a：paras 66 –68）。

2001 年 9 月份恐怖袭击发生之后，美国与欧洲刑警组织在 2001 年 12 月 6 日签订了一项关于打击各种形式的严重国际犯罪的合作协议，此后双方于 2002 年 12 月 20 日签订了一项补充协议，扩大了双方的合作范围，使之涵盖了交换有关人员的信息数据。此外，欧洲刑警组织还于 2002 年在华盛顿成立了联络办公室，作为该组织向美国有关执法机构提交欧洲刑警组织和欧盟成员国关于传递信息以及提供刑事情报的请求的联络点。此后又出现了若干与打击恐怖主义有关并对全球警务和刑事司法事务有所影响的发展变化，其中包括欧盟与美国于 2003 年签订了一项引渡协议，以及双方于 2004 年（并于 2007 年再次进行谈判）就移交旅客名单记录数据（即航空公司订票系统中所存放的数据）所达成的一项协议。

在国际层面上缔结的关于打击全球犯罪的协议可能会在某些有义务 219
执行这些协议的国家中招致公民自由权方面的异议。在英国，2002 年签订的关于在欧洲刑警组织与美国之间移交个人数据的协议就遭到了批评，因为该协议允许欧洲刑事警察组织与美国多个机构交换个人数据，而这些个人数据的用途已经超越了欧洲刑事警察组织的职权范围（House of Lords European Union Committee，2003：paras 49 – 50，and 2005b：paras 76 and 78）。2003 年美国与欧盟签订的引渡协议也引发了一些问题，其中包括在若干关键问题（例如，死刑以及是否允许将嫌疑人移交给那些存在可能导致嫌疑人遭受酷刑折磨或者其他形式非人道待遇的风险的国家）方面闪烁其词、含糊不清（ESSTRT Consortium，2006：20）。

9.4 欧洲警务工作安排架构

与犯罪和恐怖主义作斗争的需要是组建职权范围超出单个国家范围的警察队伍的理由。在警务工作中，可以在两个方面采取行动来打击跨境犯罪。第一个方面是“国际警察合作”，即不同国家的警察共同参与打击犯罪的倡议行动，同时各自保留自主权并首先效忠于本国。第二个方面则是“跨国警务工作”，以执法网络为特点。执法网络拥有相对的自主性，不受各个国家的控制，或者由其他非国家组织或者政治社团授权并效忠于该组织或者社团（Walker，2003：111）。

本节将对那些为促进国家之间在打击跨境犯罪与恐怖主义方面的合作而建立的各项机制进行详细分析。其中很多机制——但并非全部——是在欧盟地理范围之内运作的。

9.4.1 国际刑事警察组织（国际刑警组织）

国际刑警组织成立于 1923 年，其作用是推动警察队伍与以那些打击国际犯罪为宗旨的机构之间的协作。国际刑警组织的总秘书处设于法国里昂，负责与各成员国的国家中心局（现有 187 个）进行联络（House of Lords European Union Committee，2008：para 28）。该机构成立之初曾以欧洲为中心；后来随着成员国数量的增加，该组织放弃了欧洲中心立场，转变成为一个世界性组织；不过国际刑警组织在欧洲刑警组织派驻了一名联络官员，并且这两个机构在 2001 年签订了一项《联合倡议》（*Joint Initiative*）。

200 国际刑警组织通过收集并传送有关个人的信息来履行职责。国际刑警组织将诸如犯罪分子姓名、指纹、DNA 图谱、旅行证件以及被盗财物（例如护照和车辆等）存放在多个数据库中。一个称为“I－24/7”的通讯系统可供用于直接访问这些数据库。

国际刑警组织还可以通过派出响应小组协助处理诸如严重犯罪、灾害等事件的形式为执法机构提供紧急援助。例如，2004 年印度洋海啸发生之后，国际刑警组织曾经派出一个小组协助鉴别遇难者身份。为应对此类援助请求，国际刑警组织内部成立了一个全天 24 小时运作的指挥协调中心，负责对世界各地的有关事件进行监控。国际刑警组织的工作与欧洲刑警组织在诸如恐怖主义、毒品、有组织犯罪以及贩卖人口等领域的工作有所重合。不过，国际刑警组织的工作导向是已经发生的犯罪，而不是像欧洲刑警组织那样注重应对未来可能出现的犯罪（House of Lords European Union Committee，2005b：para 69，and 2008：para 191）。

国际刑警组织也参与对恐怖主义的国际反应工作。2002 年，国际刑警组织成立了一个特别融合工作组（the Fusion Task Force），其主要职责是对从事恐怖主义活动的犯罪团伙成员的身份进行鉴别。国际刑警组织在这一工作领域中可谓举足轻重，其格外重要的一个原因是，该组织为唯一一个运作范围涵盖全世界的警察组织（House of Lords European Union Committee，2005b：paras 69 and 74）。

9.4.2 特莱维小组

欧盟部长理事会特莱维小组（The Trevi Group of the European Council of Ministers）组建于 1974 年。特莱维（TREVI）一词源自恐怖主义（terrorism）、激进主义（radicalism）、极端主义（extremism）与暴力（violence）四个单词的首字母，该机构是一个供负责内政事务的部长和欧洲高级警官定期举行会议的论坛。该机构的主要目的是为信息交换提供一个机制。该机构在成立之初以恐怖主义为工作重心，但是后来拓展到包括严重犯罪与贩卖毒品在内的多个不同领域。

特莱维小组在欧盟正式架构之外运作，不过其高级官员要与欧洲理事进行联络。该机构的日常工作有很多由警官、公务员以及其他具有相关专业技能的人员组成的工作小组完成。该机构负责研判诸如警察的训练与技术、严重犯罪、公共秩序以及预防灾害等事项（Morgan & Newburn，1997：67）。

《马斯特里赫特条约》“第三支柱”项下的安排架构吸纳了特莱维小组。现在该小组的工作转由一个根据《马斯特里赫特条约》建立的“协调委员会”（Coordinating Committee）（又称为“K4 委员会”）负责。该机构是欧洲刑警组织的前身，欧洲刑警组织最初正是在这一机构的支持之下成立的。

9.4.3 申根倡议行动

221 《申根协议》（1985 年）与《申根公约》（1990 年）旨在促进欧盟内部人员、货物的流动以及交通自由，并以此推动建立单一市场这一目标的实现。申根体系是在欧盟机构框架之外运行的；尽管如此，该体系已经成为一个创立协调有序的欧洲刑事司法程序的压力源。

在申根体系之下签订了多项安排架构，包括：

- 在涉毒犯罪方面的合作（特别是减少毒品贩卖方面的合作）；
- 警方与司法机构之间的跨国合作（这方面的合作催生了荷兰等国的警察组织改革）；
- 简化成员国之间的引渡规则；
- 建立一个数据库——申根信息系统（Schengen Information System，SIS）。

《申根协议》的一个重要方面是废除欧盟成员国之间的内部边境管制，同时在欧盟外部边界实施严格的移民控制。不过，英国却对此举抱有怀疑态度，认为开放欧盟内部边境固然对守法公民有益，其他群体，包括犯罪分子、恐怖分子以及非法难民却有可能会趁此机会钻空子。因此，英国（以及爱尔兰共和国）并未加入《申根协议》。不过，2000 年英国获准参与已有申根法律中与刑法和警务工作有关的部分，并参与申根信息系统中的部分方面（参见专栏 9.2）

专栏 9.2

申根信息系统

申根信息系统（Schengen Information System，SIS）是一个覆盖欧盟全境的数据库，用于收集和交换有关移民、警务和刑事法律并用于执法和移民控制的信息（House of Lords European Union Committee，2007：foreword）。申根新系统是根据 1990 年《申根公约》正式建立的，并于 1995 年开始运作。它是 1985 年《申根协议》所规定的放松边界控制的必然结果，因为执法和移民控制人员（在边界或者各自所在国其他地区工作）要完成他们的任务（划分为若干种类并称为“警报”）离不开汇集整理的信息。

前述警报由某一申根国家要求缉拿的人员的名单组成。这些名单中罗列的是应当拒绝入境的非欧盟国家公民（“外籍人员”）、失踪人员、为担任证人、进行诉讼或者执行判决而要求缉拿的人员、须进行监控的人员或者车辆，以及为予以扣押或者用于刑事诉讼而需要查找的物品（《1990 年申根公约》，转引自 House of Lords European Union Com mittee，2007：para 12）。 222

申根信息系统中存储的信息比较基础（包括诸如有关人员的姓名与别名、性别和体貌特征、出生日期和地点、国籍以及是否具有暴力性）；成员国还在另外一个称为“SIRENE（Supplementary Information Request at the National Entry）（成员国登入的补充信息请求）”的数据库中存放有该国警报所针对人员的补充信息，所有成员国均可请求访问此类信息。每个成员国都设有一个 SIRENE 局，作为成员国警方与申根信息系统之间的纽带。

英国于 2000 年获准可选择进入申根信息系统。

英国原本应当从 2005 年 1 月开始加入该系统（House of Lords European Union Committee，2007：para 18），但是由于技术困难而并未实现。2006 年以来，欧洲刑警组织也可以获得申根信息系统提供的警报，但是并未得到立即执行。

申根信息系统的局限性（由新欧盟成员的加入所导致）以及加入人员生物特征数据的愿望促成了第二代申根信息系统的开发（称为“申根

续表

信息系统Ⅱ”）（House of Lords European Union Committee，2007：para 20）。生物特征识别标记将存放于申根信息系统Ⅱ之中。这一新系统还将提供系统中储存的不同警报之间的联系。据预计，申根信息系统Ⅱ将在2011年完成全面部署。

英国有意加入申根信息系统Ⅱ，不过由于英国并非《申根公约》的正式成员（也就是说，英国保留了对英国和其他成员之间边界的控制），英国将无法获得申根信息系统Ⅱ中存储的移民数据，不过英国可以获得其他与警务工作和刑事合作有关的数据（House of Lords European Union Committee，2007：para 21）。预计英国将在2011年成为该系统成员国。

英国加入申根信息系统Ⅱ后，通过英国全国警察计算机系统（the Police National Computer）进行的信息查询将会自动触发对申根国家信息系统的查询。如果找到相符查询结果，系统将会把进行该查询的警察的请求提交给SIRENE英国局，由该局负责在英国和申根信息系统之间进行联络（House of Lords European Union Committee，2007：para 55）。

9.4.4 欧洲刑事警察组织（欧洲刑警组织）

《马斯特里赫特条约》（1993年生效）第K条第1款第（9）项在欧盟正式架构之内创设了一个欧洲刑事警察办公室（European Police Office），以期强化警方在诸如恐怖主义与贩卖毒品等国际事务方面的合作。欧洲刑警组织根据《马斯特里赫特条约》关于司法与内部事务的第三支柱（Third Pillar of Justice and Home Affairs）（该部分关注的内容为警务、移民、庇护与法律合作）而成立。不过，《马斯特里赫特条约》
223 并未建立一个统辖欧盟全境的警察机关，只不过于1993年成立了一个“欧洲反毒品小组”，且该小组既没有正式章程也没有权力。根据《马斯特里赫特条约》K3（2）款的规定，有关国家于1995年7月制定了一份《关于成立欧洲刑事警察办公室的公约》，随后在1998年行将结束时，欧洲刑事警察组织正式宣告成立。该组织总部设于海牙，并于1999年7月开始运作。

欧洲刑警组织的经费由成员国提供，由大约250名从成员国选调的成员组成（House of Lords European Union Committee，2003：para 3）。该机构的工作由成员国警察机构派驻欧洲刑警组织总部的欧洲刑警组织联络警官负责开展。派驻警官隶属于欧洲刑警组织的联络局（Liaison Bureau）。并非所有欧洲刑警组织的警官都具有警方背景。2009年在欧洲刑警组织工作的42名英国公民中，只有11人拥有执法工作背景（West，2009）。按照其设计，欧洲刑警组织并不是一个统辖欧盟全境的、从事刑事调查的警察部队。相反，其功能是充当一个情报机构，推动成员国国内警务机构之间的信息交流并对从成员国收到的关于跨国犯罪活动的信息进行分析——这一职能被人称道为"欧洲刑警组织的成功范例之一"（Walker，2003：119；House of Lords European Union Committee，2008：foreword）。

《1995年公约》赋予了欧洲刑警组织改善下列工作的职责：

> 成员国在预防和打击恐怖主义、贩卖毒品以及其他形式的严重国际犯罪（且事实显示涉及有组织犯罪架构，并且有两个或更多成员国受到这些形式的犯罪的影响，且鉴于其中涉及的违法行为的规模、重大程度以及后果，需要成员国一致应对）方面的工作成效与相互合作（《1995年公约》第2条第1款，转引自House of Lords European Union Committee，2003：para 2）。

欧洲刑警组织管辖的具体犯罪包括：

- 走私毒品；
- 走私核与放射性物质；
- 偷运非法移民；
- 贩卖人口；
- 机动车犯罪；
- 在恐怖主义活动过程中所犯下的犯罪。

《1995年公约》的《附件》中所列的其他犯罪包括：

- 侵害生命、肢体或者人身自由的犯罪行为；

- 诈骗等侵害财产或者公共货物的犯罪；
- 非法贸易以及损害环境（《1995 年公约》第 2 条，转引自 House of Lords European Union Committee 2003：para 8）。

属于欧洲刑警组织管辖范围的犯罪行为必须有事实显示它们涉及有组织犯罪架构，这一要求束缚了欧洲刑警组织的手脚，并且带来了不少
224 难题，其中包括这一术语模糊不清的性质，并且各国对该术语的定义各不相同（House of Lords European Union Committee，2008：paras 31 – 33），以及发生在多个成员国的严重跨国犯罪（例如连环杀人）未必就是有组织的。这就导致有人在 2002 年丹麦担任主席国期间提出，欧洲刑警组织的职权范围应当修改为一个通用术语“严重国际犯罪”（House of Lords European Union Committee，2003：para 9）。不过，这一术语同样也因为含糊不清而遭到了批评（House of Lords European Union Committee，2003：para 10），后来遭到弃用。

欧洲刑警组织的定位主要是前瞻性，其根基是通过《有组织犯罪威胁评估》（*Organised Crime Threat Assessments*）（而不是对已经发生的事件进行回应）来实施的情报主导式警务模式（House of Lords European Union Committee，2008：paras 68 – 69）。《有组织犯罪威胁评估》是在《2004 年海牙计划》启动后引入的，取代了此前实施的《有组织犯罪报告》（*Organised Crime Report*）。《有组织犯罪威胁评估》由欧洲刑警组织按年发布，其设计宗旨是向司法与内部事务理事会报告欧盟所面临的主要威胁，并推动成员国在欧洲刑警组织领导下对这些威胁的应对工作（House of Lords European Union Committee，2008：para 77）。

为切实履行其职责，欧洲刑警组织采用了电脑化系统管理所收集的信息。此类信息是通过两个计划发送的：欧洲刑警组织信息系统（Europol Information System，EIS）以及“情报与支持全面分析系统”（Overall Analysis System for Intelligence and Support，OASIS）（该系统的工作结果存放在分析工作文档中（analysis work files，AWFs）。成员国可以根据自己的意愿选择参与的分析工作文档的数量。不过，这两个计划却是“彼此分离、相互独立”的（House of Lords European Union Committee，2008：para 86）。欧洲刑警组织已经和若干非欧盟国家签订了数

据共享安排架构，其中包括美国和澳大利亚，这两个国家均向欧洲刑警组织派驻了联络官。此外，欧洲刑警组织还和俄罗斯联邦等几个国家签署了不包含移交数据的战略协议。

欧洲刑警组织的未来方向

欧洲刑警组织所面临的一大难题是，该机构通过成员国之间的一项公约——而不是条约——建立起来。这一局面给欧洲刑警组织带来了多个问题，因为对公约进行修订不仅速度缓慢而且程序繁琐。对公约的修订必须通过议定书进行，而议定书必须在所有签字成员国批准后方能生效。这就阻碍了欧洲刑警组织在职责、权力与治理方面的进步，并且促使司法与内部事务理事会于 2006 年牵头提出动议，将欧洲刑警组织构建在理事会决议（其根据为《马斯特里赫特条约》的“第三支柱”）而不是公约的基础之上。

有关方面于 2008 年就此达成一致，2010 年相关改革生效，从而使 225
欧洲刑警组织成为欧洲联盟的一个机构。现在，欧洲刑警组织的职权仍以有组织犯罪为重点。不过，有组织犯罪一词现在的定义非常广泛，涵盖了涉及两个或者两个以上成员国且所涉违法行为的“规模、重大程度以及结果”要求成员国共同应对的犯罪行为（House of Lords European Union Committee，2008：para 35）。

欧洲刑警组织还可能会受到其他变革的影响。例如“未来集团”（在 2007 年德累斯顿举行的司法与内部事务理事会的一次非正式会议上创立）就力图改进成员国之间传递数据的方式（可能是通过采用自动数据传输工具）。此外，2009 年《里斯本条约》废除了《马斯特里赫特条约》的支柱架构。《里斯本条约》将会规定欧洲刑警组织的职责，欧洲议会和欧洲理事会将以什么方式确定欧洲刑警组织的架构、运作、行动领域和任务，以及欧洲议会和成员国议会对欧洲刑警组织的工作进行审查的方式。

尽管欧洲刑警组织的主要作用是“汇总和共享数据”（Occhipinti，2003：2），有关方面已经采取步骤，使该机构具备警务事务方面的职责。实现这一目标的主要机制是联合调查组（Joint Investigative Teams，JITs）。2002 年，欧洲刑警组织获得授权，可以就特定目的并在限定期限内利用两个或者两个成员国的机构组成联合调查组。不过此类合作应由成员国自愿开展。2006 年在维也纳召开的欧盟司法与内务部长会议上又进一步讨论了这一问题，不过只有在有关议定书得到成员国批准后，在推动实施这一建议方面才能有所进展。如果欧洲刑警组织最终获得警务执行权力，从长远来看，它有可能在欧洲扮演一个与美国联邦调查局类似的角色（Occhipinti，2003：2）。

9.4.5 英国警务工作与国际犯罪

影响英国警务与犯罪的欧洲维度的主要发展变化是严重有组织犯罪局的创建。20 世纪 90 年代早期，有人曾经提出，要应对严重犯罪的日益国际化（在跨境犯罪的发生率更高的欧盟则更是如此），不可避免地要求英国成立一支全国性警察队伍（Condon，1994）。后来，2005 年《严重有组织犯罪与警察法》成立了严重有组织犯罪局，填补了此类机构的空白。

严重有组织犯罪局是供欧洲刑警组织与英国进行联络的唯一单位。虽然有关机构认为严重有组织犯罪局与欧洲刑警组织之间的沟通“非常有效”（House of Lords European Union Committee，2008：para 256），但是有人发现严重有组织犯罪局与英国 52 支警察部队之间的关系——特
226 别是在诸如传递欧洲刑警组织文件等问题方面——却存在不足。这一缺陷已经导致部分警队在处理跨国犯罪活动时宁肯与国际刑警组织合作，而不是与欧洲刑警组织合作（House of Lords European Union Committee，2008：para 257）。此外，严重有组织犯罪局并不负责反恐怖主义事务。反恐任务是由大都会警察反恐怖主义指挥部（SO19）完成的。该机构在欧洲刑警组织的英国联络局派驻有一名警官。

另一个难题则是严重有组织犯罪局的职权范围仅限于严重有组织犯罪，因而有人提出还应当建立一个中央机制来协调英国警方与其欧盟同行之间就其他形式犯罪的交流（Home Affairs Committee，2007b：para 77）。对此，政府的观点是新近成立的“执法论坛”（Law Enforcement Forum）可以充当讨论和解决此类问题的平台（Home Affairs Committee，2007a：para 5）。

9.5 阻碍国际警察合作的因素：针对欧盟的案例研究

那些以强化跨境警察合作、应对犯罪与恐怖主义为宗旨的举措面临着多个障碍。下文将在欧盟背景之下对这些障碍的性质进行讨论，不过在任何解决犯罪与恐怖主义的途径中都有可能会遇到这些障碍。

9.5.1 政治传统存在差异

欧盟国家的政治体系存在不同；单一制（如英国）与联邦制（如德国）之间的差异会对向超国家机构让渡权力产生影响。例如有人曾经指出，这样的差异就影响到了欧洲司法协同组织管理会中的德国成员的权力，因为在德国，刑法属于各州（Länder）的权力，而不属于联邦政府的权力。这样一来，有人就把德国代表描绘为仅仅是“传递信息的门户”而已（House of Lords European Union Committee，2004：paras 37－38）。

欧盟国家在政治文化方面也存在重大差异。当打击犯罪与恐怖主义的实务政策对民事和政治自由权造成冲击时，这样的差异就会对此类政策产生影响。欧盟各成员国内部对于安全和自由之间平衡的定义各不相同，这一局面会对某些问题产生影响，比如对于欧盟层面在反恐政策等领域所采取举措的实施情况进行司法监督与民主控制。在这一方面，“有些技术，例如生物特征、摄像头监控以及无线射频识别标签（radio 227
frequency identification tags）等，在欧盟成员国中引发了不同程度的担忧”（ESSTRT Consortium，2006：4）。“欧洲共同庇护体系”（Common European Asylum System）的构建也由于成员国对寻求庇护人员所适用的标准存在差异而变得非常复杂。

9.5.2 语言问题

语言方面也出现了问题，这既表现在成员国用自己的语言存储数据方面，也体现在不同国家对技术术语赋予的含义存在不同。例如，在有些欧洲语言中，诸如“情报”和“信息”等术语难以进行区分（House of Lords European Union Committee，2008：para 242）。语言问题还会导致法律术语等方面缺乏精确度。这一局面可能会影响数据在计算机化数据库中的记录和存储方式，从而加大检索信息的难度（House of Lords European Union Committee，2008：para 247）。

9.5.3 有关机构缺乏合作意愿

长期以来，警方和安全机构之间不愿共享情报和其他形式的信息，阻碍了成员国之间的合作。这一局面是由多种因素造成的，其中包括部门间存在竞争、需要保护信息来源、需要向持有信息的组织确保请求获得信息的机构必须安全可靠等（House of Lords European Union Committee，2005b：para 17）。

在信息共享的范围延伸至国家间合作时，信息共享的问题就更严重了。有些成员国不愿意向该国的欧洲刑警组织联络官提供可以与成员国共享的信息就是此类问题的一个实例。这一难题可以部分归因于对欧洲刑警组织信息系统安全性的顾虑。这种顾虑是“妨碍成员国将特别敏感的数据录入该系统之中的因素之一”（Home Affairs Committee，2007b：para 6）。该系统必须在两个方面赢得信任：成员国需要彼此信任对方的情报部门，并且它们需要信任该数据系统的技术（House of Lords European Union Committee，2008：53）。成员国不热衷于使用欧洲刑警组织的正式机制来共享敏感信息（特别是在调查工作的早期阶段）彰显了这一问题。其后果之一是由派驻欧洲刑警组织的联络官所交换的信息中，大约有五分之四是以非正式方式共享的，这样一来，只有那些与有关调查或者行动直接相关的国家才能得到此类信息（House of Lords European Union Committee，2008：para 50）。

228 **工作实践的差异**

欧洲各国警队之间在工作方法上的差异也妨碍了它们之间的合作。这一问题起到了阻碍欧洲刑警组织采取情报主导式警务工作法的作用。有些成员国对情报主导式警务工作法“缺乏热情”，而且这一概念也没有一个得到普遍接受的定义（Home Affairs Committee，2007a：para 71 - 72）。一个与此相关的问题给成员国对欧洲刑警组织信息系统的使用造成了负面影响：很多成员国的警察机构所使用的数据系统并不具备向欧洲刑警组织信息系统自动上传数据的功能（House of Lords European Union Committee，2008：para 245）。

9.5.4 问责

长期以来，一直有人认为针对多项涉及欧洲警务工作倡议的发展变化的问责机制是不够充分的（Hebenton and Thomas，1995：198 - 9）。例如，欧洲议会对欧洲司法协同组织的监督就非常有限；该组织直接向部长理事会负责。欧洲委员会负责提出欧洲司法协同组织的预算，但是对该机构的运作与决策却无法行使任何控制，并且在成员国议会审查该机构的工作方面，根本没有任何正式的机制（House of Lords European Union Committee，2004：paras 14 and 103）。

问责不足这一问题对欧洲刑警组织的影响尤其明显，因为该机构的治理架构非常复杂，涉及欧洲议会的司法与内部事务理事会、欧盟委员会（欧盟委员会自从1999年《阿布斯特丹条约》生效后开始参与有关欧洲刑警组织的事务）、欧洲刑警组织管理委员会（Europol Management Board）（由每个成员国分别任命一名成员）以及主任（Director）（由理事会任命，任期固定为4年，就自身活动向管理委员会负责）。从传统上讲，欧洲议会在欧洲刑警组织的预算方面所起的作用是“无关紧要的”（House of Lords European Union Committee，2008：para 154），不过这一局面在2010年欧洲刑警组织成为欧盟的一个机构之后发生了变化。

在欧洲刑警组织问责不足方面，一个特别严重的问题与成员国议会有关：成员国议会的职权范围仅限于预算事务（因为欧洲刑警组织的经费来自成员国缴纳的费用），既无法确定欧洲刑警组织的目标，也无法对该组织的工作进行监督（Home Affairs Committee，2007b：para 101；and House of Lords European Union Committee，2008：para 169）。改善对欧洲刑警组织问责的举措之一是，2002年欧洲委员会建议成立一个成员国议会与欧洲议会的联合委员会。该委员会成立后，每年将召开两次会议，对欧洲刑警组织的工作进行审查。该联合委员会还将任命若干成员组成一个小组，负责与欧洲刑警组织进行更为密切的联络工作。

229

思考题

“把欧洲刑警组织转变为欧洲的美国联邦调查局是势不可挡的发展趋势”。讨论：

要回答这一问题，您需要参考本章中所包含的材料并查看本章所引用的参考文献。您需要解决的主要事项包括：

- 欧洲跨界犯罪的性质和规模（可能需要拓展欧洲刑警组织的现有职责）；
- 欧洲刑警组织现在履行的职责以及这一职责与美国联邦调查局的职责有哪些不同（特别是在行使警务权力方面）；
- 为应对跨境犯罪，人们就拓展欧洲刑警组织职权提出的建议；
- 探讨那些可能会阻碍与美国联邦调查局类似的欧盟内部机构未来发展的障碍；
- 得出结论，在该结论中，您应当对您在本次讨论中已经提出的观点进行评判，并据此判定前述发展是否可能。

译者注

1. 阿尔古斯（ARGUS），自动程序生成和更新系统，其英文全称是 Automatic Routine Generating and Updating System，字面意思是指自动例行程序编制与更新系统。

参考文献

[1] Bowden, T. (1977) Breakdown of Public Security: The Case of Ireland 1916 – 1921 and Palestine 1936 – 1989, London. Sage.

[2] Clinton, B. (2001) 'the Struggle for the Soul of the Twenty – first Century'. Dimbleby Lecture, BBC1, 16 December. [Online] www. australianpolitics. com/news/2001/01 – 12 – 14. shtml accessed 15 February 2009].

[3] Condon, Sir P. (1994) 'Britain's Top Cop Sees National Police Force as Inevitable Step', *The Guardian*, 12 January.

[4] ESSTRT Consortium (2006) *New European Approaches to Counter Terrorism.* [Online] www. cmi. fi/files/ESSTRT _ final _ report. pdf [accessed 16 March 2009].

[5] European council (1997) *Action Plan to Combat Organised Crime.* OJC 251, 15 August.

[6] van de Bunt, H. And van der Schoot, C. (2003) *prevention of Organised Crime: A Situational Approach.* Amsterdam: Boom Juridische Uitgevers, distributed by Willan Publishing.

[7] Hebenton, B. and Thomas, T. (1995) *Policing Europe: Cooperation, Conflict and Control.* New York: St Martins Press.

[8] Hillier, M. (2008) Speech in the House of Commons, 4 December, HC Debs, vol 485, Col10WS.

[9] Home Affairs Committee (2007a) *Government's Response to the Committee's Third Report. Justice and Home Affairs Issues at European Union Level.* First Special Report, Session2006 – 07. House of Commons Paper 1021. London: TSO.

[10] Home Affairs Committee (2007b) *Justice and Home Affairs Issues at European Union Level.* Third Report, Session 2006 – 07. House of Commons Paper 76 – 1. London: TSO.

[11] House of Lords European Union Committee (2003) *Europol's Role in Fighting* 230
Crime. Fifth Report Session 2002 – 03. House of Lords Paper 43. London: TSO.

[12] House of Lords European Union Committee (2004) *Judicial Cooperation in the EU: The Role ofEurojust*, Twenty – third Report, Session 2003 – 04. House of Lords Paper 138. London: TSO.

[13] House of Lords European Union Committee (2005a) *The Hague Programme: A Five – yearAgenda for EU Justice and Home Affairs.* Tenth Report, Session 2005 – 06. House

of Lords Paper 84. London: TSO.

[14] House of Lords European Union Committee (2005b) *After Madrid: The EU's Response to Terrorism.* Fifth Report Session 2004 – 05. House of Lords Paper 53. London: TSO.

[15] House of Lords European Union Committee (2007) *Schengen Information System, II (SIS II).* Ninth Report, Session 2006 – 07. House of Lords Paper 49. London: TSO.

[16] House of Lords European Union Committee (2008) Europol: *Coordinating the Fight against Serious and Organised Crime.* Twenty – ninth Report, Session 2007 – 08. House of Lords Paper 183. London: TSO.

[17] Morgan, R. and Newburn, T. (1997) *The Future of Policing.* Oxford: Clarendon Press.

[18] Occhipinti, J. (2003) *The Politics of EU Police Cooperation. Towards a European FBI?* Boulder, CO: Lynne Reinner.

[19] Walker, N. (2003) 'The Pattern of Transnational Policing', in T. Newburn (ed.), *Handbook of Policing.* Cullompton, Devon: Willan Publishing.

[20] West, Lord (2009) Speech in the House ofLords, 12 January, HL Debs, Vol 706, Col WA102.

10

财政紧缩时代警务工作的未来走向

本章目标

本章要达到的目标如下：

- 评估警方的现有经费安排；
- 探讨未来削减警方的公共开支可能带来的影响；
- 以财政紧缩为背景，分析那些影响警队合并以及警察工作实践现代化的发展变化。

10.1 警方的经费 231

2010年大选之后，公共开支将不可避免地遭到削减。未来的财务紧缩可能会对警务工作产生什么样的影响，本书最后一章将会对此展开分析。

结合“综合开支审查”，政府对警察监管机构的拨款以三年为期。扣除物价因素，1997～1998年政府对警方的总拨款增长了19%（Home Affairs Committee，2008：para 65）。2007年12月公布的最新一期“综合开支审查”把2008～2009年、2009～2010年和2010～2011年中央政府对各警队的拨款分别增加了2.9%、2.9%和2.7%。另外，2009～2010年向警方提供的拨款总金额为94.28亿英镑（Coaker，2009）。

尽管2010年初得出的数据显示，英国正在慢慢走出2008～2009年发生的经济衰退，未来5年间警方还是不可避免地要在一个“大为紧缩的财政环境”中运作（Home Office，2009：7）。因此，必须预计到一点：下一期《综合开支审查》中肯定会包含对警方拨款的削减，其力度与对公共部门其他领域拨款削减力度相当。

有些观点认为，未来的削减必须考虑到现有“综合开支审查”的拨款安排满足不了当代社会对警方的各项要求。2008年，警察监管机构协会告知内政事务委员会，该拨款安排会导致出现多个经费缺口。这些缺 232
口与此前英国警长协会/警察监管机构协会联合提交的一份文件——《可持续的警务工作》——中所做的预计大体一致（Association of Chief Police Officers and Association of Police Authorities，2006）。该文件提出，警方每年需要5%～7%的经费净增长才能维持现状（Home Affairs Committee，2007：para36），并预测根据2007公布的、适用于2008～2009年到2010～2011年的“综合开支审查”，警方经费将会出现缺口，缺口金额将从2007～2008年的3.91亿英镑增加到2010～2011年的9.66亿英镑（Home Affairs Committee，2008：para65）。

警方总体经费不足的问题由于单个警队在财务方面存在的其他问题而雪上加霜。

拨付给警察监管机构的所有经费是根据一个基于多个分量的复杂计算公式进行分配的。这些分量中最重要的是一个基于需求的公式。该公式中的主要决定因素是预计居民人数，但是针对可能影响犯罪率的社会经济和人口因素（例如，长期失业人员的人数以及人口稀少），该公式中还加入了若干成本调整项（Ruffley，2009）。预计居民人数存在一个特别突出的问题，那就是它根据过去收集的数据得出。例如，也就是说，2008～2011 年的资金分配是根据 2004 年收集的人口数据进行的（因而并没有考虑到人口迁徙以及人口迁徙对国家某些地区带来的不成比例的影响）（Coaker，2009）。

该公式还存在其他一些问题，其中包括在每个警察监管机构辖区内对各减少犯罪与扰乱社会秩序行为合作伙伴关系组织管区之间的差异取平均值这一原则。该原则往往对“那些在人口分布、密度和相对财富方面具备一致性的地区”有利。而那些辖区内存在显著差异——既包含人口密度高的地区也包含人口密度低的地区——的警察监管机构则往往会吃亏（Brain，2008：18）。

不过，这个公式从未得到过充分应用。这一点给某些警队带来了进一步的问题，该公式的适用地板和天花板效应。如果严格适用这个公式，就会导致有些警队得到的拨款金额超过它们应得的拨款金额，而其他一些警队所得金额却低于它们应得的金额。在极端情形下，这就意味着在 2007～2008 年，西米德兰兹郡（West Midlands）警队得到的拨款要比正确适用该公式时本该得到的拨款少将近 11%（也就是 4800 万英镑）；同样情况下，诺森伯兰郡（Northumbria）警队则会多领到超过 12%（2900 万英镑）的拨款。罗尼·弗拉纳根（Ronnie Flanagan）爵士曾经建议，内政部以后应当更加充分地适用这个公式，根据客观需要来分配经费（Home Affairs Committee，2008：para69）。这样一来，那些所得经费金额少于应当分配给它们的金额的地区将会从中获益，而那些现在所得经费金额超出应当分配给它们的金额的地区会因此蒙受损失（Home Affairs Committee，2008：para70）。如果这一建议得到采纳，将会对属于后一类别的警队的财务生存能力带来重大冲击。

地方提供的经费

除了内政部提供的资金之外，辖区地方政府负责征收的代收税也是各警队的经费来源，由市政税纳税人缴纳。这对各警队而言是一个重要 233 而且不断扩大的经费来源。它在警方总经费中所占的综合比例已经从1997～1998年的13%提高到了2006～2007年的21.5%（Home Affairs Committee，2007：para 41）。从市政税中抽取的警察监管机构代收税在各警队总经费中所占比例存在很大的差异。在英格兰和威尔士，源自这一渠道的经费在警队总经费中所占的平均比例为26.9%，但是各郡警队的比例（平均为31.7%）与6个大都会警察队的比例（平均为16.4%）存在相当大的差别。各郡之间也存在不小的差距（从萨里郡的46.1%到克利夫兰郡的22.1%）（McNulty，2008）。

10.2 各警队的结构与组织

可供警方应对财政紧缩的方法之一是对其组织进行调整。这些调整可以通过合并（此举将减少英格兰和威尔士现有警队数量）或者加强合作（此举会影响它们所从事的部分活动）来完成。

10.2.1 合并

对警队进行合并的重要理由之一是这种改革能够节约资金：据估计，通过合并警队每年可以节约经费7000万英镑，而10年间通过合并所节约的经费和工作效率的提高的净现值（Net Present Value）可能高达2亿2500万英镑（HMIC，2005：11）。

虽然强制合并计划已经于2006年宣告废止，而且重新启动的可能性不大，自愿合并仍然还保留在警方的政策议程表之上。2008年2月26日，罗尼·弗兰纳根爵士在向内政事务委员会递交的证词中明确表示，如果皇家警察监督局认定警队间合作并未成功弥补警方在治安工作方面存在的不足，那么在未来某个阶段警队合并一事可以重新列入警方日程表中。之后，有关机构表示，政府将鼓励警队之间“在符合公共利益的情况下”自愿合并（Home Office，2009：10）。

以上这些说法表明，财政方面的考虑或许会成为未来警队组织架构的基础。虽然规模较大的警队或许可以熬过本次“综合开支审查”中财政经费安排中规定的经费压缩，以及下一次“综合开支审查”规定的进
234 一步经费削减，其他警队的情况恐怕就不妙了。处于后者这种情形下的警队有两种。如果以需求为基础的现行经费分配方法能够不折不扣地得到贯彻，有些警队可能会因此蒙受损失。一项估算显示，坎布里亚郡警队可能会损失大约20%的拨款（相当于303名警察的经费），诺森伯兰郡警队会损失13%的拨款（相当于803名警察的经费），而大都会警察厅的损失将相当于1113名警察的经费。全部计算在内，19支警队的损失将相当于4164名警察的经费（Brain，2008：18－19）。这种情况可能会导致“规模较小、实力较弱的警队与势力更为强大的相邻地区的警队合并”（Brain，2008：18）。

第二类可能会主动寻求合并的警队是那些已经严重依赖地方经费来源的警队。如果警察监管机构无法通过进一步提高市政税代收部分来弥补中央政府经费的不足，那么中央政府进一步削减这些警队的经费，就会促使这些警队进行合并。这实际上是“用饥饿迫使它们就范”，强迫它们和邻近地区的警队合并，以求生存下去。

10.2.2 警队间协作

迫于财政压力，有人提出以警队间合作取代警队间强制合并。警队间合作“在提高工作效率和节约成本方面具有巨大潜力”（Loveday et al.，2007：17）。在一个“管好愈加捉襟见肘的经费安排”成为警队首要目标之一的时期，此举的意义尤为重大（Home Affairs Committee，2007，para55）。因此可以想见的是，在财政紧缩措施的作用下，推行这一做法的力度势必会得到加强，因为到目前为止，在推行警队间合作方面只取得了零星的进展（Loveday et al.，2007：21）。

实施警队间协作还有一个理由，那就是可以让警队在侦破、预防和回应它们可能遇见的挑战方面具有更大的弹性。不过，由于警方现代化

计划导致警方人员组成方面发生变化，已经对这种弹性造成了威胁：警方聘用文职人员从事此前由正式宣誓入职的警察所做的工作，致使拥有指定权力的警察人数出现了下降。警队间合作则提供了一个途径，使警队能够得到更多正式宣誓入职并且能够应对突发紧急事态的警察。

2008 年，有关部门要求各警队和警察监管机构制定《治安服务改进计划》（*Protective Service Improvement Plans*，*PSIPS*），并在计划中列明它们治安服务的重点。在对这些计划提供反馈方面，皇家警察监督局扮演了一个重要的角色。这样的反馈是警察监管机构在 2009 年前建议对治安服务中的“高需求领域”（也就是存在重大差距的领域）进行重大改善的基础。自那以后，所有警队都必须在 2011 年前达到英国警长协会为各治安服务领域设定的最低标准。

不过，皇家警察监督局曾经对各警队制定的《治安服务改善计划》是否足以改进治安服务的实施表示过担忧（HMIC，2009：4）。至于为 235
什么担忧，皇家警察监督局给出的主要理由是各警队规划和实施治安服务的方法千差万别（HMIC，2009：4）。解决这一问题的方法是为治安服务创造一套全“新的、通用的规划用语”（HMIC，2009：4）。有人提出，全国警务工作改进局应该考虑为行动计划、治安服务改进计划和面向外部的合作伙伴计划制订模板，使政府和潜在协作伙伴能够更加方便地对各警队的所作所为进行“比照”（HMIC，2009：6）。

与此同时，内政部为 13 个警队间协作示范区提供了资助。这 13 个协作示范区共涉及 31 支警队，目的是共享好的做法并在警方内推广积累的经验。有关方面明确表示，“我们的设想是采纳警队间协作式解决方案，将其作为主流警务工作的一部分，用于补充并强化全国和地方警察架构，使之成为 21 世纪警务工作方法中的一个重要组成部分”（Home Office，2008：72）。《2009 年警务与犯罪法》（*2009 Policing and Crime Act*）提出了这些建议，并授权内政大臣就如何进行协作以及如何实现协作对警队进行指导和引导。此外，英国警长协会、有关警队和地方当局于 2008 年成立了 10 个区域情报组，用来打击二级犯罪行为。内政部为这些情报组的成立提供了一定的经费。

行政协作

共享支持服务也可以用来实现规模经济并节约经费。行政协作是指若干警队将所谓的“后台职能”——例如薪酬与退休金，以及人力资源管理——整合在一起。东密德兰郡就已经在包括资源管理、需求管理和警察队伍现代化等领域内开始实施此类协作了。不过内政事务委员会指出，行政协作仍有相当大的改善空间（Home Affairs Committee，2008：paras 210 – 21）。内政部有权批准开展服务共享，不过目前为止还没有行使过这一权力。

10.3 节支增效

为应对财政紧缩，有关部门将要求警方积极采取措施，立足现有资源，在最大程度上实现节支增效。实现资源最优利用的重要动力之一是1999 年内政部针对警察监管机构推行的增效节支目标。现行增效节支目
236 标是3%，其中 1.5% 应当是可变现收益（Loveday et al.，2007：15）。此外，在《2003 ~ 2004 年全国警务工作计划》中，基于活动的成本核算（在警务基本指挥控制单元层面上对警方各种活动的成本进行计算）已经成为强制要求（Home Affairs Committee，2007：para21）。

“警察队伍现代化”一词是指以改进一线警务人员的绩效、效率与生产率为目标的且长期可持续的举措。警察队伍现代化战略的核心是全国警务工作改进局制定的《全国警务工作改进战略》（*National Improvement Strategy for Policing*）（该战略为实现警务工作各领域的改善设定了一个为期十年的计划）。

10.3.1 警务工作的实施

在社群内提供更多警力并确保他们投入更多精力、从事“一线”警务方面，警方面临着不小的压力。一线警务涵盖了多项核心职责，包括进行巡逻、回应 999 报警电话，以及刑事调查部从事的工作和其他专门任务。在 2003 ~ 2004 年，英格兰警察 62.1% 的时间用在这些职责上，

2006～2007 年这一比例上升到了 64.2%（McNulty，2007）。在财政状况紧张时期，要维系这些服务，就必须对警务工作的实施方法进行改革。

减少官僚主义和文书工作

当代警察工作中涉及不少的填表和文书工作。填表和文书工作已经成了警方绩效管理工作的重要方面之一，同时也确保了可以对警察的行为进行恰当的问责。不过，文书工作和官僚主义耗费了警察原本可以用来履行一线警务职责的时间。为解决这一问题并增加警方在社区中的存在，有人在 2002 年提出了 52 项"改革建议"（O'Dowd，2002）。之后，罗尼·弗兰纳根爵士提出，如果能够减少官僚主义，警方就可以节约"不少于 500 万～700 万小时的时间……相当于 2500～3500 名警员"（Flanagan，2008：para 5.64）。实现这一改革的方法有多种。

专栏 10.1

警方时间的运用

警察必须当作日常职责一部分而履行的种种官僚手续是导致他们无法上街执勤的一个重要原因。一项关于警察在一个"典型"班次时间内所完成的任务的研究曾经对这一问题进行过探讨。研究表明，警察花在警局内的时间（43%）与花在警察局之外的时间（57%）差不多；警察的时间中只有大约 17% 花在巡逻上，而且多是乘坐机动车辆巡逻而不是步行巡逻（Singer，2001：27－28）。在警局内的时间里，有 41% 花在处理文书工作上（Singer，2001：9－12）。 237

有人提出，处理罪犯和准备起诉格外消耗时间，完成所有相关活动需要占用一名警察将近 3 个小时的时间（Singer，2001：12）。警察必须完成的其他文书工作包括撰写犯罪报告、情报报告、填写用于登记追回的财物、失踪人员详情、特别警队举措所需信息的表格，以及与值班管理和当班警察有关的文书工作（Singer，2001：vi）。

反官僚主义先锋 目前为止，为减少官僚主义而采取的举措之一是任命反官僚主义"先锋"，负责确保《弗兰纳根评估报告》（Flanagan，

2008）以及政府《警务工作绿皮书》中的各项建议得到贯彻执行。这位反官僚主义先锋（称为“减少官僚主义独立倡导人”）叫简·贝利（Jan Berry）。他是一个一线从业人员团体的主席，负责评测有关警方、政府以及刑事司法体系的建议对一线的影响，并和英国警长协会、全国警务工作改进局以及政府一道，确定警务工作中最经常使用的 10 个流程，并为每个流程制定一个标准流程。

有人提出，减少官僚主义的目标应该放在可持续改善业务和改变警方文化的更加广泛的途径的大背景下提出。这就需要在警务工作各领域中采用一个共同的业务改进模式——“一个了解并反映用户和利益相关方需求、鼓励积极领导、吸纳一线经验并消除超负荷工作与重复工作的系统性途径”（Berry，2009：8）。警务工作中已经实施了若干这一性质的改进计划。其中之一是探索计划（Quest）计划[1]。该计划在促进警队减少不必要的人力物力部署、提高违法行为侦破率、缩短反应时间、对警情进行更为适当的回应方面起到了一定的作用（Berry，2009：9）。

犯罪行为的记录与案件卷宗的制作　罗尼·弗拉纳根爵士撰写的警务工作审核报告中建议对犯罪案件和警情记录工作采取双轨制：对于严重违法行为（占记录在案的犯罪行为的20%）要详细加以记录，而地方性违法行为（占所有记录在案犯罪行为的80%）的记录则应当相对简明扼要（Flanagan，2008：para5. 32）。这一方法在斯塔福德郡、莱斯特郡、萨里和西米德兰兹郡进行了试点；随后，内政部对在记录犯罪行为时采用更为均衡相称的方式并准许警察进行独立判断方面给予了支持（2009：80）。

238 轻微案件（典型代表为那些由治安法院审理的案件）的卷宗制作也可以采用类似的做法。不过重点不是要放松调查工作，而是要减少调查结束后的文件制作工作。此外，对嫌疑人提出控告需要获得皇家检察署的授权，此举也导致了文书工作量的增加。如果警方提出指控的权力能够得到充分运用，并且能够扩大到所有适用简易程序审理的违法行为以及其他类型的违法行为，这方面的文书工作量就会得到减少（Home Affairs Committee，2008：para 174）。

有一项名为“快速即决司法计划（Speedy Summary Justice Programme)”的改革和这一点有关。这项改革的目的是在那些被告人很可能认罪答辩[2]的案件中，减少案卷制作过程中的文书工作。这项改革引入了由警方与皇家检察署律师联合在一地办公的、更为紧密的公诉团队。还有人提出（Home Office，2009：80），要用替代解决方式来处理那些不需要被告出庭的轻微刑事诉讼，此举同样也可以减少警方的官僚主义，不过未必能够节约警察的时间。

截停盘问的文件材料 与截停盘问程序有关的文件材料是警察所承受的官僚主义负担的主要来源之一。内政事务委员会指出，“在每次截停盘问过程中，截停盘问的人工登记制度平均要耗费 7 分钟时间，而且这还没有将用在登录、检查和会签上的时间计算在内”（Home affairs Committee，2003：para 178）。罗尼·弗兰纳根爵士就此得出结论，认为“登记记录已经演变成了官僚式的繁文缛节，并不关注我认为的警方与公众一对一的互动中最为重要的东西——礼貌、尊重和负责任”（Flanagan，2008：para 5. 58）。他建议对截停盘问程序进行改革，使警察能够采用数字化手段而不是手工记录有关细节，并且向接受盘问的公众提供一张记录卡，上面注明进行截停盘问的警察的身份以及进行截停盘问的地点和时间。

这项改革的最大难点是存在导致截停盘问权的行使缺乏问责的危险，并进而加大那些自认为是“治安管理过度的社会”所针对的目标的社群与警方离心离德的风险。尽管如此，政府还是实施了这项改革，理由是废除截停盘问工作“冗长芜杂”的形式相当于为警方节约了 690000 个工时，并且如果对截停搜查工作的形式进行简化，还能节约更多时间（Home Office，2009：81）。

运用技术手段 内政部已经拨款为警方添置个人数字助理（Personal Digital Assistants，即掌上电脑）。个人数字助理用途是减少警察花在警局内的时间，使他们能够把更多的时间用在公众看得见的巡逻工作以及处理警情上。这些设备使警方在街头就能访问全国警察计算机网络与
数据库，并且把在街头收集到的数据自动传送到计算机中，不必等到返 239
回警局后再进行传送。截至 2010 年 4 月，一线警察使用的此类设备应该有 30000 台（Coaker，2009）。

不过，此类技术也存在一些难题。内政事务委员会曾经指出，有些警察对这些设备的意义表示质疑，特别是在由于软件问题导致电子记录损坏，从而不得不再次录入的情况下（Home Affairs Committee，2008：para 186）尤其如此。还有人对警方在处理对抗性情形时将数据录入掌上电脑而不是写在笔记本中表示担忧，因为对数据进行电子录入需要高度集中精力才行。

另外还有一个问题，那就是不同警队采用的信息技术系统不一样。这就意味着各警队之间的数据系统并没有实现对接，从而导致出现重复录入数据。内政事务委员会曾经给出过一个数字：有70%的信息曾被多次录入警方数据系统（Home Affairs Committee，2008：para 196）。为解决这个问题，内政事务委员会建议，掌上电脑及其支撑性基础设施的采购谈判工作应由全国警务工作改进局统一牵头实施，以便降低成本并使警队免于承担单独谈判签约的压力（Home Affairs Committee，2008：para 206）。

10.3.2 警察队伍

警察队伍现代化中一个至关重要的方面是聘用文职人员来从事过去一直由正式宣誓入职的警察承担的任务，以便在警局之内和警局之外都"能够为执勤的警察提供名副其实的昼夜不间断的支持服务"（Singer，2001：24－25）。有人曾经指出，警队和警察监管机构在利用资源、实现节支增效方面依然有潜力可挖（Audit Commission，2007：15）。

警察队伍现代化中的这一方面并非新近出现的；它早在20世纪80年代早期针对警方实施新公共管理原则时就已经出现了。最初它被称为"文职化"，目的是让警察腾出手来从事警察实务工作。1960～1986年间，警方文职人员从8933名增加到43675名，到1997年时总人数为53011名，与之相比，警察人数则为127，158名（HMIC，1998：48）。在1995～1996年度，文职人员的薪金开支达10.2亿英镑之多，与之相比，警察的薪金开支则为39.5亿英镑（HMIC，1998：40）。起初，文职岗位主要是体力劳动和文秘岗位，这些岗位上的工作之前由从警察队伍中职级较低的人员中抽调的人员完成，不过后来招募了一些层次较高的文职人员从事技术含量更高的工作。

文职化政策在实施之初取得了一定进步，但是也存在一些困难，其 240
中之一是1994年之前英格兰所采用的拨款制度。一方面，警队的警员人数增加后（前提是得到内政部批准），中央政府拨付警队的拨款会相应增加，而另一方面，警队聘用的文职人员增加之后却不会得到这种形式的财政支持。这就增加了地方财政的负担，并促使警察监管机构设法增加它们聘用的警察的人数。有人就此得出结论，认为“假如皇家警察监督局的目标和拨款机制下的激励措施能够相得益彰，而不是彼此掣肘的话，文职化的动力显然会更强”（Audit Commission，1990：8）。

罗尼·弗拉纳根爵士提议进一步推动文职化。他提出，辅助性人员可以承担更多的任务，如作笔录等，以便使警察腾出手来从事一线警务工作（Flanagan，2008：para 4.8）。《2008年绿皮书》引述了《2002年警察改革法》中有关设立专门负责调查、拘留与押送工作的警察、使警方能够腾出更多的时间的规定。有人指出，这一规定并未如政府所愿得到广泛贯彻；有鉴于此，政府敦促警队更加充分地利用这些新设立的岗位（Home Office，2008：48）。

在这方面可以采取的行动之一是警方通过公私合作伙伴关系这一机制更多地利用私营部门。警方可以与某个私营机构签订合同，由该机构来履行警方某一职能。这一程序有时候称为“外包”，可以使警队甩掉那些交由私营公司去做会更加合算的事务，从而把精力集中到核心职责上来（Loveday et al.，2007：35）。

上述这些方法有一定的优势，例如把某些服务交给提供定制服务的供应商可以节约财政资金并改善服务质量。不过这些做法也存在问题。尤其值得一提的是，就那些要求更多聘请未经宣誓入职的文职警察以及私营部门机构来完成警方业务的举措而言，必须保证这些举措不至于破坏警方的复原能力、导致警方无法有效应对不期而遇的不利局面（参见Loveday et al.，2007：23－25）。

推动警察队伍现代化还需要采取另一项举措，那就是赋予警务基本指挥控制单元负责人更大的自主权，允许他们根据自己认为最符合本地需求的方式来构建所辖警察队伍。不过，在警务基本指挥控制单元层面上所采取的倡议行动可能遭到警队总部否决，因为警队人员编制是在警队层面上确定的。这一点对警务基本指挥控制单元负责人对警察队伍进行现代化（特别是通过创造性地运用扩展后的警方大家庭（即文职人员以及外包给私营部门机构）来提供警方职能）的能力造成了格外严重的负面影响（HMIC，2004：136 – 169）。

聘用警方辅助人员的合理化

警察队伍的现代化的另一个方面与聘用警方辅助人员有关。各警队之间在聘用警方辅助人员方面存在不小的差异（Home Office，2009：87 – 88），如能将警方辅助人员的聘用标准化（诸如为各警管单元提供共用服务），就能够节约经费开支。有关机构曾经提出，“假如每个警队
241 都能把警察队伍中从事辅助事务的人员比例降低到 7% 以下，那么截至 2013 ~ 2014 年，此举每年至少能够节约 7500 万英镑”（Home Office，2009：89）。

10.3.3 产品与服务采购

改变产品和服务的采购方式同样也可以节约用于警务工作的财政开支。英格兰和威尔士的 43 支警队每年在采购产品和服务方面的支出大约为 33 亿英镑，其中 28 亿英镑是由警察监管机构支出的（Home Office，2009：82）。

有关机构曾经指出，如果改由某个中央机构统一采购，就可以凭借其更为强大的购买力来节约采购经费。为此，政府提出要引入一个全国性采购框架，并要求警察监管机构必须使用该框架。依照全国警务工作改进局的《分波次推进计划》（*Wave Plan*），该框架最初涵盖车辆的采购（要求警方统一采用标准巡逻用车）、防弹衣以及电子法医服务。此外，2012 年起还将换用全国统一警服。有关机构指出，如果把全国统一采购这一做法与全国警务工作改进局的“信息系统改进战略”（Information System Improvement Strategy）（该战略意在开发、采购并实施一个全国警方信息技术架构）相结合，那么到 2014 年为止将能节约开支 4 亿英镑（Home Office，2009：86）。

10.3.4 对节支增效的监督

警方固然要做到节支增效，但是此举绝对不能影响警务工作的总体标准。从2010~2011年度开始，各警察监管机构必须在它们的本地警务工作计划中加入一个节支增效声明。全国警务工作改进局将在协助警方提高工作效率方面发挥广泛的作用，皇家警察监督局和审计委员会将专门针对节支增效开展督查工作。节支增效将成为《2010年皇家警察监督局警察队伍检查》（*2010 HMIC Workforce Inspection*）中的一个重要方面，并将以警队与警察监管机构的成本开支与工作绩效为重点。有关机构还提议，在下一期《综合开支审查》中，可能会加入确保工作成效与工作效率的鼓励措施，并将其与需求部分并列（Home Office，2009：91）。

有关部门还就减少官僚主义提出了若干建议。有人提出，应该要求警察监管机构在年度工作计划中提供有关它们在构建系统性工作途径（systems approach）方面的进展的详细信息，并且皇家警察监督局应该把各警队采纳可持续业务改进原则的情况作为视察标准之一（Berry，2009：12）。

10.4 英国联合政府实施的警察改革 242

2010年5月大选之后，一个由保守党和自由民主党组成的联合政府上台执政，其政策将决定未来警务工作的日程表。

联合政府上台之后立刻提出要削减公共开支，以解决从上届政府那里接手的巨额预算赤字。涉及警务工作的开支削减是于7月14日提出的。当天，英国议会下议院批准了一项对警方拨款法的修正案，将2010~2011年度的警方预算削减了大约1.35亿英镑。警务国务大臣尼克·赫伯特（Nick Herbert）认为，这相当于将警方从中央政府那里领取的核心经费减少了1.46%（Herbert，2010）。

不过，这项举措还只是下一期《综合开支审查》中将要推出的更大规模的开支削减的先声而已。内政大臣警告警方，这次开支削减将会是“大刀阔斧”并且“难以完成”的（May 2010a）。一项根据英国财政研究所（Institute of Fiscal Studies）有关公共开支的预测所做的估计表明，在最坏的情形之下，截至2015年将要裁减60000名警察、社区辅助警察和文职人员岗位（Brain，2010）。

联合政府之后还立即出台了其他一些举措。到2010年年底，将会彻底废止截停盘查表，届时将会推行若干变革，以期减少现有有关截停盘问的文书工作给警察带来的官僚主义负担。根据一项分期分批推进的计划，皇家检察署将把一系列轻微犯罪行为的控告决定权归还给警方。内政大臣废除了中央统一制定的目标以及《警务承诺》，并且该废除决定“立即生效”（May 2010a）；此外，内政大臣还承诺要废止被人诟病为“隐形目标”的“关键绩效指标”（May，2010b）。

政府有关警务工作的主要建议将被汇总到一项名为《警察改革与社会责任》的法案之中，并送交新一届议会定于2010年年底举行的第一次会议进行讨论。这项立法的主要基石之一将是多项旨在减少中央政府对警务工作的指导，放权给地方，并恢复在地方工作的刑事司法从业人员的自由裁量权的举措。该立法将包括有关用“在警队层级上直接选举的个人”取代警察监管机构的建议。前述个人将负责“制定所在警队的预算、审批本地警务工作战略计划、并参与有关社区战略以及任命（以及在必要情况下罢免）当地警察局长等范围更广的事务”（May，2010a）。为保护警方在运作上的独立性，将会推行若干保障措施。该项立法还有可能包括对警察服役条款进行改革（根据现有规定，无法对警察进行裁员；该立法可能会对此进行修改）。此外，这项立法还很有可能会创建一支边防警察部队，作为调整工作重心后的“打击严重有组织犯罪局”的组成部分。

思考题

找出可供英格兰和威尔士地区警方用于应对财政紧张时期的方法。

243 为回答本问题，你应该：

- 明确警方的现有主要经费来源；
- 评估现有经费安排是否充足；

- 2010年大选后警方的开支遭到削减，分析在这种情况下各警队还有可能进一步面临哪些问题；
- 评估警方为应对这些问题所可能采取的主要举措，包括改变警务工作的结构与组织，以及开展警务工作的方式。

译者注

1. 探索计划（Quest），该计划由英国内政部于2006年发起，旨在改进警方工作流程、提供警方工作绩效并节约开支。

2. 认罪答辩（guilty plea），是指刑事案件的被告人理智地自愿在法庭上正式承认犯有受指控的罪行。对被告人必须先充分告知其享有的诉讼权利，并由法庭认定其已明了此项权利，其对罪行的供认是自愿的。被告人作认罪答辩等同于法庭审理后的定罪，其法律上的效力等于有因裁判，可据此根据法律判处刑罚。

参考文献

[1] Association of Chief Police Officers and Association of Police Authorities (2006) *Sustainable Policing: the case for Resourcing the Police Service from* 2008/9 *to* 2020/11. London: Police Expenditure Group.

[2] Audit Commission (1990) *Footing the Bill: Financing Provincial Police Forces* Police. Paper Number 6 London: Audit Commission.

[3] Audit Commission (2007) *Police Use of Resources* 2006/7. London: Audit Commission.

[4] Berry, J. (2009) *Reducing Bureaucracy in Policing.* Final Report. Produced by the Central Office of Information (COI), London, on behalf of the Independent Reducing Bureaucracy Advocate.

[5] Brain, T. (2008) 'A Whiter Shade of Green', *Policing Today*, 14 (5): 17 – 19.

[6] Brain, T. (2010) quoted in 'Budset Cuts "Threaten 60000 Police Jobs"', BBC News UK [Online] http://www.bbc.co.uk/news/uk – 10639938 [Accessed 12 July 2010]

[7] Coaker, V. (2009) Speech in the House of Commons, 4 February, HC Debs, Vol 487, Cols850 – 857.

[8] Flanagan, Sir R. (2008) *The Review of Policing Final Report.* London: Review of Policing.

[9] Herbert (2010) Speech in the House of Commons, 14 July, HC Debs, Vol 513, Col 957.

[10] Her Majesty's Inspectorate of Constabulary (HMIC) (1998) *What Price Policing? A Study of Efficiency and Value for Money in the Police Service.* London: HMIC.

[11] Her Majesty's Inspectorate of Constabulary (HMIC) (2004) *Modernising the Police Service: A Thematic Inspection of Workforce Modernisation – the Role, Management and Deployment of Police Staff in England and Wales.* London: Home Office.

[12] Her Majesty's Inspectorate of Constabulary (HMIC) (2005) *Closing the Gap: A Review of the 'Fitness for Purpose' of the Current Structure of Policing in England and Wales.* London: HMIC.

[13] Her Majesty's Inspectorate of Constabulary (HMIC) (2009) *Get Smart: Planning to Protect.* Protective Service Review 2009. London: HMIC.

[14] Home Affairs Committee (2007) *Police Funding.* Fourth Report, Session 2006 –

07. House of Commons Paper 553. London: TSO.

[15] Home Affairs Committee (2008) *Policing in the Twenty – first Century*. Seventh Report, Session 2007 – 08. House of Commons Paper 364. London: TSO. 244

[16] Home Office (2008) *From the Neighbourhood to the National: Policing our Communities Together*. Cm 7448. London: Home Office.

[17] Home Office (2009) *Protecting the Public: Supporting the Police to Succeed*. Cm 7749. London: TSO.

[18] Loveday, B., McClory, J. and Lockhart, G. (2007) *Footing the Bill*. London: The Policy Exchange.

[19] May (2010a) Speech to the ACPO Conference, Manchester, 29 June. http://www.ukpoliceonline.co.uk/index.php?/topic/42596 – theresa – mays – acpo – speech – in – full – money – red – tape – and – the – future/ [Accessed 12 July 2010].

[20] May (2010b) Speech to the Police Federation Annual Conference, 19 May. www.polfed.org/Home_Secretary_ _2010.pdf [Accessed 12 July 2010]

[21] McNulty, T. (2007) House of Commons, 10 December, HC Debs, Vol 469, Col 90 – 92W.

[22] McNulty, T. (2008) House of Commons, 21 January, HC Debs, Vol 470, Col 1777 – 1780W.

[23] O'Dowd, Sir D. (2002) *change Proposals to Increase the Presence of Police in Communities*. London: Policing Bureaucracy Task Force.

[24] Ruffley, D. (2009) Speech in the House of Commons, 4 February, HC Debs, Vol 487, Col 858 – 864.

[25] Singer, L. (2001) Diary of a Police Officer: Police Research Series Paper 149. London: Home office Policing and Reducing Crime Unit Research, Development and Statistics Directorate.

索引*

* 索引中的页码为原英文书页码，请对照中译本正文两侧数字。